시뮬레이션 의미론에 기초한
동사의 의미망 연구

시뮬레이션 의미론에 기초한 동사의 의미망 연구

2009년 10월 15일 초판 1쇄 인쇄
2009년 10월 20일 초판 1쇄 발행
2010년 10월 15일 초판 2쇄 발행

지 음 : 정 병 철
발 행 : 김 진 수
편 집 : 최 정 미

발행처 / 한국문화사
등록번호 / 2-1276호(1991.11.9)
주소 / 서울시 성동구 성수1가2동 656-1683번지
전화 / 464-7708(대표) · 팩스 / 499-0846
URL / www.hankookmunhwasa.co.kr
e-mail / hkm77@korea.com

잘못된 책은 교환해 드립니다.
이 책의 내용은 저작권법에 따라 보호받고 있습니다.

책값은 뒤표지에 있습니다.　　　　ISBN 978-89-5726-713-4 93700

이 도서의 국립중앙도서관 출판시도서목록(CIP)은 e-CIP 홈페이지
(http://www.nl.go.kr/cip.php)에서 이용하실 수 있습니다.
(CIP제어번호: CIP2008003313)

시뮬레이션 의미론에 기초한
동사의 의미망 연구

정 병 철 지음

한국문화사

머리말

　이 책은 2008년 12월에 제출한 박사학위 논문을 고치고 다듬은 것이다. 석사과정을 마친 후 잠시 연구의 방향을 잃어버렸던 공백기가 있었다. 그것은 마치 나에게 무엇이 부족한지를 깨달으라고 특별히 마련된 시간 같았다. Chomsky의 이론은 나의 정신세계에 한 번에 두 개씩만 연결되는 신기한 나뭇가지를 채워나갔으나, 실제 나무들은 언제나 더 많은 불규칙성을 보일 뿐 아니라 무성한 잎과 열매를 가지고 있었다. 그런 혼란기에 읽었던 Croft의 *Radical Construction Grammar*는 인지언어학으로 방향을 잡게 해준 이정표로 남아있다. 나는 Croft도 나와 같은 방황을 했다는 것을 알았다. 얼굴을 본 적조차 없지만, 그가 약간의 우울증 비슷한 것을 가지고 있을 거라 확신하기도 했다.
　Croft의 영향 때문이었는지 박사 과정 초기에는 한국어 구문의 문제에 골몰하며 지냈다. 하지만, 연구가 계속되면서 더 근원적이고 중요하다고 생각되는 문제로 관심이 옮겨갔다. 동사의 의미변동은 구문의 잠재적인 구조를 변화시킨다. 만약, 한 동사가 다의성을 가진다면, 각각의 의미들은 그것이 실현되는 특정한 구문들의 집합에 대응될 것이기 때문이다. 그렇다면, 동사의 의미를 변동시키는 요인은 무엇인가? 그리고, 그 과정은 과학적으로 어떻게 설명될 수 있는가? 이런 식으로 뻗어나가던 나의 관심은 뇌 과학과 언어학이 본격적으로 만나는 '시뮬레이션 의미론'을 만나게 되었다. 그 만남에서 하나의 근원적인 문제가 해결되자 다른 문제들이 연쇄적으로 풀리는 것 같았다. 그래서인지, 이 책의 구성은 나의 관심 영역이 확장되어 온 순서의 역순으로 되어있다. 특히, 외국인들에게 한국어를 가르쳤던 경험은 처음으로 언어를 심각하게 '연구'하는 계기가 되었는데, 이 책의 전반적인 내용이 한국어교육에 적용될 수 있는 방안은 본론의 끄트머리에 등장한다.

  이 얼마 안 되는 분량의 책에 어떤 특정한 문법이론을 추종하거나 반박하려는 시도는 들어있지 않다. 나는 다만 인간의 인지적인 활동, 즉 뇌신경의 작용만으로 인간이 실제로 사용하는 구체적인 언어의 모습이 얼마나 공백 없이 설명될 수 있는지 보여주고 싶었다. 분석의 자료로 한국어 동사를 선택한 이유도 그렇다. 한국어는 내가 가장 온전하게 삶으로 체득한 '모어(母語)'이며, 동사는 복합적인 언어 처리 과정이 가장 여실히 반영되는 문법범주이기 때문이다. 이 연구는 '인지언어학'의 성과도 무비판적으로 수용하지 않았다. 특히, 은유나 환유에 대한 이론적인 틀을 시뮬레이션 의미론의 관점에서 다시 살펴보았고, 그 결과 실제 언어 현상에 대한 설명력도 더 높일 수 있었다. 또한 언어를 배우고 가르치고 가공하고 이용하는 모든 것은 본질적으로 우리의 두뇌 활동과 연관되어 있기에, 시종일관 '그 모든 것'을 '두뇌의 작용'과 연관시켜 조망하고자 노력했다. 물론 이 책의 내용은 다시 하나의 밑그림이 되어 더 흥미롭고 풍부한 이야기들로 이어져 나가야 하겠지만, 언어 교육(특히 한국어 교육)에 종사하는 사람이나 언어에 관심이 있는 인지과학 관련 분야의 연구자, 또는 한국어를 전문적으로 연구하거나 그냥 호기심이 많은 일반인에게 이 책이 조금이나마 유익하게 사용되기를 희망한다.

정 병 철

감사의 글

나와 늘 함께 하시는 하나님께 감사드립니다. 나를 키우시다 보니 어느새 좋은 세월 다 보내신 부모님, 감사드립니다.

살아가는 것과 공부하는 것에 대해 시시때때로 폭넓고 허물없는 조언을 해주시던 한국교원대 국어교육과의 조일영 교수님, 언어와 언어교육을 연구하면서 비판적으로 생각하고 새로운 것을 만들어 가는 방법을 가르쳐주신 한국교원대 영어교육과의 김희숙 교수님, Tyler & Evans(2003)의 의미망 이론과 최소문법 등에 대한 흥미로운 강의를 통해 이 연구의 실마리를 찾는 데 도움을 주신 충북대학교 영어영문과의 김성욱 교수님, 영상도식과 은유, 환유 등에 대해 좋은 강의를 해주시고 '잘할 수 있다'고 끊임없이 격려해주신 경북대학교 국어교육과의 임지룡 교수님께 감사드립니다. 책을 예쁘게 편집하고 출판해주신 한국문화사의 최정미 과장님과 관계자 여러분들께 감사드립니다.

언제나 아름다운 음악과 함께 내 곁을 지켜준 아내 오아람과 그녀를 낳아주신 장인 장모님 고맙습니다. 그리고 다함아, 아빠 논문 쓰는 동안 같이 놀아줘서 고맙다.

정 병 철

차례

머리말__iv

01장 서론__1

1.1. 연구의 목적 ···1
1.2. 이론적 배경과 선행 연구 고찰 ··6
   1.2.1. 동사의 의미에 대한 인지적 접근 ································6
   1.2.2. 의미망 모형의 도입과 전개 ··12
1.3. 연구의 방법과 구성 ··30

02장 시뮬레이션 의미론과 동사의 의미 해석__35

2.1. 시뮬레이션 의미론의 연구 방법론과 성과 ·························35
2.2. 시뮬레이션과 의미의 해석 ··47
2.3. 시뮬레이션 의미론에 기초한 동사의 의미 해석 모형 ·······64

03장 동사의 원형의미와 맥락의미__83

3.1. 시뮬레이션 의미론에 기초한 동사의 원형의미 ·················84
3.2. 동사의 맥락의미가 발생하는 시뮬레이션 과정 ···············108

04장 은유에 의한 의미 적용 영역의 확장 과정__117

4.1. 은유적 표현의 발생과 해석 원리 ·······················118
    4.1.1. 개념적 은유의 문제점 ························128
    4.1.2. 은유적 영상의 발생과 해석 원리 ···············138
4.2. 은유에 의해 발생하는 동사의 맥락의미 ···················160

05장 시뮬레이션 의미론에 기초한 동사의 의미망__169

5.1. 동사의 확장의미가 발생하는 시뮬레이션 과정 ················170
    5.1.1. 환유의 발생 조건: 경험적 동반 관계 ···········176
    5.1.2. 동반 관계 유형에 따른 환유의 분류 ············187
    5.1.3. 비항상성 동반 관계의 환유와 시뮬레이션의 연합 ····195
5.2. 동사 의미망 분석의 실제 ····························199
    5.2.1. 동사 의미망의 체계와 분석 원리 ···············202
    5.2.2. 신체의 움직임을 나타내는 동사의 의미망 ········215
    5.2.3. 지각되는 대상의 움직임을 나타내는 동사의 의미망 ·235
5.3. 의미망의 특성과 적용 가능성 ·························252
    5.3.1. 의미망의 역동성과 가변성 ···················253
    5.3.2. 확장의미와 구문의 대응 관계 ·················256
    5.3.3. 의미망 분석의 적용 가능성 ··················264

06장 결론__273

참고문헌__281
Abstract__301
찾아보기__309

서론

1.1. 연구의 목적
1.2. 이론적 배경과 선행 연구 고찰
1.3. 연구의 방법과 구성

1.1. 연구의 목적

이 연구의 목적은 시뮬레이션 의미론의 연구 성과에 기초하여 개별 동사의 전체적인 의미 구조를 심리적 실제성을 가진 의미망으로 분석하는 방법을 제시하는 것이다. 인지언어학이 단어의 의미 연구에 안겨준 획기적인 변화 중 하나는 한 단어가 가진 전체적인 의미를 '사용에 기반을 둔 모형(usage based model)'의 '망(network)' 구조로 봄으로써 그 단어의 모든 용법에 대한 사실적인 설명을 가능하게 만든 것이다. 망 모형은 한 단어가 사용될 때 나타나는 다양한 의미들과 그 의미들의 체계적인 관계를 설명할 수 있는 적절한 관점을 보여주고 있으며, 그 자체로 이미 심리적인 실제성을 가진 의미의 구조를 담아낼 수 있는 모형이라고 할 수 있다. 하지만, 문제는 망 모형이 한 단어의 의미 구조를 적절하게 나타낼 수 있다는 사실이 바로 실제적인 분석 결과의 타당성을 보장해 주지는 않는다는 것이다. 개별 단어에 대해 제시될 수 있는 의미망의 모습은 언제나 연구자의 개인적인 통찰에 따라 다양한 편차를 나타낼 여지가 있다. 그 이유는 주로 한 단어의 원형의미와 맥락의미, 그리고 의미망에서 원형의미와 다른 '마디(node)'로 표시되는 개별의미가 연구자의 개인적인 견해에 따라 다를 수 있기 때문이다.

이에 이 연구에서는 다양한 경험과학적인 접근을 통해 이루어져 온 시뮬레이션 의미론의 연구 성과들을 검토하여, 이를 기초로 심리학적 타당성을 향상시킨 동사의 의미망 분석 방법을 제안하고자 한다. 시뮬레이션 의미론의 기본 가정은 인간의 실제적인 의미 처리 과정이 신체적인 동일 반응을 나타내는 가상적인 모의 체험에 의해 이루어진다는 것인데, 이러한 시뮬레이션 의미론의 관점과 연구 성과를 최대한 반영함으로써 심리학적으로 더 타당하고 사실적인 동사의 의미망 분석 방법을 제시함은 물론 의미망의 인지적인 처리 과정까지 설명할 수 있을 것이다.

시뮬레이션에 의한 언어의 해석 과정을 Langacker(2008: 535)는 〈그림 1〉과 같이 설명하고 있다. 〈그림 1(a)〉에서 사람은 세상(W: world)의 어떤 대상과 물리적으로 상호작용을 하고 있는데, 이 상호작용은 신체의 오감과 운동 감각 등의 영향을 받고 있으며 상자 A는 여기에 참여하는 뇌의 작용을 나타내고 있다. 한편 〈그림 1(b)〉는 인지의 주체가 세상에 물리적으로 직접 관여하지 않는 상태의 인지 처리 과정을 나타낸다. A'는 A와 완전히 같지는 않지만 인지의 주체가 세상과 직접 상호작용하지 않는 상태에서도 독립적으로 발생할 수 있는 A의 일부인데, 여기서 A'를 A의 '시뮬레이션(simulation)'이라고 간략하게 정의할 수 있다. A'는 신체의 직접 경험인 A 없이는 발생할 수 없기 때문에 시뮬레이션은 본질적으로 '신체화(embodied)' 되어 있다고 말한다.

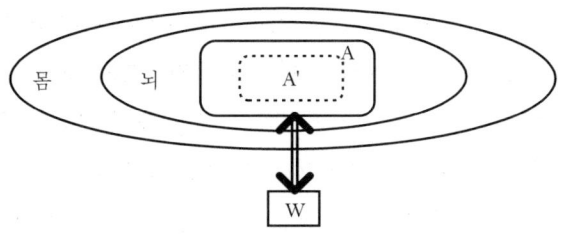

(a) 외부와 접속된 인지(Engaged Cognition)

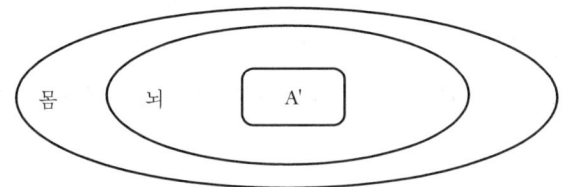

(b) 외부와 접속되지 않은 인지(Disengaged Cognition)

〈그림 1〉 Langacker(2008: 535)의 시뮬레이션 모형

 이 연구에서 특별히 동사의 의미망에 관심을 두는 이유는 다음과 같다. 첫째, 동사의 의미 처리는 관계의 전개 과정, 또는 어떤 움직임에 대한 시뮬레이션을 요구한다(2.1 참조). 관계나 움직임에 참여하는 구성 요소들은 구조적 복잡성을 증가시키고, 시간에 따른 상황의 변화는 과정적 복잡성을 증대시킨다. 따라서 동사의 의미는 시뮬레이션 의미론의 설명력이 가장 잘 발휘될 수 있는 영역임과 동시에 시뮬레이션 의미론이 궁극적으로 설명해 내어야 할 영역이기도 한 것이다. 둘째, 동사의 의미는 문장의 전체적인 구문 구조를 결정하는 요소이기 때문에, 심리적 실제성을 끌어올린 동사의 의미망은 동사의 의미와 구문의 대응 관계에 대한 더 타당한 설명을 가능하게 하는 토대가 될 수 있다.
 동사의 의미와 통사 구조의 관계에 대한 연구는 인지언어학의 울타리 밖에서도 활발하게 이루어져 왔다. 특히 생성문법의 틀에서 발전한 '의미역

(theta-role)'에 관한 연구들, 또는 어휘기능문법이나 HDSG(Head-Driven Structure Grammar) 등은 동사의 의미와 문장구조의 대응 관계에 대한 인식을 잘 보여준다. 하지만, 인지언어학의 관점에서 본다면 동사의 의미와 구문의 구조에 대해 보다 근본적인 관계성을 확인하기를 기대할 수 있다. 인지언어학에서는 문장의 통사 구조가 근원적으로는 전달하려는 의미에 의해 결정되는 것으로 본다. '인지문법(Cognitive Grammar)'의 창시자인 Langacker(1987, 1999, 2002, 2008)는 전체 문장의 의미를 구성하는 요소들의 '머리(head)'를 동사로 보고 있으며, 이런 견해에 의하면 동사의 의미와 통사적 구조의 대응 관계는 심리학적 타당성을 개선한 의미망을 통해 보다 잘 드러나게 될 것이다.

시뮬레이션 의미론의 근본적인 가정은 모든 언어 표현의 의미를 처리하는 과정이 시뮬레이션에 의해서 이루어진다고 하는 것이다. 최근 다양한 방법으로 이루어지고 있는 과학적인 실험들은 시뮬레이션 의미론의 가정에 대해 예외 없이 긍정적인 결과들을 보여주고 있다. 물론 동사의 의미망에 대한 연구는 이전에도 있었고 그런 연구들 중 어떤 것의 가치도 낮게 평가될 수는 없을 것이다. 하지만, 시뮬레이션 의미론에 입각해 동사의 의미망을 설명한다는 것은 다음과 같은 점에서 기존의 연구 성과들을 보완해 줄 수 있고, 또한 새로운 도전을 수행할 수 있게 해 줄 것이다.

첫째, 인지적 관점에서 언어의 의미인 개념화는 결과적으로 인지적인 처리 과정의 형태로 존재한다. 어떤 정신적인 경험은 신경의 특정한 활동으로 발생한다. 그러므로 개념화에 대한 연구는 현상학적으로 이루어질 수도 있지만 궁극적으로는 처리 과정(processing)의 관점에서 확인되어야 할 필요가 있다. 지금까지 동사의 의미에 대한 연구들은 쉽게 접할 수 있는 언어 자료들이 제공하는 증거를 이용한 현상학적 연구에 주로 의존해 왔지만, 처리과정의 관점에서는 또 다른 차원에서의 접근이 이루어질 수 있다. 시뮬레이션 의미론은 처리 과정의 관점에서 동사의 의미를 다룰 수 있으며, 이를 통해 의미의 안정적인 측면이 아닌 역동적인 처리 과정을 이해할 수 있게 해줄 것이다. 따라서 이 연구는 동사의 의미망뿐만 아니라 의미망으로 표현된 구조가 실제로 어떤 인지적 처리 과정을 통해 실현되는지도 다룰 수 있게 된다. 지금까지의 의미망 연구는 동사의 의미를 역동적인 처리 과정의 관점에서 설명하지 않았기 때문에 정적인 모형을 제시해 왔다. 하지만, 시뮬레이션에 의한 실제적인 의미 처리 과정을 나타내기 위해서 동사의 의미망은 가변적이고 다양한 변인에 의해 처리 과정이 달라질 수 있는 역동적인 모형으로 제시되어야 할 것이다.

둘째, 시뮬레이션은 모든 언어 표현의 처리 과정에 관여하고 있고, 언어 표현을 이해한다는 것은 결국 그것의 의미(내용과 해석)에 대한 시뮬레이션이 신경의 활동을 통해 이루어지고 있다는 것을 의미한다. 따라서 시뮬레이션에 의한 동사의 의미 처리 모형이 적절할 경우 모든 동사의 의미를 설명할 수 있을 뿐 아니라, 모든 구문 속에서의 동사의 의미를 설명할 수 있어야 한다. 이 연구에서도 어떤 하나의 개별 동사의 의미만을 설명하는 것이 아니라 궁극적으로 모든 맥락에서 모든 동사의 의미를 설명할 수 있는 모형을 목표로 하고 있다. 또, 동사의 의미망과 구문 구조의 관계도 함께 설명될 수 있기 때문에, 시뮬레이션에 의한 연구는 다양한 측면에서 통합적인 설명을 추구할 수 있게 된다.

셋째, 시뮬레이션 의미론에 기초한 접근은 인지언어학의 기존 연구 성과들과 충돌하는 것이 아니라 오히려 기존의 연구 성과들을 검증하고 보완하고, 새로운 대안을 찾아내는 데 도움을 줄 수 있다. 특히, 인지언어학에서는 단어의 의미를 사용에 바탕을 둔 망 모형으로 파악하고 있는데, 망 모형을 실제 단어의 의미의 분석에 적용할 때 그것의 심리적 실제성이 보증될 수 있는지가 많은 논란이 되어 왔다. 이에 경험과학적인 시뮬레이션 의미론의 연구 성과들을 통해 의미망 분석의 심리적 실제성을 향상시키려는 시도가 필요하다.

또한 시뮬레이션에 의해 설명되는 동사의 의미 해석 모형은 심리학적 타당성을 강화할 수 있기 때문에, 언어 습득이나 언어 교육, 사전 편찬 등의 관련 연구에도 효율적으로 적용될 수 있을 뿐 아니라, 문법화나 언어 변화 등의 연구에도 참고할 수 있는 이론적 토대가 될 수 있다.

   동사의 의미는 고정된 것이 아니라 시뮬레이션에 의해 실시간으로 발생하는 역동적인 실재이다. 따라서 이 연구는 의미망의 구조적인 측면뿐 아니라 그것이 실현되는 시뮬레이션 과정에 대한 설명도 제공하는 것을 목표로 하고 있다. 이 연구의 가장 큰 차별성은 단지 동사의 의미망을 살펴보는 데서 그치는 것이 아니라 궁극적으로 동사의 모든 용법을 설명할 수 있는 일반적인 의미 처리의 시뮬레이션 모형을 제시하고자 한다는 점에 있다. 동사의 의미망 형성 원리와 그 의미망의 인지적인 처리 과정을 설명하는 것은 곧 '동사'라는 문법범주에 대한 시뮬레이션 의미론의 일반론을 정립하는 과정이기도 하다.

1.2. 이론적 배경과 선행 연구 고찰

   인지언어학이 동사의 의미를 적절하게 연구할 수 있는 토대를 만들어 준 배경과 의미망 모형이 인지언어학의 틀 내에서 단어의 의미 구조를 나타내는 방법으로 자리 잡게 된 이유를 살펴보고, 그 동안 이루어진 의미망 분석에 대한 논의와 동사의 의미망에 대한 연구의 쟁점을 살펴본다.

1.2.1. 동사의 의미에 대한 인지적 접근

   언어의 의미는 어디에서 발생하는 것인가? 특별히 인지언어학을 공부하지 않았어도 사람들은 흔히 언어는 생각을 전달하는 도구이며 언어의 의미는 그것을 말하고 이해하는 사람들의 생각에서 발생한다고 말하곤 한다. 생각이라는 말 대신에 뇌신경의 활동이라는 말을 사용하고 싶어 한다는 것 외에 이에 대한 인지언어학의 입장도 크게 다르지 않다. 이것은 한편으로는 자명하게, 또 다른 한편으로는 무책임한 것으로 느껴질지도 모른다. 누구나 생각이 머리에서 나온다고 쉽게 말하긴 하지만, 정작 두뇌 속에서 이루어지는 신비로운 과정에 대해 우리에게 구체적으로 알려진 정보는 매우 빈약하기 때문이다. 하지만, 비록 어느 정도 무책임한 느낌을 지울 수 없다 하더라도 언어와 의미의 비밀을 진지하게 탐구하고자 하는 이라면 누구나 몸과 마음이 교차하는 이 중간지대에 주의를 기울여야만 할 것이다.

물론 인지언어학에 반하는 플라톤적인 관점(platonic view)에서는 언어의 의미에 인간의 마음과 몸이 끼어들지 못한다. 여기서 언어의 의미는 사물이나 수학 규칙, 혹은 기하학적인 도형과도 같이 인간의 마음과 몸을 초월한 세계에서 독립적으로 존재한다. 더 나아가, 전통적인 철학과 논리학, 그리고 형식주의 의미론에 만연한 객관주의(objectivist)적 관점에서는 문장의 의미가 진리조건의 집합과 동일시된다. 진리조건이라는 것은 세상이 객관적으로 어떤지를 다룰 뿐, 그것이 어떻게 개념화 되는지는 고려하지 않는 것이다. 그리고 아직 현실 속에는 언어에 대한 이와 같은 관점들이 깊은 뿌리를 형성하고 있으며, 나름대로의 가치를 가진 주류 언어학의 토대가 되고 있다.

이 연구에서 받아들이는 인지언어학의 관점에서는 이런 객관주의적인 언어관을 그 일부라도 받아들이지 않으며, 의미가 신체를 가지고 있는 인간의 경험에서 발생한다는 '신체화(embodiment)' 가설을 강력하게 고수하고 있다. 이런 관점에서 볼 때 동사라는 문법적인 범주 역시 인간의 신체적인 경험에 토대를 두고 발생한다는 것은 너무나 명확하다.

Chomsky(1957)에 의해 시작되어 지금까지도 언어학의 주류를 형성하고 있는 '보편문법(Universal Grammar)'에서는 자율적 통사 규칙(autonomous syntax)을 추구하고 있기 때문에 동사의 의미는 통사론으로부터 독립된 연

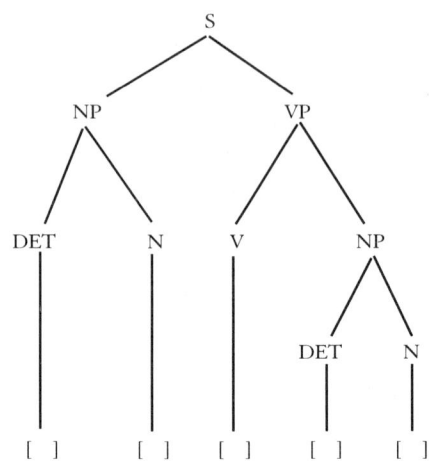

〈그림 2〉 Chomsky(1965) 초기 생성 모형의 수형도

구 주제로 취급하기 어려웠다. 보편문법에서는 동사라는 범주 자체가 의미적인 특성에 의해 결정되는 것이 아니라, 반대로 통사구조에서 일정한 위치를 차지하기 때문에 동사라는 문법범주가 되는 것이다. 생성문법의 전통에서 문장의 구성(constituency)은 나무 모양의 수형도로 표현되는데, 이것은 일반적인 인지 능력과는 구분된 순수한 문법적 차원의 형식적 표상으로 간주된다. 수형도와 그 마디인 NP(명사구), VP(동사구) 등은 그 자체로 어떤 의미나 음운적인 값을 가지지 않으며, 해석 규칙은 이 수형도에 삽입되는 단어들의 의미와 음운의 값에 작용하는 것으로 생각된다. Chomsky(1965)의 생성적 관점에서는 '주어(subject)'나 '목적어(object)'와 같은 문법적 관계도 〈그림 2〉와 같은 순수한 통사적 수형도의 토대에서 정의되는데, 그의 초기 생성 모형에서 주어는 S(절: sentence)에 의해 직접 '관할(dominate)'되는 NP, 목적어는 VP에 의해 직접 관할되는 NP로 설명된다.

여기서 '주어'나 '목적어', '동사구' 등은 의미에 대한 고려 없이 통사적인 구조의 형상성에 의해서만 정의된다는 것에 유의해야 하는데, 이것은 기본적인 문법 범주들의 의미적 정의는 가능하지 않다는 관점을 내비치는 것이다. 현대 언어학 이론에서 문법 범주들은 의미를 통해 특징지어질 수 없다는 것이 일반적인 교리였던 것으로 보인다.

> 품사가 정말로 일정한 의미를 나타내는지 자문해본다면... 어떤 사물을 가리키는 단어가 명사인 것은 사실이다. 하지만, 모든 명사들이 사물을 지시하는 것은 아니다. 지진은 어떤 활동을 나타내고, 콘서트, 붉음, 크기는 속성을 나타낸다; 장소와 위치는 분명히 위치를 가리킨다. 사실, 우리가 생각할 수 있는 모든 종류의 실재(entity)에 대해 그것을 가리키는 명사가 존재하는 것이다. 따라서 명사라는 것은 그것이 어떤 종류의 실재를 가리키느냐에 의해 정의될 수 없다... 어떤 특별한 종류의 실재가 어떤 하나의 품사에 대응할 필요도 없다... 우리는 품사가 의미에 의해 정의될 수 없다는 결론을 내린다. (Jackendoff 1994: 68-69)

이에 반해 Langacker(1987, 1999, 2008)의 인지문법(Cognitive Grammar)에서는 명사, 동사, 형용사, 부사 등의 기본적인 문법 범주들이 의미, 즉 개념화 방식에 따라 정의될 수 있다고 주장한다. Jackendoff(1994)는 '사물', '활동(행동)', '속성', '위치'라는 일반성(generality)의 특정한 수준만을 고려했지만, 그것은 누군가 다룰 수 있는 가장 도식적인 개념화의 결과가 아니었다. 물론 사물과 활동이 명사와 동사의 경험적인 원형일 수는 있다. Langacker의 생각은 명사나 동사라는 범주의 모든 구성원에게 적합한 정의는 원형보다 더 추상적인 도식(schema)의 층위에서 찾아야 한다는 것이다. Jackendoff는 인지적 해석 능력을 배제한 채 지시 대상의 속성만을 고려한 반면 Langacker는 '지진'과 같은 '사건'이 '사물화(reification)'라는 인지적 능력을 통해 추상적인 '사물(abstract object)'로 해석된 것이라고 설명한다. 언어의 의미는 언제나 그 내용에 특정한 해석을 덧씌운다(2.2 참조). 인지문법에서는 기본적인 문법 범주들이 그 내용 자체가 아닌 내용을 어떻게 해석하느냐에 따라 결정된다고 말한다. 예를 들어 '웃다'가 사건의 과정에 윤곽을 부여하는 반면, '웃음'은 그 과정을 사물화 과정에 의한 추상적인 사물로 본다는 것이다. Langacker(1987, 2008)는 '사물', '사건', '장소'와 같은 개념이 아닌 최대한 도식성이 높은 용어를 사용하여 기본적인 문법 범주들을 정의할 수 있음을 보여주었다. 한 표현의 문법 범주는 그것의 전체적인 개념적 내용이 아닌 그것에 부여된 윤곽의 속성에 의해 결정된다.

기본적인 범주는 최대한 일반적인 용어를 사용해 정의하는 것이 가능하다. 먼저, 〈그림 3(a)〉의 '실재(entity)'는 사물, 관계, 양, 감각, 변화, 장소 등 인식될 수 있는 어떤 개념적인 구조에도 적용된다. 이 실재는 구분되어 인식되거나 인지적으로 현저할 필요는 없으며, 명사만이 실재에 의해 정의될 수 있는 것은 아니다. 명사는 도식적으로 〈그림 3(b)〉의 '사물(thing)'에 윤곽을 부여하는 표현이라고 할 수 있는데, 그 특성은 충분히 추상화되어 있어서 물리적인 대상뿐만 아니라 '물상화(reification)'의 과정을 거친 어떤 실재도 포함시킬 수 있다.

그리고 동사를 비롯한 다른 모든 기본적인 범주들은 '관계(relationship)'에 윤곽을 부여한 것들이다. '관계성' 역시 '사물'과 마찬가지로 추상적인

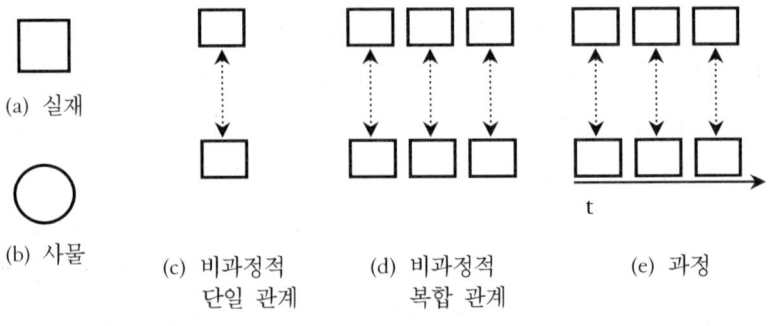

〈그림 3〉 기본 문법 범주들의 윤곽 부여 양상(Langacker 2008: 99)

의미로 사용되는데, 〈그림 3〉에서 관계는 그것에 참여하는 실재들을 연결하는 선으로 표시된다. 동사는 〈그림 3(e)〉와 같이 t로 표시된 시간을 통해 전개된다는 점에서 다른 관계 범주들과 구분된다. 그리고 시간의 흐름이 굵은 선으로 된 것은 시간의 흐름이 배경이 되어 있지 않고 부각되어 있다는 것을 나타낸다. 과정의 어느 한 시점에서의 종단면도 관계를 나타낸다는 점에서 복합 관계에 속한다. (1a)의 '~에'는 단일한 관계를 나타내고 있으며, 이 관계는 오랜 시간 지속되는 것일 수도 있고 아주 짧은 한 순간일 수도 있다. 따라서 (1b)의 '~에'는 〈그림 3(c)〉의 비과정적 단일 관계에 속한다.

(1) a. 고양이가 지붕위에 앉아있다.
    b. 고양이가 지붕위로 올라간다.

한편 (1b)에서 고양이와 지붕의 위치 관계는 시간의 흐름에 따라 변하기 때문에 '복합관계(Complex Relationship)'를 나타내지만, '~로' 자체는 전체적으로 하나의 경로를 나타내는 '게슈탈트(gestalt)'로 해석되기 때문에 비과정적 복합관계에 속한다.

이처럼 문법범주는 개념적 내용에 어떤 윤곽을 부여하느냐(혹은 어떻게 해석하느냐)에 따라 결정되기 때문에 하나의 개념적 내용은 다양한 문법적 범주로 해석될 수 있게 된다. (2a)에서 '포장하다'는 〈그림 5(a)〉와 같이

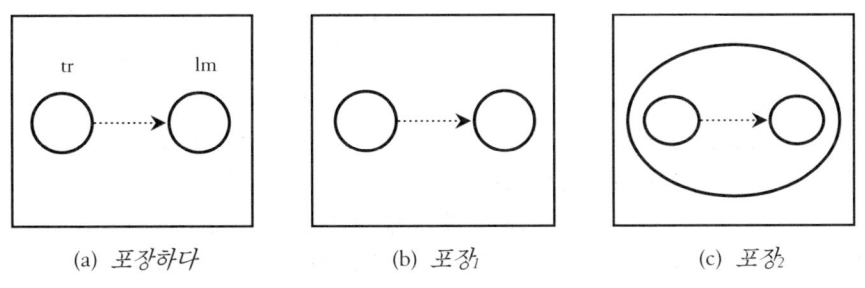

(a) 포장하다   (b) 포장₁   (c) 포장₂

〈그림 4〉 윤곽부여에 따르는 문법범주의 유동성

포장하는 사람과 포장되는 물건 사이의 과정적 관계에 윤곽을 부여한 동사이지만, (2b)의 '포장₁'은 〈그림 4(b)〉와 같이 포장된 대상에 윤곽을 부여했고, (2c)의 '포장₂'는 포장하는 〈그림 4(c)〉처럼 과정 전체를 '물상화(reification)'하여 윤곽을 부여했다.

(2) a. 반장은 선생님께 드릴 선물을 *포장했다*.
    b. 이 제품은 *포장*을 뜯기가 어렵다.
    c. 새로 온 점원은 아직 *포장*이 서툴렀다.

1.2.2. 의미망 모형의 도입과 전개

앞에서는 동사의 의미를 독립적으로 다룰 수 있는 인지적인 토대를 살펴보았는데, 이제 개별적인 동사들의 의미 구조가 어떻게 다루어질 수 있는지 살펴보자. Langacker(2008)에 의하면 일반적인 인지 능력의 다른 국면에서 나타나는 능력이 단어의 의미 구조를 형성하는 데 관여하고 있는데, 그것은 바로 연합(association), 자동화(automatization), 도식화(schema), 그리고 범주화(categorization)이다. 이 네 가지 현상은 언어뿐 아니라 다른 인지 활동에서도 보편적으로 나타나기 때문에 단어의 의미에 대한 설명에 심리학적으로 타당한 근거를 제공해준다.

(1) 연합(association): 연속적으로 이어지는 과정에 영향을 줄 가능성에 심리적 연결이 수립되는 것을 말한다. 인지문법에서는 단어와 문법이 모두 자율적인 통사 구조 없이 음운 구조(phonological structure)와 의미 구조(semantic structure)'가 직접 결합된 상징 구조로 존재한다고 본다(〈그림 1.5〉). '고양이'라는 상징은 [[*고양이*]/[고양이]]의 양극 구조로 제시될 수 있는데, 이것은 의미극의 [*고양이*]와 음운극의 [고양이]의 결합체이다. 우리가 고양이를 보거나 마음속으로 떠올릴 때 [고양이]라는 음운 구조가 연상되고, 반대로 [고양이]라는 음운 구조를 들을 때 [*고양이*]를 마음속으로 떠올리는 것은 심리적 결속이 수립되었기 때문이라고 볼 수 있다.

(2) 자동화(automatization): 이것은 신발끈을 묶거나 알파벳을 암송할 때 관찰되는 인지 처리 과정으로, 반복적인 연습을 통해서 의식적인 노력 없이 복잡한 전체 구조를 처리할 수 있게 되는 현상이다. 인지문법에서는 하나의 구조가 많이 사용될수록 점진적으로 '고착화(entrenchment)'되어 하나의 '단위(unit)'를 형성하게 된다. 인지문법에서는 언어공동체에서 단위의 지위를 획득한 경우 각진 상자나 [ ]에 넣어 표시하고, 단위의 지위를 획득하지 못한 경우 둥근 모서리 상자나 ( )에 넣어 나타낸다. 예를 들면 '손가방'의 경우 흔히 사용되는 표현이므로 [[*손*]/[손]]-[[*가방*]/[가방]]으로 나타낼 수 있고, '손전화'는 '핸드폰'이나 '휴대폰'에 비해 낯선 표현이기 때문에 ([[*손*]/[손]]-[[*전화*]/[전화]])로 나타낼 수 있다.

(3) 도식화(schematization): 이것은 다중적인 경험들 속에 내재된 공통적인 속성을 추출해서 더 높은 추상적 층위의 개념을 만드는 과정이다. 단어의 의미는 언제나 도식성을 가지고 있기 때문에, 도식화는 실제 언어의 '사용 사건(usage event)'을 통해 단어를 습득하는 과정에서 중요한 역할을 한다. 예를 들어, 단어의 의미로 존재하는 도식적인 '사과'는 실제로 보는 사과보다 항상 더 도식적인 속성을 가지고 있다.

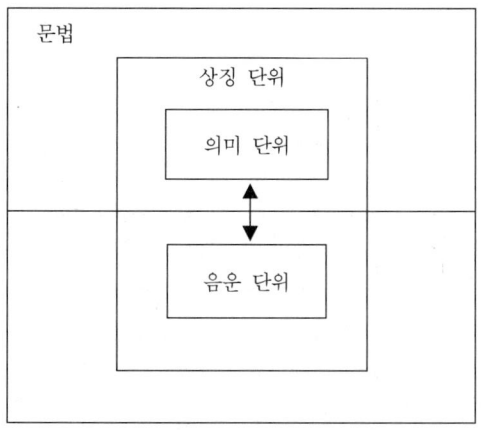

〈그림 5〉 상징 단위(Langacker 1987: 77)

(4) 범주화(categorization): 범주화는 기존에 존재하고 있던 구조와의 관계를 통해 경험을 해석하는 것을 말한다. 하나의 범주는 어떤 목적을 위해 동일한 가치를 가진 것으로 평가되는 집합이며, 한 단어 항목의 모든 의미들은 단일한 음운 구조로 실현된다는 점에서 하나의 범주를 구성할 수 있다. 만약 A가 한 범주에 속하고, 이것이 또 다른 구조 B를 범주화 한다면, B는 같은 범주의 구성원이 될 수 있다. 가장 분명한 범주화는 A가 B에 대한 도식이고, B가 A를 '정교화(elaborate)' 혹은 '실례화(instantiate)'하는 경우 발생하며, 이것을 A → B로 표시한다. 그리고 B가 A의 정교화와는 차이가 있음에도 불구하고 '연합(association)'이나 유사성을 기반으로 같은 범주로 범주화될 때는 점선 화살표를 사용하여 A ⇢ B로 표시한다. 이 때 A를 (적어도 국부적인) '원형(prototype)'이라 하고 B는 A로부터의 '확장(extension)'이라 부른다.

실제 단어의 의미 구조를 살펴보면 어느 정도의 빈도를 가진 단어 목록들은 거의 대부분 다의성을 가지게 된다. 사용 빈도가 높을수록 새로운 맥락의미가 관습화되어 의미 단위의 지위를 얻게 될 수 있기 때문이다. 연결된 의미들 중에서 어떤 것은 더 중심적이고 원형적이지만, 어떤 것은 다른

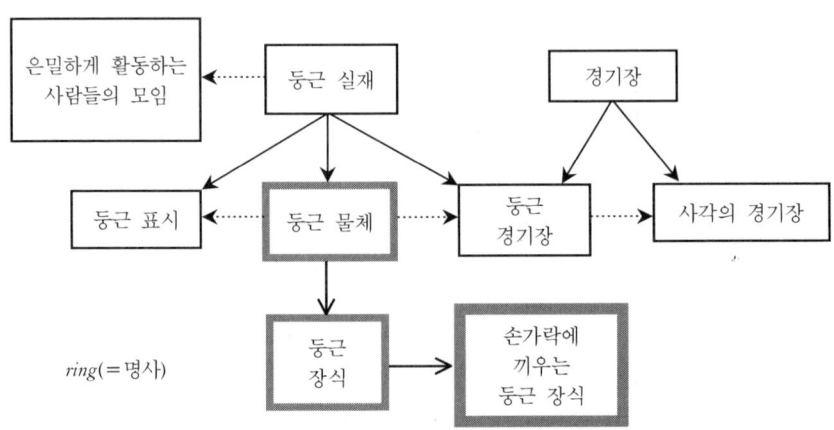

〈그림 6〉 명사 ring 의 의미망(Langacker 2002: 3)

것에 의해 '정교화(elaborate)'되는 '도식(schema)'일 수도 있다. 상자 선의 굵기는 원형성의 정도, 혹은 고착화된 정도를 나타내고 화살선은 도식의 정교화를, 그리고 점선 화살선은 더 중심적인 의미로부터의 확장을 의미한다. 이런 방법으로 *ring*의 의미 구조를 망 모형으로 나타내면 〈그림 6〉과 같다.

명사인 *ring*은 심리학적 타당성을 갖춘 비교적 분명한 모습의 의미망으로 제시될 수 있는 것 같다. 그 이유는 원형인 둥근 물체와 그에서 확장된 둥근 표시, 둥근 경기장, 사각의 경기장 등은 이미 구분될 수 있는 독립된 유형으로 존재하고 있었기 때문이다.

의미망 모형의 특징은 앞에서 말했듯이 심리학적으로 타당한 단어의 의미 구조를 적절하게 포착할 수 있는 가능성을 제시했다는 것이다. Ruhl(1989)이나 Huffman(1997)이 제안하는 단의적(monosemous) 접근으로는 *ring*과 같은 단어가 사용되는 모든 용법들을 예측할 수 없다. 다만, 의미망 모형의 문제가 될 수 있는 것은 실제 개별 단어의 의미망을 분석할 경우 눈에 보이지 않는 의미망의 심리적으로 실재하는 구조를 어떻게 확인할 수 있느냐 하는 것이다. Langacker(2008: 37)가 스스로 인정하고 있듯이 분석된 의미망은 심리적으로 실재하는 것보다 더 많은 의미 마디를 설정할 가능성이 있다. 이제 나머지 관심은 동사도 이와 같은 의미망으로 성공적으로 분석될 수 있느냐 하는 것에 모아지게 되는데, 동사의 경우 명사처럼 손쉽게 심리적으로 타당한 의미망이 분석되지는 않는 것으로 보인다. 〈그림 7〉은 Langacker(2002)에서 제시된 동사 *run*의 의미망인데[1], 여기서 Langacker는 '두 발로 움직이는 빠른 장소 이동'을 *run*의 의미 단위에서

---

1) Langacker(2002)에서는 [A] → [B]로 표시되는 범주의 확장을 [B]가 [A]와 어떤 점에서 양립할 수 없음에도 불구하고 여전히 [A]에 의해서 범주화되는 것이라 하였고 [A] ↔ [B]는 상호 유사성의 지각에 따른 범주화라고 하여 Langacker(2008)과 다소 차이가 있다.

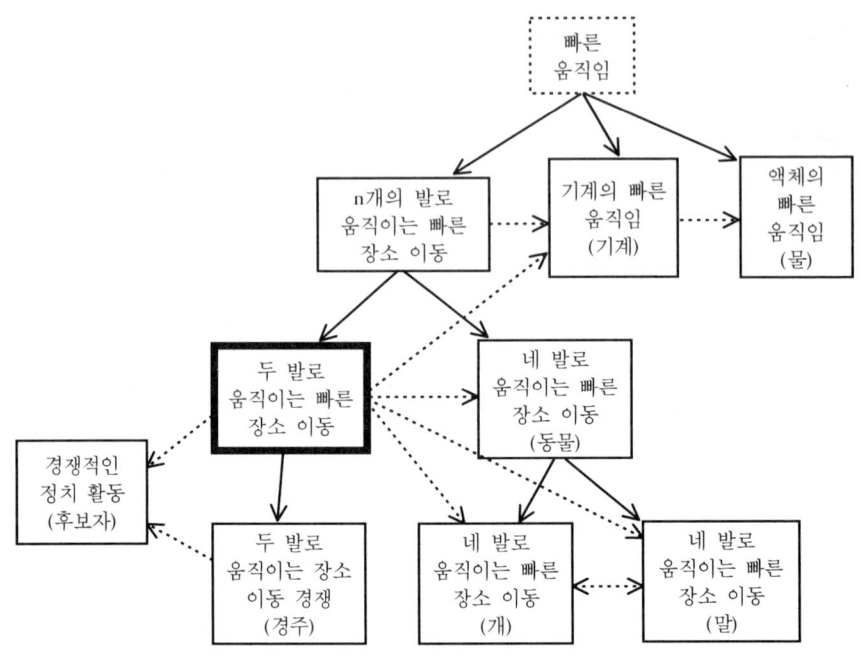

〈그림 7〉 *run*의 의미망(Langacker 2002: 267)[2]

가장 고착화된 원형 의미인 것으로 보았다. 하지만, 그것의 도식화 관계에 있는 'n개의 발로 움직이는 빠른 장소 이동'이 원형일 가능성은 없는가? 무엇을 원형으로 정할 것인지에 관한 문제와 관련된 또 다른 문제는 정교화 관계에 있는 의미 마디를 어느 정도 수준까지 설정할 수 있느냐 하는 것이다. 〈그림 7〉에서 '네 발로 움직이는 빠른 장소 이동'은 '(개의) 네 발

---

[2] 여기에 제시된 동사 *run*의 의미망이 사전에서 볼 수 있는 (가령 '밀수하다', '인쇄하다', '경영하다' 등의) 모든 의미들을 포함하지는 못하고 있기 때문에 Langacker (2002)의 의미망 분석이 가진 설명력에 대해 의문을 제기할 수도 있다. 하지만 일단은 그의 의미망이 *run*의 모든 의미를 남김없이 설명하려는 의도를 가진 것이 아니라 의미망 발생의 원리를 설명하고자 한다는 측면에서 이해할 필요가 있다.

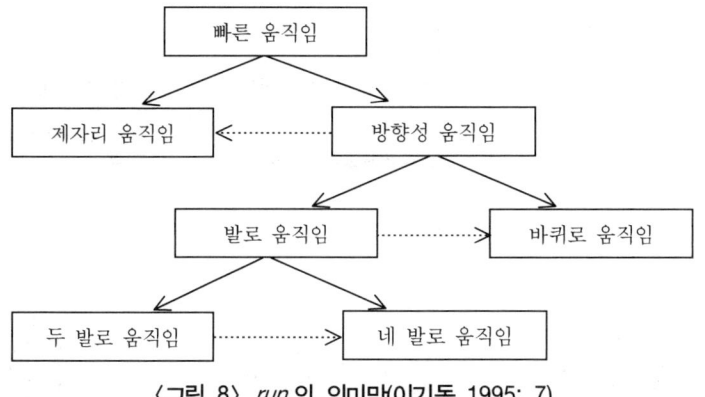

〈그림 8〉 *run*의 의미망(이기동 1995: 7)

로 움직이는 빠른 장소 이동'과 '(말의) 네 발로 움직이는 빠른 장소 이동'으로 정교화 되고 있는데, 이렇게 본다면 네 발을 가진 모든 동물들(소, 쥐, 토끼, 너구리, 도마뱀, 늑대 등)의 장소 이동들도 모두 정교화 마디에 포함되어야 한다. 문제는 여기에서 그치는 것이 아니다. 어떤 경로(잔디밭, 숲, 사막, 도로 등)로 장소가 이동되고 있는지에 따라서도 새로운 의미망이 설정되어야 할지도 모른다. 결국 동사의 경우 모든 정교화 마디를 인정하게 된다면 원형 의미가 가질 수 있는 무한한 맥락의미들이 모두 개별적인 의미 마디를 이루는 결과가 나오는 것이다. 비록 의미망 모형 자체는 단어의 의미 구조를 나타내는 데 적절한 방법이라 할지라도, 실제 개별 단어의 의미 분석에 적용된 결과가 심리적 실제성을 보증할 방법이 없을 경우 한 단어에 대해서도 그럴듯한 수많은 의미망의 분석 결과들이 존재하게 될 것이다. 한 예로 이기동(1995: 7)은 *run*(달리다)의 원형 이론에 입각한 망 모형을 〈그림 8〉과 같이 제시했는데, 이 의미망의 모습은 Langacker(2002) 분석 결과와 다소 차이가 있음을 알 수 있다. 제시된 두 의미망은 모두 *run*의 의미구조에 대해서 그럴듯한 설명을 제공하고 있지만, 어떤 의미망이 더 심리적으로 실제적인 것인지 판단하기는 어려운 것이다.

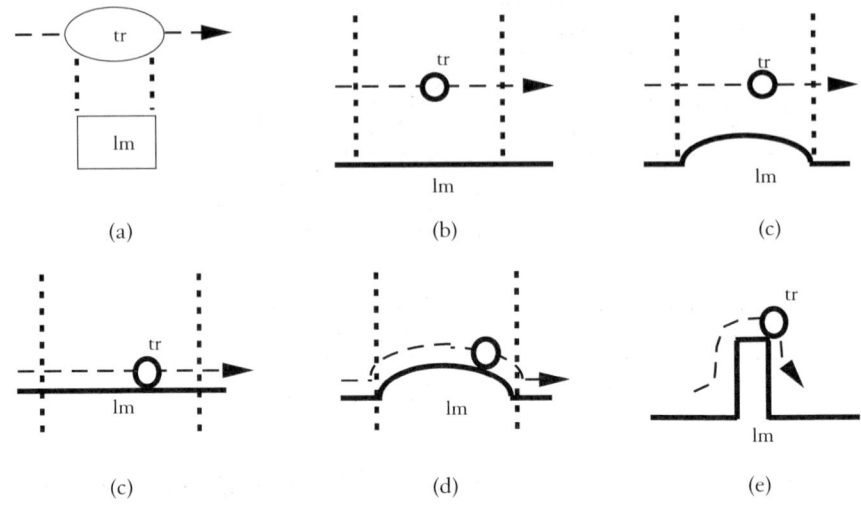

〈그림 9〉 *over*의 영상도식들(Lakoff 1987: 419-422)

(3) a. The bird flew over the yard. → 〈그림 9(b)〉
 b. The plane flew over the hill. → 〈그림 9(c)〉
 c. Sam drove over the bridge. → 〈그림 9(d)〉
 d. Sam walked over the hill. → 〈그림 9(e)〉
 e. Sam climbed over the wall. → 〈그림 9(f)〉

Tyler와 Evans(2003)의 영어 전치사에 대한 의미망 분석은 이런 문제점에 천착하여 자의적인 분석을 방지할 수 있는 방법론을 제시하였다는 점에서 의의가 있다. 그들은 전치사의 맥락의미가 발생하는 과정을 Traugott & Dasher(2002)의 '추정 이론(Invited Inferencing Theory)'으로 설명하고 그것이 하나의 고착화된 의미로 의미망에 자리 잡는 과정을 Traugott의 '화용적 강화(pragmatic strengthening)'로 설명하였는데, 사실 이 두 과정은 Langacker의 망 모형에서 말하는 맥락의미의 발생과 '고착화(entrenchment)'의 다른 표현에 지나지 않는다. 의미망 이론에 대한 그들의 기여는 고착화된 의미 단위와 맥락의미를 구분함으로써 의미망의 심리적 실제성을 높일 수 있는 방법을 구체적으로 제시했다는 것에서 찾는 것이 더 정당할 것이다. 그러면, 그들이 너무 많은 개별의미를 구분했다고 비판했던 Lakoff(1987)의 *over*에 대한 연구를 살펴보자. Brugman(1981)의 석사학위 논문에 바탕을 둔 Lakoff(1987)의 특징은 '영상도식(image schema)'과 그 '변형(transformation)'이 의미를 확장시키는 주요인이 된다는 발상이다. 그의 주장에 따르면 〈그림 9〉에 제시된 비명시적이고 중립적인 성격을 가진 *over*의 기본적인 영상도식은 tr과 lm의 구체적인 형상과 관계가 어떻게 실현되느냐에 따라 다양한 의미를 발생시킨다. "The plane flew over."에서 보이는 중심 의미인 〈그림 9(a)〉는 tr과 lm가 접촉을 하는 경우 〈그림 9(c)〉~〈그림 9(d)〉로 실현되고, 또 LM의 형상도 달라질 수 있는데, 이렇게 해서 (3)과 같은 개별의미들이 형성된다는 것이다.

　Lakoff(1987)의 의미망 모형이 가진 또 하나의 특징은 영상도식이 은유적 사상을 통해 더 복잡한 의미 확장을 발생시킨다고 설명하는 것이다. 예를 들면 "She has a strange power over me."의 해석에는 [통제는 위, 비통제는 아래](CONTROL IS UP, LACK OF CONTROL IS DOWN (Lakoff & Johnson 1980))라는 개념적 은유가 작용한다는 것이다.

　Brugman(1981)과 Lakoff(1987)는 다의어가 동음이의어와는 달리 체계적인 연관성을 가지고 있다는 것을 '방사상 망(radial network)'을 통해 보여주고자 시도했다. 그러면 Tyler & Evans(2003)는 왜 Lakoff(1987)의 분석이 너무 많은 맥락의미에 개별 의미의 지위를 주었다고 보았는지 살펴보자.

　Tuggy(1993)는 용법 기반 모형에 기초해 '중의성(ambiguity)'과 '모호성(vagueness)'의 차이를 설명했는데, 다의어는 〈그림 10(a)〉와 같이 도식(A)과 정교화(B, C)가 모두 어느 정도 이상으로 뚜렷하게 고착화되어 중의적 해석이 가능할 때 성립되고, 〈그림 10(b)〉와 같이 정교화의 의미적 (화살선의 길이로 표시된) 거리가 짧고 충분히 고착화 되지 않은 경우는 의미가

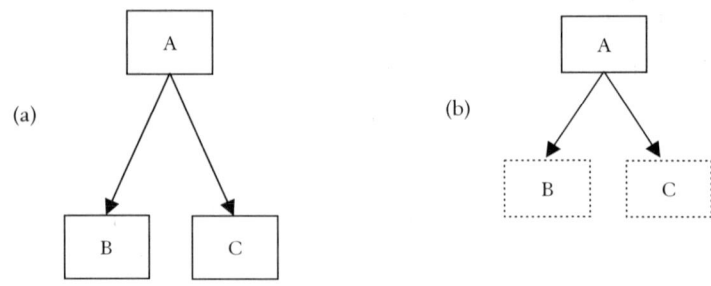

〈그림 10〉 중의성과 모호성의 구분(Tuggy 1993: 278-281)

모호한 것으로 본다. Tyler & Evans(2003), Evans(2006)는 B와 C의 해석이 기본 의미 A와 문맥을 통해 즉석에서 이루어진다면 이 때 B와 C는 고착화된 '개별 의미(distinct sense)'로 볼 수 없다는 것을 근거로, Lakoff(1987)의 분석이 '다의성 오류(polysemy fallacy)'에 빠졌다는 것을 주장한다. (3)의 여섯 가지 의미들은 사실상 문맥(여기서는 tr과 lm의 형상과 관계)이 달라지면서 즉석에서 해석될 수 있기 때문이다. Tyler와 Evans(2003: 45-54)는 그들이 제시한 '일차적 의미(primary meaning)'[3]의 검증 방법[4]을

---

[3] 종래의 연구자들은 무엇을 일차적 의미(primary sense)로 보아야 할지에 대해 의견이 일치하지 않았다. Lakoff(1987)는 'above and across'를 일차적 의미로 보았던 데 반해, Kreizer(1997)는 'above'에 가까운 의미로 상정했다. 이처럼 같은 접근 방법을 취하면서도 다른 주장을 하게 된 이유는, 그들이 원형성(prototypicality)에 의존하여 일차적 의미를 찾으려고 했지만, 원형의 개념 자체가 불분명한 부분이 있기 때문일 것이다. 원형이란 가장 빈도 높게 사용되는 것인지 아니면 모어 화자들이 기본적인 용법이라고 동의하는 것인지, 아니면 또 다른 기준이 있는 것인지 확인할 수 있는 방법이 알려지지 않았다. Lakoff(1987)와 Kreizer(1997)도 객관적인 확인 기준 없이 직관에 의지하여 원형을 설정했기 때문에 서로 다른 원형을 설정하면서도 그럴듯한 설명을 이끌어내고 있다. 문제는 설명의 그럴듯함이 의미망의 심리적인 실재성을 언제나 보증해 줄 수는 없다는 것이다.

[4] Tyler와 Evans(2003: 47)는 잠정적으로 (1)가장 오래된 것으로 확인된 의미, (2)의미망에서의 지배적인 분포, (3)합성형태에서의 사용(Langacker 1987), (4)다른 공간 불변화사와의 관계, (5)문법적 예측력(Langacker 1987) 등의 증거가 수렴되는지를 살펴 일차적 의미를 설정할 것을 제안했다.

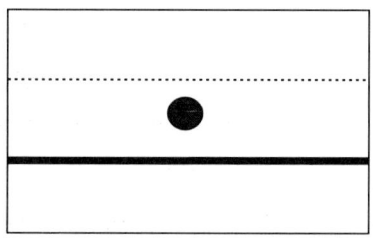

〈그림 11〉 over의 원형 장면(Tyler & Evans 2003: 66)

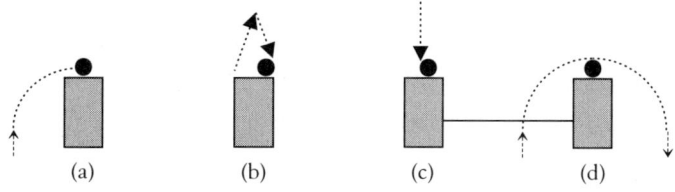

〈그림 12〉 "The cat jumped over the wall." 의 가능한 궤도

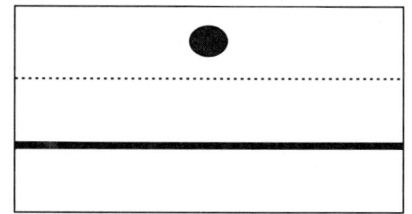

〈그림 13〉 above의 원형 장면(Tyler & Evans 2003: 112)

이용해 〈그림 11〉과 같은 원형 장면을 설정하는데(tr 아래의 굵은 선은 lm을 나타내고, 윗부분의 가는 선은 tr이 lm와 상호작용할 수 있는 위치에 있음을 나타낸다.), 원형 장면은 확장 의미가 발생할 수 있는 근원적인 요소를 가지고 있는 것으로 가정되므로, 이상적으로는 다른 모든 의미들과의 연관성이 확인될 수 있어야 한다. 그들은 이 중심의미만 알고 있어도 "The cat jumped over the wall."과 같은 문장을 세상 지식과 맥락을 통해 해석

할 수 있다고 주장하는데, 실제로 이 문장의 적절한 해석인 〈그림 12(d)〉는 고양이의 점프력과 중력에 대한 지식만 추가되면 얻어지는 것 같다.

각 공간 불변화사의 원형장면에 따라 tr과 lm의 관계에서 발생하는 기능적 의미와 2차적인 확장 의미들이 형성되기 때문에 정확한 원형장면을 설정하는 것은 중요하다. 예를 들어 above의 원형장면은 〈그림 13〉처럼 tr이 lm과 상호작용을 할 수 없는 위상적(topological)인 관계에 있음을 표시하고 있는데, 이로써 above의 원형의미가 over와 어떻게 변별되는지 알 수 있게 된다. (4)에서 스키 선수와 눈밭은 상호작용이 되는 위상적 관계에 있으므로, above를 사용하는 것은 이상하다. 또, Lakoff(1987)에서 은유적 확장의미로 제시된 (5a)의 경우도 상호작용을 배제하는 above가 사용되면 어색해진다.

(4) a. The cross-country skier skimmed over the snow.
(장거리 스키주자는 눈위를 스치듯 지나갔다.)
b. ?The cross-country skier skimmed above the snow.

(5) a. She has a strange power over me.
(그녀는 나를 통제하는 이상한 힘을 가졌다.)
b. ?She has a strange power above me.

또, Tyler와 Evans(2003)는 Lakoff(1987)의 은유 만능주의적 설명에 대한 대안으로 '경험적 상관성(experiential correlation)'에 의한 의미 확장론을 주장한다. 경험적 상관성이란 원래 다른 은유에 비해 경험적으로 더 원초적인 은유를 발생시키는 요인으로 Grady(1997, 1998, 1999a, 1999b)에 의해 제기되었던 것인데[5], Tyler와 Evans는 경험적 상관성이 은유가 아닌

---

5) 그는 강물이 많아지면 자연히 수위가 높아지는 것과 같은 상관성을 가진 경험이 '물가가 오르다'와 같은 개념적 은유(Grady는 이것을 기초적 은유(Primary metaphor)

환유의 발생과 더 관련되었을 가능성을 논하기도 하지만, 결국은 은유나 환유보다는 경험적 상관성이 의미 확장에 관여하는 본질적인 기제라고 주장했다. 그들은 경험적 상관성이 어떻게 의미를 확장시킨다고 설명하는지 (6)을 살펴보자.

(6) a. Mary *looked over* the manuscript carefully.
(메리는 원고를 주의 깊게 검토했다.)
b. She has a strange *power over* me.
(그녀는 나에 대한 이상한 통제력을 가지고 있다.)
c. I would *prefer* tea *over* coffee. (나는 커피보다 차를 좋아한다.)

(6a)의 '검사(examination)' 의미는 어떤 대상을 바로 위에서 보는 경험과의 상관성을 통해 발생한다. 어떤 것을 자세히 검사할 때 우리는 그것을 잘 볼 수 있는 위치인 '바로 위'에서 볼 것이다. (6b)의 '통제(control)' 의미는 상대적으로 더 높은 위치에 있을수록 더 높은 통제력을 행사한다는 상관 경험을 바탕으로 형성된다. 또, (6c)의 '선호(preference)' 의미는 더 우월한 것을 다른 것들의 위에 놓는 등의 경험적인 연관성을 찾을 수 있을 것이다. 이와 같은 확장 의미들을 Lakoff(1987)라면 **A IS B** 형식의 은유로 제시할 수 있었겠지만, Tyler & Evans(2003)는 새로운 의미가 발생하는 원인을 설명함으로써 자의성을 극복할 수 있었다. 하지만, 그들은 경험적 상관성과 환유는 어떤 관계인지, 또 은유는 의미 확장에 어떤 역할을 하는지 등의 문제에 대해서는 별다른 설명을 내놓지 않았다.

Tyler와 Evans(2003)의 연구가 사용에 바탕을 둔 의미망 이론에 기여한 것은 두 가지가 있다. 하나는 맥락의미와 고착화된 개별 의미를 구분하여 의미망의 심리적 실제성을 높인 것이고, 다른 하나는 경험적 상관성, 혹은

라고 불렀다.)를 발생시킨다고 주장했다.

환유6)에 의해 새로운 맥락의미가 발생하고 고착화되어 개별 의미가 형성되는 과정을 제시했다는 것이다.

앞에서 보았듯이 Langacker(2008)는 '연합(association)'7)과 유사성을 기반으로 범주가 확장된다고 보았는데, 경험적 상관성이란 Langacker(2008)의 연합과 동일시될 수 있을 것이다. Langacker가 분석한 의미망을 보면 알 수 있듯이 Tyler & Evans(2001, 2003) 이전에는 경험적 상관성에 의한 범주의 확장이 의미망 모형으로 다루어진 적이 없었다. 전치사는 동사와 마찬가지로 관계(relationship)를 나타내는 문법 범주라는 점에서, 그리고 '사용에 바탕을 둔 모형(usage based model)'을 적용했다는 점에서 Tyler & Evans(2003)의 연구는 동사의 의미망을 분석하는 본 연구에도 참고할만한 가치가 있다.

한편, 한국어 동사의 의미에 대해 이루어져 온 인지적인 접근의 연구 성과들을 살펴보면, 기존의 의미망 모형을 동사의 다의성 분석에 적용한 사례들과 특정한 의미망 모형을 따르지는 않았지만 독자적인 방식으로 인지언어학적인 접근을 택한 경우, 그리고 인지언어학적인 접근 방식을 표방하지는 않았지만 그 연구 결과가 인지언어학적인 관점에서 수용 가능한 경우 등으로 나누어 볼 수 있겠다. 국내에서도 인지언어학에 대한 관심이 고조되면서 한국어의 일반적인 문법현상이나 의미 확장에 대한 인지적 연구

---

6) Tyler & Evans(2003)에서는 경험적 상관성을 의미 확장의 주요 기제로 보고 있는데, 경험적 상관성과 환유의 관계, 그리고 환유와 의미 확장의 관련성에 대해서는 충분히 논의되고 있지 않다. 하지만, 정병철(2007b, 2007d)에서는 경험적 상관성에 의한 의미 확장이 결국 환유에 의한 의미 확장과 동일시 될 수 있음을 제기하고 있다.
7) Langacker(2002)에서는 [A] → [B]로 표시되는 확장(extension)을 [B]가 [A]와 어떤 점에서 양립할 수 없음에도 불구하고 여전히 [A]에 의해서 범주화되는 것이라 하였다. 또, [A] ↔ [B]는 상호 유사성의 지각에 따른 범주화라 하였다. 이런 점에서 A → B가 연합과 유사성에 기반한 범주의 확장이라는 Langacker(2008)의 견해는 기존의 입장을 다소 수정한 것으로 보인다. 여기서 연합이라는 말은 경험적 상관성을 염두에 두고 한 표현인지가 주목된다.

가 활발하게 계속되고 있다. 하지만, 현재까지 국내에서 동사의 의미를 인지언어학적 관점에서 본격적으로 파고든 연구는 그 다루어진 내용이나 분량 면에서 매우 제약되어 있는 편이며, 구체적인 의미망을 제시한 연구 성과는 더욱 찾아보기 어렵다.[8]

먼저 특정한 의미망 모형을 한국어 동사의 의미 분석에 적용한 연구들을 살펴보자. 신현숙(1995a)은 인지문법의 틀을 따라 동사 '앉다', '서다', '눕다' 등의 사용과 의미 확장의미를 논의하였는데, 이 연구는 명사의 확장 의미를 논의한 신현숙(1995b)과 비슷한 시기에 비슷한 방법으로 이루어진 국내에서는 비교적 이른 시기의 성과이다. 임지룡(1996, 1997)에서는 다의어의 인지적 특성에 대한 논의에서 Langacker(1987)의 의미망 모형을 적용한 '가다'의 분석을 보여주었다. Lee(1998)는 Langacker(1987, 1991)의 인지문법을 한국어 동사 의미 분석에 적용하여 '조종동사(manipulative verbs)'로 분류된 '끌다', '당기다', '밀다'의 의미망을 분석 제시하였는데, 현재까지 한국어를 대상으로 특정한 의미망 모형을 적용한 연구 중에서는 가장 분량도 많고 그만큼 심도 있게 이루어진 연구라 할 수 있다. 주로 Langacker(1987)의 의미망 모형을 한국어 동사에 적용한 이 연구들은 한국어 동사에 대한 의미망 모형의 적용 가능성을 보여주었다. 하지만, 아직 연구의 대상이 특정한 부류의 동사에만 제한되어 있었고 제시된 의미망의 심리적 실제성이나 타당성 자체에 대한 비판적인 논의는 이루지 않았다. 기존의 의미망 모형을 그대로 적용한 초기의 연구들은 특정한 의미망 모

---

[8] 한편, 국내에서 영어 동사의 다의성을 분석한 연구들은 비교적 더 활발하게 이루어져왔다. 인지언어학의 관점에서 영어 동사의 의미 확장을 다룬 연구(박효명(1995), 정철영(1993), 정유경(2000), 이기동(2002) 등)나 한상숙(2001)처럼 이를 영어교육에 적용하려는 연구, 그리고 이기동(1984), 정영식(1999), 박선애(2000), 김성원(2001)같이 전치사나 일반적인 의미 확장을 다룬 연구가 하나의 경향으로 자리를 잡아가고 있음을 볼 수 있다. 하지만, 국내 영어학 내에서도 기존의 의미 확장이나 의미망 모형에 대한 이론적인 검증이나 비판적인 대안을 제시한 연구는 찾아보기 어렵다.

형을 따르지는 않았지만 인지적인 접근을 통해 동사의 다의성을 분석한 다변화된 연구들로 이어지기도 했다. 이종열(1998)의 '가다'의 다의성에 대한 연구는 영상도식과 그 변환, 주관적 이동 해석 등에 의해 발생하는 맥락의미를 탐구했다. 또, 이기동(2000)은 은유, 환유, 주관적 이동 해석 등에 의해 '가다'의 의미가 확장되는 양상을 논의하였고, 이건환(2002)도 은유와 환유를 의미 확장의 두 가지 주요 기제로 보고 '잡다'의 의미망을 분석하였다. 초기 이후의 연구에서도 동사의 다의성에 대한 분석이 '가다', '잡다'와 같은 이동이나 신체의 움직임을 나타내는 몇몇 동사에 집중되는 현상은 계속되었다. 임지룡(2001)에서 '사다', '팔다'와 같은 '틀(frame)' 의미가 중심이 되는 동사가 논의되기도 했지만 기존의 의미망 모형에 따른 분석은 이루어지지 않았다. 한편, 이종열(2005)에서는 은유와 환유를 동사의 의미 확장에 관여하는 두 가지 기제로 보고 '먹다'의 다의적 의미와 구문적 확장을 논하였다. 지금까지 국내에서 이루어진 대부분의 연구는 은유와 환유를 동사의 의미 확장에 개입하는 핵심적인 기제로 파악했다는 공통점을 가지고 있다. 하지만, 정병철(2007b, 2007d)에서 논의된 바와 같이 은유와 환유의 작용 방식을 평면적으로 같은 차원에서 파악하는 것에는 문제가 있으며 환유에 의한 의미 자체의 확장과 은유에 의한 의미 적용 영역의 확장은 구분되어야 할 필요가 있다. '보다', '잡다'의 의미망을 논의한 정병철(2007b, 2008d)에서도 본질적으로 환유에 의해 동사의 의미가 확장되는 것으로 분석되었는데, 만약 은유에 의한 의미 적용 영역의 확장도 의미망으로 나타내려면 평면적인 의미망이 아닌 3차원적인 의미망을 사용해야 할 것이다.

한편, 장미라(2005)의 '있다'의 다의적 체계에 관한 연구는 특정한 의미망 모형을 적용하거나 뚜렷한 인지적 관점을 채택하지는 않았음에도 불구하고 정병철(2007b, 2007d)의 환유적 의미망 모형을 적용한 분석과 비슷한 결과를 나타내는 것으로 보인다. 이처럼 인지언어학의 관점을 내세우거나 강조하지 않았다 할지라도 동사의 의미에 대한 깊이 있는 통찰력을 보여주고 있는 연구들은 모두 거론하기 어려울 정도로 많이 있을 것이다. 사실 언어를 사용하는 우리 자신에 대해 진지하게 탐구할수록 시뮬레이션 의미론과 동일한 결론에 다다를 가능성은 많아진다. 여기서 중요한 것은 언어 자체가 아닌 그것을 사용하는 인간에게 초점을 맞추는 것이다. 언어의 의미를 해석하는 자신의 심리적인 과정에 대한 자성적이고 내적인 탐구 역시 시뮬레이션에 의해 이루어지며, 이것은 모든 언어 연구자들의 가장 강력한 도구이기도 하다. 최호철(1993)에서는 의미의 '유연성(類緣性)'을 고려하여 322개에 달하는 현대 국어 동사의 '의소(義素, sememe)'를 제시하고 있는데, 여기에서 한 동사에 하나의 의소를 설정하는 과정은 사전에 제시된 다양한 '단의(單義)'들의 용법을 가능하게 하는 상황을 모의 검증하는 (일종의) 시뮬레이션을 통해 전개됨을 볼 수 있다. (예컨대, 최호철(1993: 91-93)에서 '가다'의 의소 《화자의 기준점에서 멀어지다》가 추출되는 과정을 보라.) 기본적으로 어떤 단어의 기본의미를 파악하는 과정에서부터 이미 시뮬레이션 의미론은 보이지 않게 적용되어 온 것이다. 이처럼 의미망 분석의 구체적인 방법론 없이도 직관에 의해 어느 정도 타당한 의미망을 도출하는 것은 가능할지도 모르지만, 궁극적으로는 보다 구체적이고 일반적으로 적용될 수 있는 과학적인 의미망 분석의 원리와 방법론이 필요하다. 이에 이 연구는 의미망의 심리학적 타당성을 향상시키기 위해 시뮬레이션 의미론의 연구 성과가 의미망 분석에 적용될 수 있는 가능성을 최대한 모색하고자 하는 것이다.

인지언어학에서 파악하는 단어 의미의 '망(network)' 구조는 사실 다의어(polysemy)에 대한 전통적인 논의와 맞물려 있다. 19세기에 주로 역사적인 의미 변화의 측면에서 이루어져 온 다의어에 대한 논의(Bréal 1897)는 20세기 변형생성문법에 의해 적절한 이론적인 토대가 부정되기에 이른다. 현실적으로 변형생성문법에서 다의어의 존재는 부정되었고(Postal 1969),

그 대신 중첩된 의미를 가진 동음이의어의 목록이 제시되었다. Katz & Fodor(1963) 역시 다의어와 동음이의어를 구분하지 않는 변형생성문법의 입장을 보여주는데, 그들은 어휘의 의미를 통사적 '자질(feature)'이나 엄격한 하위범주의 속성, 그리고 '선택 제약 규칙(selectional restriction rules)' 등의 표상으로 제시하곤 한다. 이와 같이 같은 언어형식을 가진 개별의미들 사이의 관계를 설명하지 않고 통사적인 자질이나 엄격한 하위집합의 자질로 나타내는 방식은 지금까지 상당히 지배적으로 사용되어 왔다.

한편, 구조주의적인 전통에서는 추상적인 의미론과 상황에 의해 정교화되는 화용론을 엄격하게 구분하기 때문에 하나의 단어에 단 하나의 추상적인 의미만을 설정하는 것이 가능하다고 여기기도 한다. 이를테면 Ruhl(1989)은 하나의 추상적 의미가 Lakoff & Johnson(1980) 등이 말하는 다의를 모두 포함할 수 있다고 주장한다. 하지만, 어떤 단어도 하나의 추상적 의미만으로 실제로 사용되는 의미와 용법을 예측할 수 없다는 점에서 '단의성(monosemy)' 논의는 더 근본적인 문제점이 드러난다.

전술한 바와 같이 망 모형은 사용에 바탕을 둔 모형의 부분으로 존재하며, 새로운 맥락에서 발생하는 의미와 고착화된 의미, 그리고 의미의 도식적 위계 등을 모두 표상할 수 있는 구조를 가지고 있다. 이로 인해 망 모형은 개별의미들 사이의 연관성, 혹은 활성화 가능성을 나타내준다는 점에서 구조주의나 변형생성문법의 접근의 한계를 극복할 수 있게 해준다.

국내의 다의어에 대한 연구는 다의어와 동음이의어의 구분에 대한 초기 논의에서 시작하여(이숭녕 1962, 천시권 1977) 현재까지 이어지고 있는데, 이 중 최호철(1993), 도원영(2002) 등은 의미적 유연성을 중시하는 반면 홍재성·박만규·임준서(1995)와 박동호(2003)등은 통사적 기준을 중시하고 있다. 그런데, 통사적 기준이 과연 다의어와 동음이의어를 구분해 줄 수 있을까? 앞으로 이 연구에서 밝히게 되듯이 다의어도 개별의미에 따라 다양한 통사구조를 가질 수 있기 때문에 통사적 기준은 인정되기 어려워 보인다. 한편 최근 남경완(2005)에 이르기까지 의미적 유연성에 의존하는 것 이상의 방법은 제시되지 않고 있다. 하지만, 의미적 유연성에 의존하는 방법은 다음과 같은 두 가지 한계가 있는 것으로 보인다. 첫째, 의미적 유연성에 대한 인식 자체가 주관적일 수 있으며 주관적인 인식의 결과인 의미적 유연성의 정도가 다의어와 동음이의어를 적절하게 구분해준다는 보장도 없다. 특히 의미적 유연성에 대한 인식은 개별 단어를 단위로 이루어지기 때문에 모든 단어에 일반적으로 적용될 수 있는 원리가 제시된 것은 아니다. 둘째, 의미적 유연성을 고려하여 다의어와 동음이의어를 구분하는 것은 어느 정도 성공할지도 모르지만, 다의어의 의미 구조는 여전히 밝혀지지 않은 채 남아있게 된다. 남경완(2005)에서는 계열적 정보(범주 특성, 고유 특성)와 결합적 정보(논항 특성, 선택 특성)를 단의 설정의 기준으로 제시했는데 이를 통해 동사의 의미망을 이루는 개별의미들의 윤곽이 어느 정도는 드러날 수 있다. 하지만, 여전히 개별의미들의 발생 원리나 원형의미(혹은 의소)와의 관계 등은 설명되지 않는다.

홍재성(1987, 1997), 양정석(1995), 연재훈(1989), 우형식(1998), 한송화(2000), 고광주(2000), 남승호(2003) 등은 통사적 구조를 동사의 논항구조나 의미와 연관시켜 설명하고 있는데, 기본적으로 변형생성문법의 토대에서 접근한 연구들도 그 결과는 통사구조와 동사의 의미가 긴밀하게 연관되어 있다는 것을 보여준다. 또, 이정민·강범모·남승호(1998), 김윤신·이정민·강범모·남승호(2000), 남승호(2007) 등은 Pustejovsky(1995)의 생성 어휘부 이론을 바탕으로 동사의 의미 구조가 통사적으로 실현되는 양상을 연구하였는데, 생성 어휘부 이론은 Chomsky의 생성적 접근을 어휘부와 합성의미에서 나타나는 다양한 의미를 설명할 수 있도록 확장하고자 한 최초의 본격적인 시도로 평가된다. 하지만, Pustejovsky(1995)는 형식주의적인 접근을 취함에도 불구하고 어휘의 다의성을 인정하고 언어 구조의 의미적 제약을 강조한다는 점에서 이미 변형생성문법의 원형을 벗어나고 있는 것을 볼 수 있다. 최근 변형생성문법의 관심은 동사의 의미 특질과 통사 구조의 대응 관계에 점차 초점을 맞춰가고 있다(Levin & Rappaport Hovav(2005)). 인지언어학이 의미를 기반으로 통사구조를 설명하는 것과 반대로 변형생성문법은 통사구조를 설명하기 위해 의미를 연관시키고 있는데, 상반되는 두 이론적 토대의 접근 방향은 다르지만 비슷한 결과물을 내놓는 경우가 빈번하다. 하지만, 결과적 산물의 유사성이 곧 본질의 유사성을 의미하는 것은 아니다. 고창수(1999)에서 지적되듯이, 최소이론(minimalism) 이전의 변형생성문법은 인간의 언어에 대한 생물학적 관점을 표방하고 있음에도 불구하고 실제로는 기계론적인 수학적이고 형식주의적인 방식을 사용해 왔다. 이런 장치들은 자연언어의 전산 처리 모형에 당분간 적합할지 모르나 컴퓨터와 인간의 언어처리 과정이 가진 근본적인 차이를 담아내지는 못한다. 하지만 이상적인 인공지능의 구현을 위해서는 궁극적으로 인간과 닮은꼴의 신체화에 기초한 언어처리 모형의 적용이 요청될 것이다.

전술했듯이 인지언어학은 애초에 동사를 신체화된 인지의 본질에 입각한 의미를 통해 접근하고 있고, 그로 인해 망 모형을 통해 동사의 의미 구조와 처리 과정, 그리고 통사 구조와의 대응에 대해서도 더 직접적이고 강력한 설명의 가능성을 열어주고 있다. 인지언어학은 자율적인 통사규칙의 존재를 인정하지 않으며 동사의 의미나 다른 인지적인 요인에 의해서 문장의 형태가 변화하는 것을 처음부터 지극히 자연스러운 현상으로 파악한다. 따라서 통사구조는 동사의 의미 현상과 함께 부수적으로 다루어질 수 있는 주제 중 하나로 자연스럽게 자리 잡게 된다.

1.3. 연구의 방법과 구성

이 연구가 내세운 목적을 달성하기 위해 직접 호환 효과나 간섭 효과 등을 이용한 실험적 연구나 fMRI등의 뇌 영상 촬영을 동원한 연구를 추가적으로 시도할 수도 있을 것이다. 하지만, 우리는 언어학적인 관점에서 지금까지 이루어진 경험적 연구의 결과를 최대한 수용하여 적절한 언어 처리 모형을 제시하는 것에 이 연구 범위를 제한하고자 한다. 인지언어학의 영역에서 언어학과 인지 과학의 경계는 점차 허물어져 가고 있는 추세이다. 시뮬레이션 의미론 역시 경험적인 방법을 이용한 과학적인 연구 결과를 토대로 발전해 가고 있다. 언어 분석의 타당성을 과학적으로 검증할 수 있는 방법이 생겼다는 것은 매우 반가운 일이며 앞으로의 언어 연구에 많은 가능성을 열어주리라는 것은 분명하다. 하지만, 우리는 또한 경험적인 연구의 성과를 바탕으로 타당한 모형을 제시하기 위한 언어학적 통찰과 논증의 과정을 생략할 수 없다. 시뮬레이션 의미론의 성과는 그동안 이루어진 인지언어학자들의 통찰에 의해 상당 부분 예견되어 왔던 것이며(예를 들면 원형 이론이나 Lakoff(1987)의 신체화된 은유의 해석 과정, Langacker(1987)의 '주사(scanning)'와 가상 이동 문장의 처리 과정에 대한 설명 등), 앞으로도 언어학적 통찰은 인지과학의 연구 결과들을 설명하거나 또 다른 연구 방향을 제시하는 역할을 하게 될 것이다. 인지언어학의 연구 성과와 시뮬레이션 의미론의 경험적 연구의 성과가 만나는 교점에서 최적의 심리학적 타당성과 언어학적 설명력을 기대할 수 있을 것이다.

  1.2에서 살펴보았듯이 동사의 의미망을 분석할 때 핵심적인 문제는 동사의 원형의미로부터 접근되는 맥락의미와 원형의미와 독립된 의미 단위로 접근될 수 있는 개별의미를 어떻게 구분하느냐 하는 것이었다. Tyler & Evans(2003)가 제시한 방법은 맥락의미들 중 충분히 고착화 되어 원형의미와 독립된 지위를 얻게 된 것을 개별의미로 분석하는 것이었다. 물론, 맥락의미가 어느 정도 고착화 되어야 개별의미로 볼 수 있는지, 그리고 그것을 어떻게 알 수 있는지에 대한 문제를 해결해야 비로소 의미망 분석이 성공할 수 있을 것이다. 하지만, 그 이전에 먼저 한 동사의 원형의미는 무

엇이며 원형의미의 정교화를 통해 얻어지는 맥락의미가 얻어지는 과정이 어떻게 수행되는지 시뮬레이션 의미론의 연구 성과들을 토대로 살펴볼 필요가 있다. 시뮬레이션을 통해 맥락의미가 해석되는 과정을 이해해야 일차적으로 어떤 용례의 의미가 개별의미가 아닌 맥락의미인지 알 수 있기 때문이다.

이에 2장에서는 시뮬레이션 의미론의 성과를 살펴보고 이를 토대로 동사의 일반적인 의미 해석 모형을 제시하였다. 3장에서는 개별적인 동사의 원형의미와 맥락의미가 발생하는 과정을 시뮬레이션 의미론의 관점에서 설명하였다. 실제 언어 사용에서 만나는 동사의 의미는 모두 맥락의미로 실현되기 때문에, 맥락의미의 해석 과정이란 결국 사용된 동사의 의미에 대한 시뮬레이션 과정이다. 따라서 시뮬레이션 의미론의 연구 성과를 바탕으로 이 과정을 설명할 수 있는지에 대한 논의가 이루어질 것이다. 다시 말하지만 인지문법에서 한 단어의 전체적인 의미 구조는 의미망으로 적절히 표현될 수 있다. 따라서 한 단어의 의미망에 대한 연구는 곧 그 단어의 의미에 대한 연구라고 할 수 있으며, 한 단어의 개념화, 곧 의미 해석 과정에 대한 이해 없이는 적절한 의미망을 분석하는 것도 불가능하다. 이것이 바로 이 연구가 동사의 일반적인 의미 해석 과정에 대한 논의도 포함하게 되는 이유이다.

본격적으로 동사의 확장의미(혹은 개별의미)가 이루는 의미망 분석에 들어가기 전에 우리가 다루어야 할 중요한 문제가 있는데, 그것은 과연 은유가 동사의 의미를 '확장'시키고 개별적인 의미망의 마디를 구성하느냐 하는 것이다. 선행 연구에서 살펴보았듯이 기존 연구에서는 대체로 환유와 은유를 모두 동사의 의미 확장에 관여하는 두 개의 동등한 기제로 보아왔다. 하지만, 은유는 동사의 확장된 개별의미를 만드는 것이 아니라 동사의 의미가 적용되는 영역을 확장하는 데 관여하므로, 확장된 개별의미를 만드는 데 개입하는 환유와는 구분되어야 한다는 것이 이 연구의 입장이다. 4

장에서는 기존의 의미망 연구에 많이 수용되었던 개념적 은유와 영상도식의 문제점을 고찰하고, 은유가 만들어지고 해석되는 원리를 다시 검토할 것이다. 그리고 은유와 은유적 영상에 대한 대안적인 접근을 통해 은유가 동사의 확장된 개별의미를 만드는 것이 아니라 의미가 적용되는 영역을 확장하는 데 관여한다는 것이 논증된다.

5장에서는 동사의 확장의미가 발생하는 원리와 이 확장의미들이 이루는 의미망의 특성 등이 논의된다. 확장의미도 원래는 동사의 맥락의미였던 것이 고착화되어 발생하는 것인데, 특별히 비항상성 동반관계에서 발생하는 환유는 확장의미로 발전할 수 있는 동사의 맥락의미를 발생시키게 된다. 5.1에서는 환유의 작용 원리와 발생 조건을 다시 살펴보고, 환유가 동사의 확장의미로 발전할 수 있는 맥락의미를 발생시키는 원리를 시뮬레이션 의미론의 관점에서 살펴본다. 이어 5.2에서는 의미의 특성에 따라 분류된 한국어의 일부 고빈도 동사들('보다', '잡다', '쥐다', '꼬집다', '먹다', '타다', '대다', '사다', '생각하다', '외우다', '가다', '나가다', '들어가다', '올라가다', '내려가다' 등)을 대상으로 5.1에서 살펴본 의미 확장 원리에 따라 의미망 분석이 적절하게 이루어지는지 살펴보았다. 기존의 연구들은 하나의 단어, 혹은 특정한 부류의 단어만을 대상으로 의미망을 분석하는 연구 경향을 보이고 있는데, 이 연구에서는 다양한 유형의 고빈도 동사들의 분석을 통해 제시된 의미망 분석 방법의 타당성을 확인한다. 5.3에서는 이런 과정을 거쳐 만들어진 동사의 의미망이 나타내는 특성을 살펴보고, 의미망을 이루는 개별의미와 구문의 대응 관계, 그리고 의미망이 사전 편찬이나 언어 교육 등에 유용하게 활용될 수 있는 가능성을 살펴본다. 의미망이란 것은 눈에 보이지 않고 만질 수도 없는 추상적인 구조이기에 의미망의 심리적 실제성이나 심리학적 타당성이 줄 수 있는 실제적인 유익에 대해 회의를 느낄 수도 있다. 물론 심리적 실제성을 가진 의미망의 탐구는 언어에 대한 순수한 탐구라는 의미에서 그 자체로도 가치가 있을 수 있다. 하지만, 생물학의 발견이 의학의 발전을 가져올 수 있듯이, 심리적 실제성을 제고한 의미망도 사전 편찬이나 언어 교육과 같은 실용적인 분야에 중요한 도움을 줄 수 있을 것으로 기대된다.

Chapter 02

시뮬레이션 의미론과 동사의 의미 해석

2.1. 시뮬레이션 의미론의 연구 방법론과 성과
2.2. 시뮬레이션과 의미의 해석
2.3. 시뮬레이션 의미론에 기초한 동사의 의미 해석 모형

 이 연구의 목적을 달성하기 위해 '의미'에 대한 기본적인 관점에 대한 논의에서부터 이야기를 시작하지 않을 수 없을 것이다. 왜냐하면, 동사의 원형의미나 맥락의미, 그리고 개별의미를 파악하기 위해서는 시뮬레이션 의미론이 밝혀주는 의미의 해석 과정을 이해할 필요가 있기 때문이다. 이 장에서는 시뮬레이션 의미론이 제공하는 의미에 대한 관점과 연구 성과들을 고찰하고, 이를 토대로 동사의 의미 해석 과정이 어떤 모형으로 설명될 수 있는지 제안해보고자 한다.

2.1. 시뮬레이션 의미론의 연구 방법론과 성과

 시뮬레이션 의미론의 의미관은 '신체화: 몸이 부여된 상태(embodiment)'가 인간의 언어와 마음에 중심적인 역할을 한다는 인지언어학의 가정에서 자연스럽게 발생한다. 인지 과학에서 사용되는 "신체화"라는 용어는 인지

의 다양한 측면들이 그것을 발생하게 해 주는 뇌와 다른 신체를 포함한 생물학적 조직, 그리고 물리적이고 사회적인 맥락을 고려하지 않고는 설명될 수 없다는 의미로 이해될 수 있다(Johnson 1987, Lakoff 1987, Varera 외 1991, Clark 1997, Lakoff & Johnson 1999, Gibbs 2005). 신체화의 관점에서 언어의 의미를 이해한다는 것은 곧 그 내용에 대한 '지각(perception)'과 '운동감각(motor)'의 시뮬레이션을 수행하는 것으로 설명되기도 한다(Narayanan 1997, Barsalou 1999, Glenberg & Robertson 2000). 이런 관점에서 '시뮬레이션 의미론(simulation semantics)'은 학자에 따라 언어의 여러 측면들이 어떻게 정신적 영상을 구성하는지, 그리고 언어의 사용을 위해 무엇을 어떻게 시뮬레이션 하는지에 대해 연구하는 것으로 정의되기도 한다(Bergen 외 2003, Feldman & Narayanan 2004, Bailey 1997, Naraynan 1997). 이처럼 시뮬레이션 의미론의 구체적인 연구 방법이 기술적인 문제로 인해 제약되기는 하지만, 시뮬레이션 의미론의 기본 가정은 매우 폭넓고 단순하게 기술될 수 있다. 그것은 바로 언어의 의미 해석이 시뮬레이션이라는 가상적인 신체의 체험에 의해 이루어진다는 것이다. 시뮬레이션 의미론의 가정에 따르면 어떤 언어 표현의 의미는 그것이 지시하는 내용을 가상적으로 체험하지 않고서는 해석될 수 없고, 적절한 가상 체험이 이루어졌을 때야 비로소 그 의미는 해석되었다고 할 수 있다. 이제 그들이 이 목표를 위해 사용한 방법과 성과들을 알아보고 이것이 이 연구에 시사하는 바가 무엇인지 생각해 보고자 한다.

시뮬레이션 의미론에 대한 실험적 연구 방법은 크게 간접적인 방식과 직접적인 방식으로 나눌 수 있다. 간접적인 방식은 인간의 행동과 반응을 외부에서 관찰하여 가설을 점검해나가는 것이고, 직접적인 방식은 언어를 사용할 때 발생하는 두뇌의 움직임을 특수한 장비를 이용해 직접 관찰하는 것이다. 간접적인 방식의 연구도 실험 방법의 다양화를 통해서 많은 통찰력 있는 연구를 진행시켜 나가고 있지만, 기술의 발달과 더불어 직접적인 방식의 연구는 시뮬레이션 의미론에 점점 더 많은 가능성을 열어주고 있다.

간접적인 방식의 연구는 '호환 효과(compatibility effect)', '간섭 효과(interference effect)', 시뮬레이션 시간에 대한 연구 등을 중심으로 이루어져 왔다. 호환 효과 유형의 실험이 기본적으로 가정하는 것은 어떤 몸의 움직임을 수행하기 위해서는 그런 종류의 움직임을 담당하는 운동의 신경이 활성화되어야 한다는 것이다. 만약 어떤 문장을 이해하는 것이 그 문장과 관련된 수행을 더 빠르게 한다면, 이것을 호환 효과라고 할 수 있다. 예를 들어 "옆 사람에게 사과를 주어라."라는 문장을 읽을 때 팔을 앞으로 내미는 것을 담당하는 신경이 활성화되기 때문에, 이 문장을 읽은 사람이 "팔을 앞으로 내밀라."는 지시를 듣고 팔을 내미는 속도는 그 문장을 읽지 않은 사람보다 더 빠를 것이다. 호환 효과에 대한 실험은 두 가지 방향에서 이루어질 수 있는데, 그것은 문장을 읽고 관련 행동의 수행 속도를 검사하는 것과, 반대로 어떤 행동을 수행한 후에 관련 문장을 이해하는 속도를 검사하는 것이다. 한편, 간섭 효과에 대한 연구는 기본적으로 호환 효과가 이용하는 점화(priming) 현상을 역이용한 것이다. 점화 효과는 어떤 자극이 뇌의 일정 부분을 활성화시켰을 경우, 그와 동일하거나 연결된 부분을 이어서 활성화시키는 시간이 더 빨라지는 것을 말한다. 그런데 만약 동일한 신경 구조(neural structure)가 동시에 두 개 이상의 과제를 수행하도록 요구될 경우 점화가 이루어지는 것이 아니라 반대로 활성화 시간은 더 오래 걸리게 되는데 이를 간섭 효과라 한다.

간접적인 방식의 연구들이 시뮬레이션 과정의 실재성을 지지해주긴 하지만, 시뮬레이션을 통해 언어의 이해를 담당하는 뇌의 특정 부위들을 밝혀주는 것은 직접적인 연구를 통하지 않고는 불가능하다. 뇌의 영상을 얻기 위해 가장 자주 사용되는 기술은 PET(Positron Emission Tomography: 양전자 방사 단층 촬영)와 fMRI(functional Magnetic Resonance Imaging:

기능성 자기공명영상)인데, 이들은 모두 신경의 활성화가 혈류의 증가를 동반하는 현상을 이용하여 몸에 손상을 주지 않고 뇌의 특정 부위에 나타나는 신진대사의 변화를 탐색하는 것이다. PET에서는 양전자를 방출하는 방사성을 띤 물질을 혈액에 주입하여, 방사된 양전자의 강도를 측정함으로써 특정 위치로 향하는 혈류의 움직임을 파악한다. 한편, fMRI는 몸속에 아무것도 주입하지 않고 자기장과 전자파를 통해 뇌의 특정 부위에서 나타나는 자기 공명의 변화를 측정한다. MRI는 3차원적인 정지영상만 촬영하지만, fMRI는 4차원적으로 매순간 변하는 뇌의 영상을 촬영할 수 있다는 것이 큰 장점이다.

먼저, 간접적인 연구 방법 중 가장 많은 성과를 보여주고 있는 호환 효과를 이용한 연구를 살펴보자. Barsalou(1999)는 범주화에 초점을 두고 시뮬레이션에 대한 실험을 했는데, 예를 들어 참가자들이 손을 돌리는 동작을 할 때는 그렇게 하지 않을 때보다 '수도꼭지'를 더 빨리 범주화(혹은 인지)한다는 것을 발견했다. 또, Barbey, Simmons, Ruppert & Barsalou(2002)는 실험 참가자들이 그들의 손을 안쪽으로 잡아당기는 동작을 할 때 양말, 스웨터 등의 옷장과 관련된 것들을 회상하는 것이 더 빨랐다는 결과를 얻었다. Glenberg & Kaschak(2002)의 연구에서는 실험 참가자들이 "옷장을 열어라.", "옷장을 닫아라."와 같은 명령문을 들을 때 그들이 지시된 방향과 같은 쪽으로 손을 움직이고 있었을 경우 문장의 내용에 대한 파악이 더 빨랐다.

Stanfield & Zwaan(2001)과 Zwaan 외(2002)는 시각적인 영상을 묘사한 문장이 자동적으로 시각적 영상을 지각하는 신경을 활성화시키는 것을 관찰하였다. 그들은 "그 사람이 바닥에 못을 박았다."와 "그 사람이 벽에다가 못을 박았다."처럼 사물의 특정한 방향이나 모양을 내포하고 있는 문장들의 짝을 준비하고, 이 문장과 호응이 될 수 있는 그림과 그렇지 않은 그림들을 준비했다. 예를 들어 아래쪽을 향하고 있는 못의 그림과 "바닥에 못을 박는" 문장은 호응하지만, "벽에 못을 박는" 문장은 호응하지 않는다. 첫 번째 실험은 최대한 빨리 그림이 문장에서 언급된 적이 있는지 말하는 것이었고, 두 번째 실험은 문장을 읽은 후에 최대한 빨리 그림의 이름을 말하는 것이었다. 두 번째 실험은 첫 번째 그림에 비해 그림과 문장의 연관성을 덜 의식하도록 하기 위해 고안된 것이었다. 두 실험의 결과는 모두 문장에 호응하는 그림에 대한 반응이 더 빨랐다는 것이었다.

호환 효과에 대한 연구는 몸의 움직임뿐만 아니라 시각적인 영상의 이해도 시뮬레이션에 의해 처리된다는 것을 알게 해준다. 시뮬레이션의 공간적인 모형을 구축하는 과정에서 사람들은 마치 실제로 그런 장면을 보는 것과 같은 시선의 움직임을 보이기도 한다. Spivey & Geng(2001)의 연구에서 참가자들은 빈 스크린을 보면서 공간적 장면에 대한 이야기를 들었다. 그 이야기에서 큰 건물의 높은 층을 언급할 때 시선은 스크린의 위를 향하고 낮은 층을 이야기 할 때 시선은 아래를 향했다.

시각적인 영상과 몸의 움직임에 대한 시뮬레이션은 사실 동시에 복합적으로 이루어지는 경우가 많다. Boroditsky & Ramscar(2002)는 실험참가자들이 정지된 지표를 향해 끌려가는 것을 상상한 후에는 시간이 앞으로 움직이는 관점을 택하고, 반대로 그들이 지표를 향해 움직이는 것을 상상한 후에는 그들이 시간을 향해 움직이는 관점을 택하는 경향이 있음을 발견했다.

공간 모형이나 상황 모형에 대한 연구들은 공간의 이동이 시뮬레이션 된다는 증거를 제공해준다. 시뮬레이션 될 공간의 모형은 지도나 묘사, 혹은 글을 통해 구성되는데, 물론 지도를 보는 편이 글을 읽는 것보다 더 생생한 시뮬레이션을 가능하게 해주지만(Zwaan & van Oostendorp, 1993), 두 경우 모두 시뮬레이션에 의해 작업이 이루어진다는 것은 차이가 없다. 또, 시뮬레이션 될 모형을 구성할 때 사람들은 특정한 원근화법(perspective)을 취하게 되는데, 그것은 객관적인 관찰점(조감도와 같은)이나 다른 대상에 가상적인 관찰점을 부여하여 생긴 것일 수도 있고, 이동하고 있는 자신이나 다른 사람의 관찰점에서 본 관점일 수도 있다(Tversky 1996, 2000). 또한, Richardson & Matlock(2007)에서는 이동에 대한 시뮬레이션으로 인해 안구의 움직임이 영향을 받는다는 것이 밝혀졌다. 이 실험에서는 가상 이동 문장을 처리할 때 그렇지 않은 문장보다 더 처리 시간이 오래 걸릴 뿐 아니라, 그 이동에 대한 정신적 시뮬레이션을 발생시킴으로 인해 안구의 움직임이 영향을 받는다는 것이 밝혀졌다. 이동을 방해하는 요인에 대한 맥락 정보를 들었을 때, 가상 이동으로 묘사된 그림을 바라보는 참가자들은 안구의 움직임과 그림을 바라보는 시간이 모두 증가했다.

이제 간섭 효과를 이용한 연구 사례를 살펴보자. 간섭 효과에 대한 가장 오래된 연구는 이미 거의 100년 전에 Perky(1910)에 의해 이루어진 바 있다. Perky는 실험 참가자들에게 아무것도 없는 스크린을 보면서 바나나 나뭇잎 같은 사물을 보는 것처럼 상상하게 하고 나서, 스크린에 실제 바나나 나뭇잎의 영상을 사람들이 지각하지 못할 정도로 희미하게 투사하기 시작하여 점차 더 분명해지게 만들었다. Perky는 실험에 참가하지 않은 사람이 이미 스크린에서 실제의 영상을 볼 수 있게 되었는데도 실험의 참가자들은 여전히 그것이 자신들이 상상하고 있는 바나나와 나뭇잎이라 착각하고 있다는 것을 발견했다. 최근 Perky(1910)의 연구를 심화한 연구가 Craver, Lemley & Arterberry(2001)에 의해 이루어졌는데, 이번에는 참가자들이 스크린을 위와 아래로 나누어서 윗부분이나 아랫부분에 사물이 있는 것처럼 상상하게 하고 나서 그들이 상상하는 사물이 있는 부분이나 다른 부분에 그 영상을 서서히 뚜렷해지도록 투사했다. 그 결과도 역시 그들이 상상하고 있는 부분에 영상이 투사되는 경우 알아차리는 데 더 오랜 시간이 소요되는 것으로 나타났다. 이와 같은 연구 방법은 Richardson 외(2003), Lindsay(2003) 등 많은 후속 연구에 응용되었고, 모두 비슷한 결과를 보여주었다.

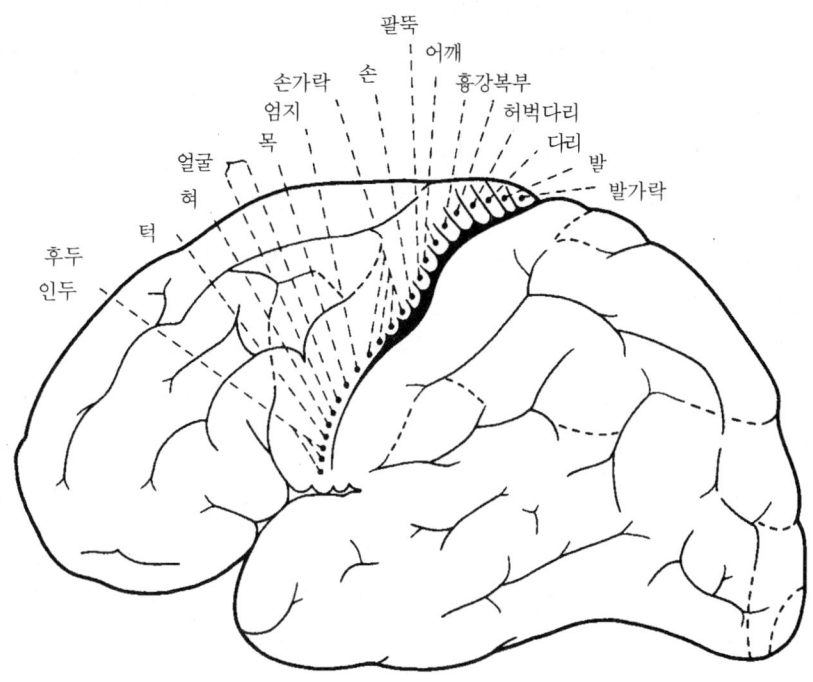

〈그림 14〉 주 운동 피질의 신체부위 대응조직(Brodal 1998)

    최근에는 비침습적인 방법으로 인간의 언어처리과정을 더 직접적으로 관찰할 수 있는 기술들이 많이 이용되고 있다. Kourzi & Kanwisher(2000)는 fMRI로 사진을 보고 있는 참가자를 촬영했는데, 한 장은 운동선수가 공을 막 던지려는 듯 하는 사진이었고 다른 한 장은 두 팔을 늘어뜨리고 있는 사진이었다. 이 중 공을 던지려는 듯 하고 있는 사진을 볼 때 움직임을 처리하는 시각 관련 영역이 활성화되는 것이 관찰되었다. 19세기의 골상학자들이 개인의 정신적인 특성을 머리의 외형을 통해 추론하였던 것은 실수였지만, 많은 인지적인 기능들이 뇌의 특정 부위에 위치한다는 것은 사실이다. 뇌 영상과 뇌손상 환자에 대한 연구, 뇌수술 환자에 대한 연구 등은 행동과 지각의 신경 회로에 대해 많은 것을 알려주었다. 그 중 세부적인 운동 기능을 담당하는 주 운동피질과 부 운동피질, 2차 운동 피질과 '소뇌(cerebellum)'에 대한 누적된 연구 결과들은 시뮬레이션 의미론이 참고할 수 있는 유용한 지식을 제공한다. 이 각각의 영역들은 〈그림 14〉와 같이 신체 부위 대응 조직을 구성하고 있어 특정한 신체 부위를 뇌의 특정 지역이 담당한다. 물론 신체부위대응이 엄격하게 지켜지는 것은 아니지만 이런 경향성은 분명히 파악되고 있다.

운동에 관련된 영상은 운동 피질에서 해당 운동의 효과기를 사용하는 행동을 담당하는 부위를 활성화시키고(Porro 외 1996, Lotze 외 1999), 시각적 영상은 역시 1차, 2차 시각 영역을 포함한 대뇌의 담당 영역을 활성화시킨다(Kosslyn 외 2001). 또한 Pulvermüller 외(2001)와 Hauk 외(2004)는 여러 효과기와 관련된 의미의 동사들이 운동 피질의 서로 다른 영역에서 서로 다른 비율로 처리된다는 것을 발견했다. 따라서 '씹다', '잡다', '차다'와 같은 신체 관련 동사를 사용할 때는 운동 피질의 관련 영역이 활성화 될 것을 예상할 수 있게 된다.

지금까지 시각적 영상과 운동 감각이 신체화된 인지에 의해 시뮬레이션 된다는 것을 호환 효과와 간섭 효과, 직접적인 영상 촬영 기법을 통해 연구한 예들을 살펴보았다. 아직까지는 시각과 운동 감각의 시뮬레이션을 중심으로 연구가 이루어져왔지만, 이런 연구는 청각, 미각, 촉각 등의 다른 감각 영역에 대해서도 확장될 수 있을 것이다. 하지만, 굳이 실험을 하지 않아도 레몬처럼 신 맛의 과일을 먹는 것을 상상하면 입안에 침이 고이는 경험 정도는 누구나 해봤을 것이다. 지금까지의 실험 결과를 가지고 예상할 수 있는 것은 어떤 영역에서든지 우리가 어떤 감각적인 개념을 연상하고 있을 때 바로 그에 대한 시뮬레이션이 이루어지고 있다는 것이다. 여기에서 한 발 더 나아가 우리가 관심을 모아야 할 것은 시뮬레이션의 영역 간 교차에 관한 문제이다. 예를 들어, 다른 사람이 삽으로 땅을 파는 것을 눈으로 보고만 있는 사람에게도 그가 땅을 파는 작업에 관여하는 신경의 구조가 활성화되고 있을까? 다른 사람이 길을 걷거나 빨래를 너는 것을 볼 때, 혹은 부엌에서 누군가가 설거지 하는 소리를 들을 때 우리 뇌에서는 어떤 일이 일어나고 있을까?

이 문제에 대해 '거울 신경(mirror neurons)'(Gallese 외 1996, Rizzolatti 외 1996)의 발견은 중요한 열쇠가 된다. 거울 신경은 원숭이의 대뇌 피질에 존재하는 세포들인데, 이 신경은 특별한 움직임을 수행할 때 선택적으로 활성화될 뿐만 아니라 다른 사람이나 원숭이가 같은 일을 하는 것을 지각할 경우에도 활성화된다. 인간에게는 원숭이와 같은 단일한 거울 신경은 아니지만, 거울 신경에 해당하는 '거울 활동(mirror activity)'의 패턴이 뇌 영상 촬영 기법을 통해 확인된 바 있다(Tettamanti 외 2005). 또, Buccino 외 (2001)에 따르면 인간의 거울 활동 패턴은 대뇌 피질의 '전운동(pre-motor)' 영역과 '두정엽(parietal cortex)'에 있는 '신체부위 대응조직(somatotopic organization)'까지 확장되는데, 입, 다리, 손 등에 의해 수행되는 행동을 목격하는 것만으로도 대뇌피질의 전운동영역에 있는 배-등-연결 영역의 특정 부분이 활성화되며, 적절한 목표물을 보여주면 두정엽의 신체부위 대응조직도 그에 맞게 활성화된다고 한다.

거울 활동은 사람이 어떤 행동을 직접 할 때와 다른 사람이 하는 것을 간접적으로 지각할 때 모두 관여된다. 따라서 어떤 특정한 '효과기(effector)'[9]가 사용되는 행동을 인식하는 것은 같은 효과기에 의해 수행되는 행동을 묘사한 언어를 처리하는 것과 간섭 효과를 나타낼 것으로 예측할 수 있는데, 이것은 Bergen 외(2003: 139-144)의 연구에 의해 확인되었다. 일련의 실험에서 참가자들은 〈그림 15〉와 같이 주로 입, 손, 다리로 수행되는 행

---

[9] 동물체가 외계에 대하여 능동적인 활동을 가능하게 하는 것으로 근육·분비선·발광기·발전기 등이 효과기에 속하며 자체의 활동은 세포 내에 저장되는 화학에너지에 의한다.

〈그림 15〉 영상-동사 짝짓기 과제 샘플(Bergen 외 2003: 139-144)

동을 나타낸 막대 그림들과 동사들을 보고나서 최대한 빨리 그림과 동사가 같은 동작을 나타내는지 혹은 그렇지 않은지 결정해야 했다. 실험 결과, 그림과 동사가 일치하지 않는 경우 그 둘이 같은 효과기에 의해 수행되는 동작일 때 다른 효과기에 의해 수행되는 동작을 비교하는 것보다 결정하는 시간이 더 오래 걸렸다.

우리는 다양한 방법에 의해 몸의 운동이나 시각적 영상이 매우 구체적인 수준까지 시뮬레이션에 의해 처리된다는 것이 증명되어가고 있는 것을 살펴보았다. 이처럼 직접적으로 신체적인 경험과 관련된 개념들이 시뮬레이션에 의해 처리된다는 것을 기정사실화 했을 때, 남은 문제는 직접적으로 신체적인 경험과 관련되지 않은 개념들도 시뮬레이션에 의해 처리되는지, 만약 그렇다면 어떤 방식으로 처리되는지 등이 될 것이다. 이 부분에 대한 연구는 아직 비교적 미약한 수준이지만 몇 가지 언급할만한 연구가 이루어진 바 있다. Richardson과 그의 동료들(2001)은 실험 참가자들이 구체적인 동사와 추상적인 동사를 나타내기 위해 그린 도식적인 표상, 혹은 영상 도식이 상당한 수준으로 일치한다는 것을 보여주었다. 예를 들어 '밀다(push)'에 대해서는 수평적인 도식을, '존경하다(respect)'에는 수직적인 도식을 그린 것이다. 한편, Matlock, Ramscar, Boroditsky(2005)는 가상적 이동 문장의 의미에 대해 생각하는 것이 사람들이 시간을 공간적으로 개념화하는 양상에 영향을 준다는 것을 알아냈다. 예컨대 "다음 주 수요일 모임이 2일 앞으로 옮겨졌습니다."라는 질문은 바뀐 회의 날짜가 월요이나 금요일 어느 쪽도 될 수 있기 때문에 중의적이다. 그런데 이 연구의 참가자들에게 "The tattoo runs along his spine. (문신이 그의 척주를 따라 달린다.)"와 같은 가상 이동 문장을 읽히고 바뀐 회의 날짜를 물어본 결과 금요일이라고 대답하는 사람들이 더 많아졌다. 이 결과는 문신이 나타낸 가상 이동의 방향이 시간을 개념화하는 데 영향을 미쳤기 때문으로 풀이될 수 있다. 환유와 은유는 추상적인 개념이 신체화된 인지의 시뮬레이션에 의해 이해되는 과정에 결정적으로 개입하고 있다고 보고 있는데, 개념화에서 환유와 은유가 차지하는 중요성은 이미 인지언어학이 가장 많이 다루어 온 주제 중의 하나이다. 하지만, 환유와 은유에 대한 지금까지의 연구가 시뮬레이션에 의한 개념화에 환유와 은유가 어떤 방식으로 개입하고 관련되어 있는지에 대해 충분한 설명을 제공하는 것 같지는 않다.[10]

시뮬레이션의 편재성을 뒷받침하는 더 강력한 증거는 가상 이동의 시뮬레이션에 대한 연구에서 찾을 수 있다. 2.2에서도 '가상적 이동(fictive motion)'이 시뮬레이션에 의한 해석의 일환이라는 것이 논의되지만, Matlock(2004)의 연구는 이것을 뒷받침하는 가시적인 성과를 보여주고 있다.

(7) a. The road runs through the valley. (길은 계곡을 가로질러 달린다.)
   b. The mountain range goes from Canada to Mexico. (그 산맥은 캐나다부터 멕시코로까지 이어진다.)

(7)은 실제의 이동은 아니지만, 대상이 주관적으로 이동하는 것으로 해

---

10) 시뮬레이션 의미론의 관점에서 은유와 환유를 어떻게 이해할 수 있는지 이 연구의 4장과 5장에서 더 자세히 논의된다.

석되는 가상적 이동을 나타내는 전형적인 문장들이다. Matlock(2004)은 이런 종류의 문장들이 정신적 시뮬레이션에 의해 처리되는지를 알아보기 위해 4가지 실험을 시도했다. 각각의 실험에서 참가자들은 '가상 이동 문장(FM sentence)'을 읽기 전에 여행에 대한 이야기를 읽었는데, 그 이야기들은 여행의 속도가 빠른 것과 느린 것, 거리가 짧은 것과 긴 것, 지형이 순탄한 것과 험난한 것 등으로 이루어져 있었다. 참가자들이 각각의 이야기를 읽은 후에 목표 문장인 가상 이동 문장을 읽는 데 걸리는 시간이 측정되었는데, 실험 결과 이야기의 내용에 영향을 받아 가상 이동 문장을 처리하는 속도가 유의미하게 달라진다는 것이 밝혀졌다.

매일의 삶속에서 사람들은 오만가지의 것들을 시뮬레이션하며 살아간다. 요리를 할 때, 버스를 탈 때, 야구공을 던질 때 우리는 우리가 할 동작을 머릿속에 그리며 그것을 그대로 실행하려고 한다. 또, 매운 맛, 짠 맛, 신 맛 등을 상상하기도 하고 신 맛은 상상하기만 해도 입안에 침이 나오기도 한다. 우리는 머릿속으로 누군가의 목소리를 상상할 수 있다. 또, 어떤 동물을 보기만 해도 그것을 만지면 어떤 감촉이 들게 될지 예상할 수도 있다. 또, 우리는 실제로 경험했던 것들뿐만 아니라 새로운 구조를 상상하고 계획하고 실현할 수도 있다. 새로운 도구를 발명하거나 새로운 요리를 개발할 때, 회사나 국가를 경영할 때, 그리고 은유를 사용하고 시를 지을 때도 시뮬레이션이 이루어지고 있다. 아직 시뮬레이션 의미론에 대해 이루어져야 할 연구는 많이 남아 있고, 뇌의 부위별 반응보다 더 미시적인 '뇌선(connectome)' 단위의 연구는 이루어지지 못하고 있다. 하지만, 지금까지 진행되어온 연구 결과들을 종합해보면 언어의 의미 해석 과정과 시뮬레이션을 거의 동일시할 수 있는 근거는 점점 더 확연해지고 있음을 알 수 있다.

2.2. 시뮬레이션과 의미의 해석

시뮬레이션 의미론은 인지언어학에서 말하는 의미의 '해석(construal)'이 어떤 과정을 통해 이루어지는지를 밝혀준다. 여기에서 더 나아가 지금까지 살펴본 시뮬레이션이라는 과정은 결국 인지언어학에서 말하는 의미의 해석, 혹은 개념화의 또 다른 이름이라 생각할 수도 있다.

인지언어학자들에게 시뮬레이션은 여러 가지 이름과 모습으로 개념화 과정에서 중요한 역할을 하는 것으로 인식되고 있다(Johnson 1987, Barsalou 1999, Matlock 2004, Hampe 2005, Bergen 2005). 개념화는 신경의 활동으로 존재하기 때문에 가장 단순한 개념화라 할지라도 그것의 발생에는 약간의 시간이 요구된다. 특히 문장의 경우 그것의 모든 국면이 일시에 이해되지는 않으며 특정한 순서대로 시간에 따라 전개된다. (8a)와 (8b)는 둘 다 객관적으로는 같은 장면을 나타내지만, 서로 반대 방향으로 전체 장면을 구성해 나가고 있는 것을 볼 수 있다.

(8) a. 플라타너스 나무들이 고속도로에서부터 미호천까지 뻗어간다.
  b. 플라타너스 나무들이 미호천에서부터 고속도로까지 뻗어간다.

Langacker는 이런 순차적인 인지적 처리 과정을 '정신적 주사(mental scanning)'라고 부르는데, 주사가 이루어지는 방향에 따라 동일한 대상에 대한 정신적 경험은 달라진다. 이처럼 인지언어학에서는 객관적인 실재가 곧바로 언어의 의미가 되는 것이 아니라 객관적 실재를 인간이 받아들이고 이해한 결과(정신적 경험)가 곧 언어의 의미가 된다고 본다. 따라서 '개념적 내용(conceptual content)'은 그 자체로 개념화되는 것이 아니라 '해석(construal)'의 과정을 통해서만 언어 표현의 의미로 사용될 수 있게 된다.

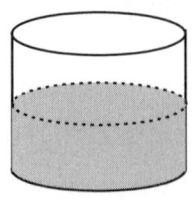

〈그림 16〉 개념적 내용

예를 들면, 〈그림 16〉에 제시된 하나의 개념적 내용을 나타내는 언어표현 (A)~(D)에는 각기 이 하나의 개념적 내용에 대한 특정한 해석이 반영되고 있다. (A)~(D)의 언어 표현에 반영된 해석의 결과는 시각적으로 〈그림 17〉과 같이 나타낼 수 있다. (A)는 물이 들어있는 컵에 주의의 초점을 두고 있는 반면 (B)는 컵에 들어 있는 물에 주의의 초점을 두고 있다. 또, (C)는 물이 얼마나 들어있는지에 관심을 둔 반면 (D)는 물이 얼마나 부족한지에 대해 관심을 두고 있다. 중요한 것은 하나의 개념적 내용이 해석의 과정을 거치지 않으면 언어로 표현될 수 없다는 것이다(Langacker 2001: 2).

(A) 물이 든 컵
(B) 컵에 든 물
(C) 컵은 물이 반 정도 들었다
(D) 컵은 물이 반 정도 비었다

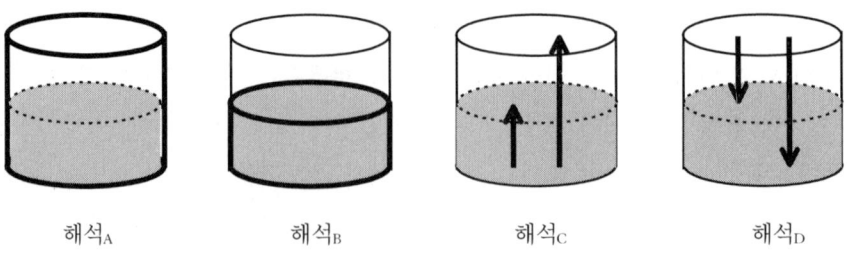

〈그림 17〉 개념적 내용의 해석

'해석(construal)'은 같은 상황을 여러 방식 중의 하나를 선택하여 받아들이거나 전달하는 능력으로(Langacker 1987: 487-488, 2008: 43), 의미는 개념적 내용과 그것에 대한 특정한 해석으로 이루어진다. 이처럼 언어의 의미는 객관적인 실재가 아닌, 그것을 받아들이는 인간에 의해 최종적으로 결정된다.

의미가 항상 해석에 의해 최종적으로 결정된다는 것은 개념적 구조가 기본적으로 영상적인 속성을 지녔다는 것을 의미한다. 하지만, 아직까지도 변형생성주의를 비롯한 형식주의 언어학에서는 언어의 의미를 명제적인 속성으로 파악하고 있다. Fodor(1979)는 개념을 '생각의 언어(language of thought)'로 조직된 표현이라고 말하는데, 여기서 생각의 언어는 단어에 해당하는 '개념적 원소(conceptual primitive)'와 통사론에 해당하는 합성 원리로 이루어진 것으로, 변형생성문법의 자율적 언어관에 잘 들어맞는다. 예를 들어 '들어가다'의 의미를 Jackendoff(1983)는 (9)와 같은 형식으로 나타내고, 이런 명제적인 개념이 언어의 의미를 나타내는 '정신적인 표상(mental representation)'으로 사용된다고 제안한다.

(9) [$_{Event}$GO([$_{Thing}$X], [$_{Path}$TO([$_{Place}$IN([$_{Thing}$ Y])])])

이에 반해 인지언어학에서는 기본적으로 개념이 신체적 경험을 바탕으로 이루어지기 때문에, 영상적인 속성을 가지고 있다고 제안한다. 하지만, 학자에 따라서 개념화를 구성하는 영상의 속성에 대한 견해는 다소 차이가 있다. 그 중 우리에게 가장 잘 알려진 것은 아마도 '영상도식(image schemas)'일 것이다(Johnson 1987, Lakoff 1987, Hampe 2005).

영상도식의 개념은 인지과학의 다양한 영역에서 사용되기 때문에 그 정의에 대해서는 학자들마다 다소 이견이 있다. 일단 가장 잘 알려진 정의에 따른다면, 영상도식은 시각, 공간 이동, 힘 등 일상적인 신체적 경험으로부터 추상화된 도식적인 패턴이다.[11]

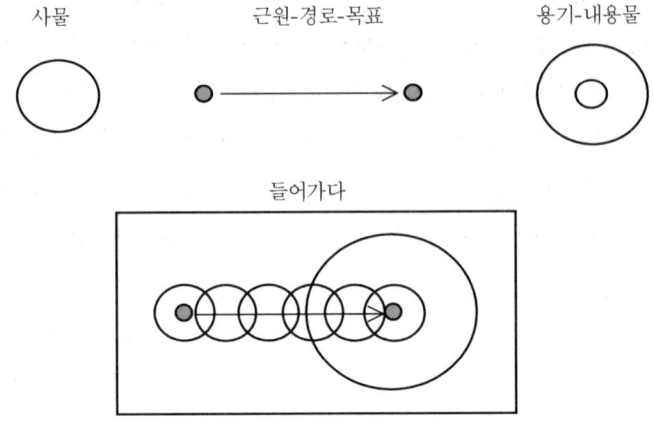

〈그림 18〉 '들어가다'의 영상도식

　영상도식은 기본적이고 '선개념적(preconceptual)'인 구조로 영상도식의 '조합(combination)'이나 '은유적 사상(metaphorical projection)'을 통해 더 정교화 된 개념이나 추상적인 개념이 발생할 수 있는 골격 조직(skeletal organization)을 제공해준다고 한다. 예컨대 '들어가다'의 개념은 사물(object), 근원-경로-목표(source-path-goal), 용기-내용물(container-content) 영상도식의 조합으로 나타낼 수 있다(〈그림 18〉). 영상도식은 명제적인 방법보다 더 간단한 방법으로 정신적 경험을 더 잘 반영시킬 수 있다는 장점이 있다. 한 가지 유의할 것은 '영상(image)'이라는 것이 눈으로 볼 수 있는 것만을 뜻하는 것이 아니라 소리나 감촉, 미각과 후각, 운동 감각 등 인간이 몸으로 지각할 수 있는 모든 영역을 포함한다는 점이다.
　'귤'의 영상 속에는 귤의 색깔과 모양, 껍질의 촉감과 향기, 혀로 느껴지

---

11) "A schema is a recurrent pattern, shape, and regularity in, or of, these ongoing ordering activities. These patterns emerge as meaningful structures for us chiefly at the level of our bodily movements through space, our manipulation of objects, and our perceptual interactions." (Johnson 1987: 29)

는 알맹이의 감각과 맛 등이 역동적으로 펼쳐진다. 이런 측면에서 영상 도식적인 접근은 신체화된 인지에 토대를 둔 개념의 구조에 어느 정도 잘 들어맞는다. 하지만, 영상도식이라는 개념이 신체화된 인지가 발생시키는 개념화를 충분히 설명할 수 있는지에 대해서는 몇 가지 의문이 제기된다.

그릇 (CONTAINER)	균형 (BALANCE)	강요 (COMPULSION)
방해 (BLOCKAGE)	저항 (COUNTERFORCE)	장벽제거 (RESTRAINT REMOVAL)
힘 부여 (ENABLEMENT)	유인 (ATTRACTION)	질량-가산 (MASS-COUNT)
경로 (PATH)	연결 (LINK)	중심-주변 (CENTER-PERIPHERY)
순환 (CYCLE)	원근 (NEAR-FAR)	척도 (SCALE)
부분-전체 (PART-WHOLE)	융합 (MERGING)	분열 (SPLITTING)
가득함과 빔 (FULL-EMPTY)	조화 (MATCHING)	덧씌움 (SUPERIMPOSITION)
반복 (ITERATION)	접촉 (CONTACT)	과정 (PROCESS)
표면 (SURFACE)	사물 (OBJECT)	수집 (COLLECTION)

〈그림 19〉 영상도식의 목록(Johnson 1987: 126)

〈그림 19〉는 Johnson(1987)이 제안한 영상도식의 목록이다. 물론 Johnson(1987)이 제안한 목록이 모든 영상도식을 포함시키려는 것은 아니었지만, 그래도 그는 개념화에 필요한 뼈대를 제공하는 유한한 영상도식이 있다는 것을 가정하고 있었다. 일단 이 지점에서 영상 도식의 두 가지 문제점을 발견할 수 있다. 첫째, 제시된 영상도식들은 동등한 수준의 도식성을 가지고 있는가? 예를 들어 '과정'은 '순환', '반복', '분열', '장벽제거' 등의 도식보다 더 추상적인 상위의 도식이다. 둘째, 그렇다면 어느 정도 수준의 도식성을 가져야 영상도식으로 인정될 수 있는가? '사물'의 영상도식은 가장 추상적이고 도식적인 것에 속한다. '분열'은 '사물'이라는 영상도식을 '부분-전체'의 영상도식으로 봤을 때 '전체'가 '부분'으로 나누어지는 '과정'을 나타내는 도식이라고 할 수 있다. 만약 '분열'과 같은 수준의 영상도식을 또 허용한다면 '깨짐', '쪼개짐', '갈라짐', '벗겨짐', '떨어짐' 등의 다른 영상도식들도 허용되어야 한다. 만약 그렇다면 영상도식은 단어의 원형 의미와 같은 개념이 되어버릴 것이다.

관계   연결, 접촉, 융합, 분열, 원근
(RELATION) (LINK, CONTACT, MERGING, SPLITTING, NEAR-FAR)

실재   부분-전체, 중심-주변
(ENTITY) (PART-WHOLE, CENTER-PERIPHERY)

궤도   순환, 반복, 척도, 경로
(TRAKECTORY) (CYCLE, ITERATION, SCALE, PATH)

용기   가득함-빔
(CONTAINER) (FULL-EMPTY)

〈그림 20〉 Quinn의 영상도식 목록(1991: 69-70)

만약 이런 현상을 피하고자 한다면, '분열'이라는 영상도식을 없애고 '분열'은 '사물'과 '부분-전체'와 '과정'의 조합에서 만들어진 것으로 보아야 할 것이다. Quinn(1991)은 이와 같은 문제점에 천착하여 〈그림 20〉과 같이 모든 영상도식을 포괄하는 기본적인 네 가지 영상도식을 제안했다. 하지만, 영상도식은 이것보다 더 포괄적이고 간략한 목록으로 제안되기도 한다. Quinn(1991)의 목록에서 '궤도' 영상도식은 '실재'와 공간 간의 '관계'라 할 수 있다. 또, '용기'는 어떤 물리적인 '실재'에 포함된다. 결국 최종적으로 남는 것은 '실재'와 '관계'인데, 이것은 Langacker(1987, 1999, 2001, 2008)가 문법 범주를 기술할 때 가장 일반적인 용어로 사용하는 '실재(entity)'와 '관계(relationship)'에 일치한다. 〈그림 21〉에서 '실재'란 용어는 사각형으로 표시되는데, 개념적 구조를 기술할 때 참조할 수 있는 모든 것(사물, 관계, 양, 감각, 변화, 장소, 면적 등)에 적용되고, '관계'는 관계에 참여하는 실재들 사이를 잇는 선이나 화살선으로 표시되며 매우 추상적인 의미로 사용되기 때문에 관계의 참여성분들이 반드시 두드러지고 구별되어 독립적으로 지각되는 것일 필요는 없다.

결국 Johnson(1987)의 영상도식들을 더 기본적인 것들로 묶어나갈 경우 최종적으로 Langacker의 '인지문법(Cognitive Grammar)'에서 말하는 기본 문법 범주인 '실재'와 '관계'의 수준까지 추상화 될 수 있다. 여기서 지적하고자 하는 것은 우리가 가상적으로 시뮬레이션 할 수 있는 어떤 영상은 항상 객관적인 실재보다 도식성이 높은데, 영상도식이 가진 도식성의 수준은 무엇에 의해 결정되는지 설명되지 않고 있다는 것이다.

실재(entity)　　　　　　　　관계(relationship)

〈그림 21〉 실재와 관계의 영상도식

한편, Langacker(2008: 33)도 Johnson(1987)의 영상도식이 일관성 있고 자연스러운 한정된 집합을 가지고 있는지, 그것을 판단할 수 있는 기준이 있는지에 대해 의문을 제기한다. 왜냐하면 영상도식처럼 더 복잡한 구조를 특징지을 수 있는 기본적인 개념들은 더 많이 존재하기 때문이다.

(1) 특정한 경험 영역에서의 '**최소 개념**(minimal concepts)'들도 기본적인 개념이라 할 수 있다. 공간 영역에서는 선, 각도, 곡률(曲律), 시각 영역에서는 휘도(brightness), 초점 색채(focal color), 시간 영역에서는 선행성 등이 그것이다.

(2) 고도로 도식적인 '**형상 개념**(configurational concepts)'들도 최소개념이지만 어떤 특정한 경험 영역에도 의존적이지 않은 기본적 개념들이다. 그 예로 대조, 경계, 변화, 연속성, 접촉, 포함, 분리, 근접성, 다중성, 그룹, 점, 확장 등이 있다. 추상적이고 여느 영역에도 적용될 수 있다는 점에서 영상도식의 정신에 가까워 보인다.

(3) '**개념적 전형**(conceptual archetypes)'. 영상도식으로 자주 분류되는 어떤 개념들이 포함되는데, 우리의 일상생활에서 자주 경험되는 기본적인 개념들이다. 물리적 사물, 어떤 장소 안의 사물, 공간을 통과하는 사물, 인간의 얼굴, 전체와 그 부분들, 물리적 용기와 그 내용물들, 무언가를 보기, 무언가를 들고 있기, 누군가에게 무엇인가를 건네주기, 기대하는 변화를 위해 힘을 분출하기, 면대면의 사회적 만남 등이 이에 속한다. 이 개념들은 꽤 도식적이지만 형상적 개념들보다는 훨씬 덜하다. 이들은 꽤 복잡할 수도 있고 뚜렷하게 기술하기가 어렵지만 이미 초기 발달 단계에 응집성 있는 개념적 게슈탈트(gestalt)로 이해되기 시작한다.

위와 같은 삼분법은 극명하게 분리되는 것도 아니고 유일무이한 분류 방식도 아니다. 다른 그룹의 요소들 간에 연결이 이루어질 수도 있다. 예를 들어 최소 개념의 '선'은 형상 개념의 '확장'이나 개념적 전형의 '공간을 통과하는 사물'과 명백한 관계가 있어 보인다. 중요한 것은 모든 개념들이 역동적인 처리 과정 속에 존재하기 때문에 기본적인 개념들과 기본적인 인지 능력(cognitive ability)은 분리될 수 없다는 것이다. 우리가 '초점 색채'를 기술할 수 있는 것은 초점 색채를 식별할 수 있는 인지적 능력이 있기 때문이며, '대조', '그룹', '확장'이 기본적인 형상 개념으로 존재할 수 있는 것은 그런 어떤 것들을 대조하거나 무리 짓거나 정신적으로 주사할 수 있는 인지 능력이 있기 때문이다.

지금까지 살펴본 바와 같이 언어의 의미는 객관적인 세상을 직접적으로 반영하는 것도 아니고 일반적인 인지 능력으로부터 독립된 특별한 능력에 의해 자동으로 도출되는 것도 아니다. 그 반대로 언어의 의미는 신체적인 경험에 토대를 둔 영상과 그것을 정신적으로 구성할 수 있는 능력으로 이루어진다. 따라서 언어의 의미는 우리가 경험한 것을 넘어 상상에 의해 창조된 새로운 의미도 전달할 수 있게 해준다. Fauconnier(1985, 1997)의 '정신 공간(mental spaces)' 이론과 Fauconnier & Turner(1998, 2002)의 '혼성 이론(blending theory)' 등은 상상력을 통해 정신적으로 구성된 의미의 세계를 설명하고 있다. (10a)~(10c)에는 각각 개인적인 믿음, 인용된 말의 내용, 가상적인 상황 등의 정신 공간이 나타나고 있는데, 이런 종류의 의미가 발생할 수 있는 것도 추론하고, 기억하고, 가정하고 상상하는 인간의 인지적인 능력이 존재하고 있기 때문이다.

또, (11a)~(11c)에서는 말한 내용이나 생각 등을 마치 공이나 다른 물건처럼 주고, 받고, 손으로 잡거나 놓치는 것처럼 상상하고 있다. 혼성 이론이 설명하고 있는 현상들도 추상적인 개념을 손으로 다룰 수 있는 물건처럼 상상할 수 있는 인지적 능력이 있기 때문에 가능한 것이다. 이와 같이 언어의 의미는 현실에서 일어나지 않는 것을 나타낼 수도 있는데, 그 이유는 그것이 인간의 정신적 경험에서는 가능하기 때문이다.

(10) a. 내 여자 친구는 내 친구인 네가 자기를 좋아한다고 생각하고 있어.
　　 b. 아버지께서 우리 집에 좋은 일이 생겼다고 말씀하셨다.
　　 c. 우리가 일본사람이었다면 광우병 때문에 불안할 필요가 없었을 텐데.

(11) a. 도무지 그가 말하는 것을 종잡을 수 없었다.
　　 b. 참가자들은 인터넷으로 생각을 서로 주고받으며 의견을 나누었다.
　　 c. 토론 진행이 너무 빨라서 논쟁의 핵심을 놓치고 말았다.

언어의 의미는 '개념적 내용(conceptual content)'과 그것에 부과되는 해석으로 이루어진다. 지금까지 살펴본 내용은 주로 개념적 내용에 부과되는 해석에 관한 것이었다. 물론 모든 개념적 내용은 해석 과정을 거쳐야 언어의 의미가 될 수 있지만, 한편으로는 개념적 내용 자체를 기술하기 위한 방법도 필요하다. 하지만, 역설적이게도 개념적 내용 역시 그것에 대한 해석에 의하지 않고는 기술될 수 없다.

Langacker(2008)는 모든 개념적 내용을 기술하기 위해 '영역(domain)'이라는 단 하나의 개념만을 사용한다. 넓은 의미로 인간이 경험할 수 있는 어떤 영역이라도 '영역'이 될 수 있다. 영역은 정신적 경험들, 표상 공간, 개념들, 또는 개념적 복합체들과 같은 인지적 '실재(entity)'들이다(Langacker 1987: 147). 다른 말로 영역은 다양한 수준의 복잡성과 조직을 가진 개념적 실재들인데, 영역이 될 수 있는 선행 조건은 그 개념적 실재가 어떤 단어의 개념이 이해될 수 있는 배경지식을 제공해야 한다는 것뿐이다. 예를 들어, '뜨겁다', '차갑다', '미지근하다'를 이해하려면 '온도'라는 체계를 알고 있어야 한다.

하나의 언어 표현은 그 의미의 바탕이 되는 일련의 영역들을 불러일으키는데, 이들의 모임을 '모체(matrix)'라고 한다. 대부분의 언어 표현이 가진 영역 모체는 여러 영역으로 구성되어 있기 때문에 '복합적(complex)'이다. 예를 들어 앞에서 본 '물이 반 정도 들은 컵'의 경우, 공간, 습도, 물, 액체, 용기와 내용물, 용기에 물 붓기, 부피와 용량, 동등성('반'의 개념에 대한), 물을 컵에 마시는 문화적 지식 등 모두 다 나열할 수 없는 수많은 영역들을 떠오르게 한다. 어떤 영역 모체의 영역들은 모두 나열할 수 없을 뿐 아니라 고정되어 있는 것도 아니다. '컵으로 물을 마셨다.'에서 두드러지는 영역은 용기, 목마름, 수분, 컵으로 물을 마시는 문화적 행동 등이지만, '컵으로 압정을 눌렀다.'에서 두드러지는 영역은 컵의 재질, 컵의 모양, 딱딱함 등일 것이다.

수없이 많은 영역들 중, 자신의 바탕이 되는 영역을 가지지 않는 영역을 '기본 영역(basic domain)'이라 한다. Langacker(2008: 44)에 의하면 기본 영역은 더 이상 다른 영역으로 분석되지 않는 속성을 가지고 있으며, 개념화가 발생하고 특정한 개념이 떠오를 수 있는 잠재적인 가능성이 있는 경험의 영역이다. 시뮬레이션 의미론의 관점에서 '기본 영역'은 특별히 중요한 의의를 가지고 있다. 시뮬레이션 의미론에서 언어의 의미란 곧 인간이 신체를 통해 경험하는 것 그 자체이다. 따라서 '기본 영역'은 그 자체로 존재하는 것이 아니라 인간의 신체가 가지고 있는 지각능력에 근거하여 존재하는 것이다. 〈표 1〉에는 몇 가지 기본 영역들과 그것이 존재하게 해주는 신체의 지각능력들이 제시되어 있다(Evans & Green 2006: 234).

대부분의 영역들은 '비기본적 영역(nonbasic domain)'이며, 어떤 종류의 개념화라 할지라도 비기본적 영역이 될 수 있다. 비기본적 영역들은 '빨강'처럼 단순한 것에서 '축구'처럼 복잡한 것까지 다양하게 존재할 수 있다. 비기본 영역들은 하나 이상의 다른 영역을 전제로 하고 통합시키기 때문에, 위계성을 가진다. 만약 어떤 영역 A의 특성이 영역 B를 전제로 한다면 A는 개념적 조직에서 더 높은 위계에 있는 것이다. 예를 들어 '사과'는 '빨간색', '목'은 '신체', '타율'은 '야구'와 '계산'을 하위 개념으로 가지게 된다. 하나의 개념은 그것의 하위 영역을 전제로 하고 있기 때문에, 어떤 개념은 그것의 하위 영역을 통해서만 이해될 수 있다. 예를 들어 팔꿈치는 팔을,

기본 영역(basic domain)	신체적 경험의 토대
공간(space)	시각 체계, 움직임과 위치를 감지하는 피부의 자기수용 감지체계, 근육과 관절, 움직임과 균형을 느끼는 귀 속의 전정(vestibular) 체계
색(color)	시각 체계
음의 높낮이(pitch)	청각 체계
온도(temperature)	촉각 체계
압력(pressure)	피부, 근육, 관절의 압력 감지기
고통(pain)	피부 밑 신경의 조직 파괴 감지
냄새(odour)	후각 체계
시간(time)	속도에 대한 인식
감정(emotion)	감정 수용 체계

〈표 1〉 기본 영역의 지각적 토대(Evans & Green 2006: 234)

팔은 몸을, 몸은 공간을 하위 영역으로 가지고 있으며, 각각의 하위 영역은 상위 영역을 이해할 때 필요하다. Langacker가 제안하는 '영역(domain)'은 인간의 언어에 존재할 수 있는 모든 의미들의 구성을 설명할 수 있는 것으로 보인다. (비기본적)영역은 감각이나 감정, 움직임(축축함, 무서움, 풍선 불기) 같은 즉각적인 경험이나 정의, 척추동물, 타율(야구의)과 같은 지적인 활동의 추상적 결과들, 복잡한 요리법 같이 처리 시간에 따라 단계적으로 펼쳐지는 시나리오 등도 포함한다.

현재 인지언어학에서는 언어 의미의 백과사전적 지식을 나타내는 용어로 영역, '틀(frame)', 'ICM(이상화된 인지 모형; Idealized Cognitive Model)' 등이 함께 사용되고 있다. 영역과 틀, ICM 모두 한 개념을 이해할 수 있는 배경을 제공한다는 점에서 공통점이 있지만, 엄밀하게 따져보면 차이가 있다. 한 예로, '6학년'이라는 말의 의미에 나타나는 요소들 중에는 '시간과

'공간'이라는 기본 영역과, '사람', '알다', '연(年)' 등의 낮은 위계의 영역, '배우다', '공부하다', '학생', '학교' 등의 높은 위계의 영역 등이 포함되어 있다. 또한 '6학년'이 불러일으키는 영역에는 한국의 교육제도가 6년 동안 초등교육을 제공한다는 문화적인 지식도 있는데, 이런 것은 Fillmore(1982)의 틀(frame)이나, Lakoff(1987)의 ICM으로 불릴 수도 있다. 많은 경우 영역과 틀, ICM을 바꿔서 사용할 수 있다. 하지만, 틀과 ICM은 시간이나 색채 공간 같은 기본 범주에는 적용될 수 없다. '영역'이 '개념적 존재론(conceptual ontology)'을 염두에 두고 만들어진 이론인 반면, 현재 인지언어학에서 사용되고 있는 틀의 의미는 정형화된 시나리오, 도식화된 상황적 지식 등으로 정의되며, 하나의 개념을 이해하기 위해 바탕이 되는 관련된 개념의 체계의 역할을 한다(Lowe, Baker & Fillmore 1997, Fillmore 1982). 따라서 틀은 대략 비기본적 영역에 해당한다고 볼 수 있고, ICM은 말뜻 그대로 본다면 '이상화된(idealized)' 것이기 때문에 담화 맥락에서 새롭게 형성되는 개념은 설명하지 못하며 가장 좁은 적용 범위를 가진다. 결론적으로 Langacker(2008: 47)의 '영역'은 개념적 내용을 빠짐없이 기술하는 목적에 쓸 수 있는 가장 일반성을 가진 용어로 받아들일 수 있다. 하지만 여전히 주로 도식화된 상황적 지식이나 배경 지식이라는 의미로 틀과 ICM 역시 일반적으로 사용될 수 있다.

앞서 말한 바와 같이 언어의 의미인 개념화는 개념적 내용과 그에 대한 해석의 합으로 이루어진다. 개념적 내용 역시 신체적 경험으로 존재하는 인지에 의해 받아들여지기 때문에 개념적 내용과 개념적 해석을 엄격하게 구분하기는 어렵다. 다만, 이해를 도울 목적으로 구분을 하자면 개념적 내용은 '무엇'을 경험하느냐의 문제인 반면 해석은 그것을 '어떻게' 보느냐의 문제라고 설명할 수 있을 것이다. 개념적 내용과 해석이 분리될 수 없는 이유는 우리가 우리의 신체를 통해 '어떻게든' 체험을 하지 않으면 그 '무엇'도 경험할 수 없기 때문이다. 이런 면에서 볼 때 Langacker(1987)의 인

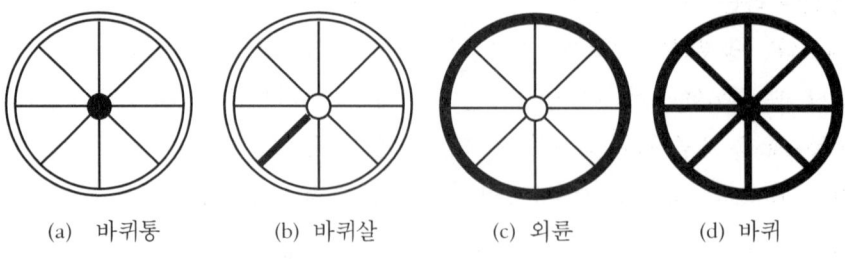

(a) 바퀴통   (b) 바퀴살   (c) 외륜   (d) 바퀴

〈그림 22〉 동일 바탕의 다양한 윤곽 부여(Langacker 2008: 67)

지문법, 그리고 인지언어학은 이미 시뮬레이션 의미론의 가장 중요한 본질을 내포하고 있었다. 그것은 인간이 언어의 개념적 내용을 다룰 때 그것을 직접 경험하는 것과 같은 방식으로 다룬다는 것이다. 결국, '해석'이란 개념적 내용을 신체를 통해 경험하는 '시뮬레이션의 방식'과 동의어라 할 수 있다. 언어의 의미를 '개념', 그것을 이해하는 과정을 '개념화'라고 한다면, '개념화'는 곧 '시뮬레이션'이고 '해석'은 곧 '시뮬레이션의 방식'이라 할 수 있다. 그러면, 지금까지 알려진 다양한 해석의 예들이 어떤 신체적 경험의 시뮬레이션 방식과 일치하는지 몇 가지 예들을 통해 간략히 살펴보겠다.

'윤곽(profile)'은 '바탕(base)'에서 언어표현이 지시하는 것으로 받아들여지는 부분이다. 이것은 이미 잘 알려진 바와 같이 '주의 초점(focus of attention)' 능력과 관계가 있는데, 인간은 어떤 구조에서 자신이 선택한 부분만을 인식할 수 있는 능력이 있다. 선택적 주의는 인지심리학에서 가장 빈번히 오랫동안 다루어져 온 인지능력 중 하나다(Cherry 1953). 우리는 수많은 사람들이 웅성거리는 가운데 다른 사람들의 소리는 무시하고 자신이 선택한 사람하고만 대화를 나눌 수 있다. 이런 선택적 주의 능력은 다성 음악을 들으며 특정 성부에 집중할 때도 작용하며(Sloboda 1985, 오아람 2006), 언어의 개념화(〈그림 22〉)와 인간이 지각하고 정신적으로 경험하는 모든 영역에 보편적으로 작용한다.

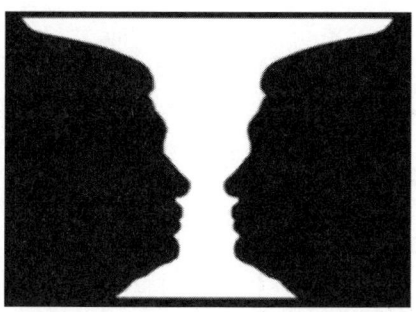

〈그림 23〉 루빈의 컵(Rubin 1958: 201)

주의 선택 능력은 제한된 인지 처리 능력을 목표에 맞게 효과적으로 분배하는 제약 속의 능력이라 할 수 있다. 이처럼 언어에 나타나는 윤곽부여 현상은 어떤 목표에 선택적으로 주의할 수 있는 신체적인 능력의 시뮬레이션이라 할 수 있다. 선택적 주의에 의한 시뮬레이션에 따르는 결과 중 하나는 주의를 받지 못한 나머지 부분은 모두 '배경(background)'이 된다는 것이다. 잘 알려진 바와 같이 〈그림 23〉의 루빈의 컵을 보면 우리는 한 번에 '마주 보는 두 얼굴'이나 '꽃병' 가운데 하나만을 보게 된다.

한편 주의를 받는 윤곽 내에서도 1차적인 주의의 초점이 되는 부분과 2차적인 초점을 받는 부분이 나뉠 수 있다. 1차적인 초점을 받는 부분을 'tr(탄도체: trajector)', 2차적인 초점을 받는 부분은 'lm(지표: landmark)'라 하는데, 이 중 tr는 위치가 기술되는 대상으로 해석되는 '실재(entity)'이다 (Langacker 2008). 〈그림 24〉와 같이 (12a)와 (12b)는 같은 관계에 윤곽을 부여하지만, tr과 lm의 선택이 다르기 때문에 의미에 차이가 생긴다.

(12) a. 사과는 쟁반 위에 있다.
b. 쟁반은 사과 밑에 있다.

(a) 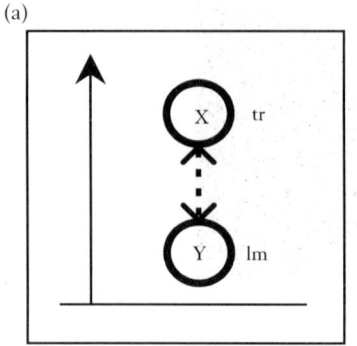 (b)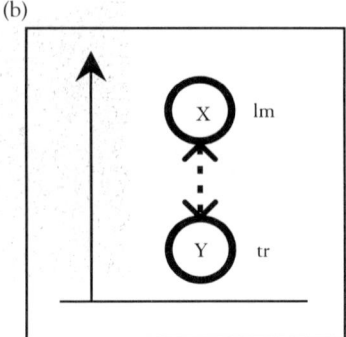

〈그림 24〉

여기서 주된 관심의 대상은 tr이며, lm은 tr의 상대적인 위치 파악을 위한 참조 틀의 역할을 한다. 이와 같이 어떤 관찰된 대상의 위치를 파악하기 위해 2차적으로 그 주변의 특징적인 사물을 찾아내고 관계를 파악하는 것은 일상적으로 작용하는 기본적인 인지 능력에 속한다.[12]

개념화가 (은유적으로) 장면을 바라보는 것이라면, '원근화법(perspective)'은 대상을 바라보는 위치의 조정이라 할 수 있다. 보는 사람과 보이는 대상과의 관계에서 가장 중요한 것은 '관찰점(vantage point)'인데, 관찰점에 따라서 같은 장면이 다르게 관찰될 수도 있다. (13a)에서 관찰점은 방 안에 있는 반면, (13b)에는 방 밖에 있고, (14a)에서 관찰점은 위쪽에 있는 반면, (14b)에는 아래쪽에 있다.

(13) a. 그가 방으로 들어왔다.
　　　b. 그가 방으로 들어갔다.

(14) a. 환자의 혈압이 내려옵니다.
　　　b. 환자의 혈압이 내려갑니다.

---

[12] Talmy(1983, 2000)는 tr과 lm에 대응하는 '전경(figure)'과 '배경(ground)'이라는 용어를 사용한다.

한편, 어떤 종류의 정신적 경험이 그것에 대해 외적인 상황에 적용되는 것을 '주관화(subjectification)'라 하는데(Langacker 1987, 1990, 1995, 2008), 그 산물의 하나가 '가상적 이동(fictive motion)'이다. (15a)는 실제 이동이고, (15b)는 가상 이동의 예로 고속도로를 그 위를 달리는 관찰자의 이동으로 개념화하고 있는데, 이 때 가상적 이동은 실제 이동을 처리할 때와 동일한 시뮬레이션 과정을 통해 처리된다.

(15) a. 소년이 들판을 가로질러 남쪽으로 달리고 있다.
　　 b. 고속도로가 들판을 가로질러 남쪽으로 달리고 있다. (임지룡 1998: 181-205)

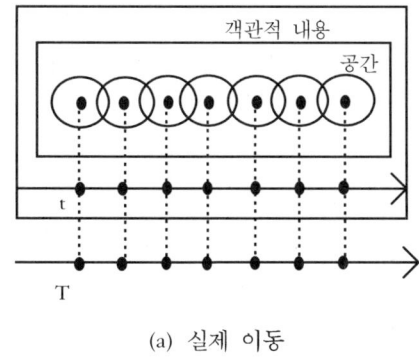

(a) 실제 이동

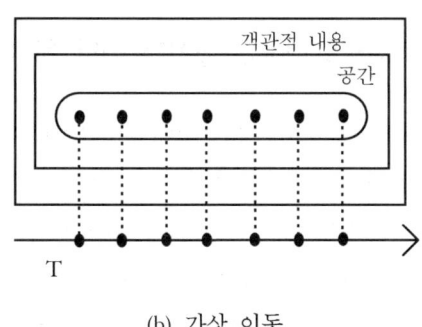

(b) 가상 이동

〈그림 25〉 실제 이동과 가상 이동의 처리 과정(Langacker 2008: 529)

Langacker(2008)에 의하면 객관적으로는 (15a)만이 〈그림 2.12(a)〉와 같이 실제 시간의 흐름(t)에 따라 이동을 하고 있지만, 그 정신적 처리 과정이 〈그림 25(b)〉와 같이 (15b)에 적용되었기 때문에 (15a)와 (15b)는 '정신적 주사(mental scanning)'가 이루어지는 처리시간(T)이 같다. 소년의 움직임을 눈으로 추적하는 것과 고속도로를 눈으로 따라가면서 관찰하는 것은 정신적으로 동일한 시뮬레이션 활동이다. 한편, (16b)는 동일한 장면을 (16a)와 다르게 주관적으로 해석한 것이다. 하지만, 기차가 가로수를 지나가는 것과 가로수가 기차를 지나는 것은 개념화주체의 관점을 고려하지 않는다면 동일한 장면을 나타낸다고 할 수 있다.

(16) a. 기차가 시속 100킬로미터로 가로수를 지나가고 있다.
b. 가로수가 시속 100킬로미터로 기차를 지나가고 있다.

인지언어학은 인간의 정신적 경험 자체가 언어의 의미이며, 그 둘은 분리되지 않는다고 본다. 인지언어학의 해석이란 결국 개념적 내용에 대한 시뮬레이션이라고 할 수 있고, 특히 가상적 이동에 대한 정신적 주사 역시 주관적인 신체적 체험에 기초한 시뮬레이션 과정이라고 할 수 있다.

2.3. 시뮬레이션 의미론에 기초한 동사의 의미 해석 모형

2.2에서는 언어 표현의 의미 해석 과정이 곧 언어의 개념적 내용에 대한 시뮬레이션 과정과 동일시될 수 있다는 것을 살펴보았다. 특히 Langacker는 가상 이동뿐만 아니라 모든 동사의 의미가 '정신적 주사(mental scanning)'에 의해 처리된다고 했는데, 정신적 주사 역시 시뮬레이션에 포함될 수 있는 정신적 활동의 한 국면에 포함시키는 것은 자연스럽다. 본격적인 논의에 앞서, 먼저 Langacker(2008: 108~112)의 정신적 주사에 대한

설명을 살펴보자. 동사의 도식은 두 가지 기본적인 인지적 능력을 전제로 하는데 그것은 관계를 이해하는 능력과 그것을 시간의 흐름에 따라 추적하는 능력이다. 관계를 이해한다는 것은 여러 실재들을 단일한 인지 처리의 창문(기억, 상상, 직접적인 관찰 등의) 안에 넣고, 그 실재들이 관련되어 이루어지는 정신적 작용을 수행하는 것이다. 이런 과정이 수행되기 위해서는 관계에 참여하는 '사물(thing)'의 인지가 선행되어야 한다.

공이 빗면을 굴러 내려가는 간단한 사건을 상상해보자. 시간의 흐름에 따라 전개되는 이 사건은 어느 한 순간에 정지시켜서 보면 '단일한(simplex)' 관계이지만, 모든 순간의 관계를 전체적으로 보면 서로 다른 무한한 관계들로 이루어진 '복합(complex)' 관계이다. 동사가 의미하는 사건을 이해하는 것은 영화를 보는 것과 비슷한데, 사실 영화의 필름은 서로 다른 장면들로 이루어져 있지만 그것을 빠르게 영사하면 끊어지지 않고 부드럽게 이어지는 움직이는 영상으로 인지된다. 우리가 일정한 시간에 시각적으로 처리할 수 있는 장면의 수는 한계가 있지만, 한 사건을 이루는 이어진 장면들은 끊어지는 것으로 인식되는 것이 아니라 유기적으로 이어져 전개되는 것으로 인식된다. 〈그림 26〉의 (>) 표시는 각각의 관계들이 이렇게 이어져 있다는 것을 나타낸다. 이처럼 한 사건을 구성하는 관계들이 긴밀하게 이어져 있기 때문에 그것은 하나의 사물을 구성하는 재료들처럼 인식된다. 이렇게 전체를 전개하면서 구성 요소를 정신적으로 등록시켜나가는 작용을 Langacker(2008)는 '주사(scanning)'라고 부른다. 주사는 사물의 경우 공간을 따라 이루어지고, 사건의 경우 시간을 따라 이루어진다. 〈그림 26〉에서 T_1-T_5는 처리 시간, t_1-t_5는 실제 사건의 경과 시간을 나타내는데, 처리 시간이 실제 경과 시간과 같지는 않지만 경과 시간이 길어질수록 처리 시간도 길어진다는 것이 2.1에서 살펴본 여러 실험에서 밝혀진 바 있다. 동사의 의미가 '순차적 주사(sequential scanning)'에 의해 처리된다는 Langacker(1986, 1987)의 오래된 주장이 심리학적으로 타당하다는 것이 증명된 것이다.

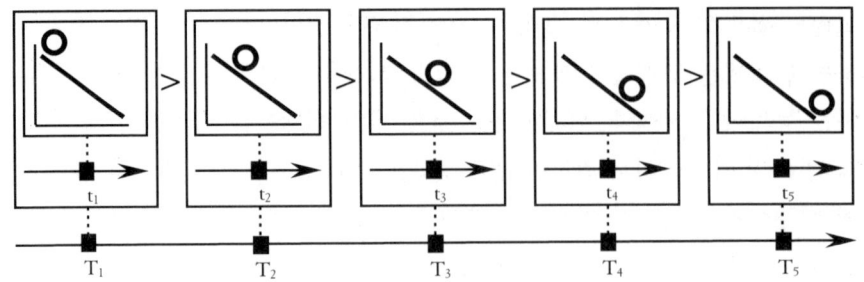

〈그림 26〉 복합 관계의 순차적 주사(Langacker 2008: 109)

〈그림 26〉이 나타내는 순차적 주사의 경우 각각의 처리시간 T_i에는 그에 대응 하는 사건 시간 t_i에만 초점이 주어진다. 하지만, 각각의 처리시간에는 지나간 상태의 경과성 기억이 단기 기억에 남게 되며 이로 인해 전체 사건이 유기적으로 연결된다.

가상 이동과 동사의 의미가 순차적 주사에 의해 처리된다는 Langacker의 설명은 시뮬레이션 의미론의 연구 성과들과 잘 부합하고 있다. 하지만, 순차적 주사가 동사의 의미 해석에 필요한 모든 요소들을 반영하고 있는 것은 아니다. 그러므로 시뮬레이션 의미론의 연구 성과들을 최대한 반영한 동사의 의미 처리 모형을 새롭게 제시해 볼 필요가 있다.

먼저, 동사라는 범주의 도식적 의미를 생각해보자. 앞서 보았듯이 Langacker(1987, 1990, 1999, 2008)는 동사가 시간의 흐름에 따라 관계가 전개되는 과정을 나타내는 것이라고 했다. 이에 반해 시뮬레이션 의미론의 관점에서 보면 동사는 우리의 몸이나 신체화된 인지가 경험할 수 있는 움직임, 더 추상적으로는 '변화'를 나타내는 것이라 할 수 있다. 물론 이 설명은 본질적으로 Langacker의 설명과 같다. 하지만, 신체화된 인지의 관점에서 볼 때, '관계'라는 개념도 신체적인 경험에 바탕을 두기 때문에 Langacker의 고도로 추상적인 설명은 신체적인 경험의 영역으로 끌어내려져야 하는 것이다. 이렇게 볼 때, 시뮬레이션 될 수 있는 움직임은 크게 인지의 주체가 신체를 통해 수행할 수 있는 움직임과 인지의 주체가 지각하는 움직임으로 나눌 수 있다. 다시 말해 동사는 언제나 움직임에 대한 시뮬레이션을 통해 해석되는데, 어떤 동사의 의미는 언제나 신체의 움직임이나 지각되는 대상의 움직임 둘 중 하나로 시뮬레이션 되는 것이다. 하지만, 이것이 동사를 자발적인 신체의 움직임만을 나타내는 것과 지각되는 대상의 움직임을 나타내는 것으로 이분할 수 있다는 것을 의미하지는 않는다. 그와 반대로 대체로 어떤 동사의 해석은 신체의 움직임과 지각되는 대상의 움직임 이 두 가지 모두의 시뮬레이션을 활성화시킬 수 있다. 예를 들어 '가다'와 같은 동사는 '산길을 가다'에서처럼 어떤 경로를 이동하는 신체의 경험(다리 근육의 움직임, 산소의 소모, 피로의 누적 등)에 대한 시뮬레이션을 발생시킬 수도 있지만, '비행기가 남쪽으로 가고 있다'에서는 외부 대상의 이동을 지각하는 경험에 대한 시뮬레이션을 발생시킬 수도 있다. 하지만, '잡다', '꼬집다'와 같은 특정한 신체의 움직임을 나타내는 동사들의 의미는 대상의 움직임을 지각하는 경험의 시뮬레이션만으로는 완전한 해석에 이르지 못하며, 언어사용자 자신이 무언가를 잡거나 꼬집는 신체적인 경험을 가지고 있어야 이를 토대로 이 동사의 의미가 시뮬레이션을 통해 완전하게 해석될 수 있게 된다. '어떤 사람이 야구공을 잡았다.'와 마찬가지로 '로봇이 야구공을 잡았다.'의 '잡다'도 결국은 자발적인 신체의 움직임에 대한 경험이 시뮬레이션을 통해 활성화되어 해석된다는 것은 이미 2.1에 소개된 수많은 실험을 통해 증명된 바 있다.

이런 시뮬레이션 영역의 특성에 근거하면 동사의 유형은 신체의 작용을 나타내는 것과 지각되는 대상의 움직임을 독립적으로 나타낼 수 있는 것의 두 가지로 크게 나눌 수 있다. 물론 이 두 유형의 동사들이 엄격하게 칼로 자르듯이 구분될 수 있는 것은 아니다. 예를 들어 '잡다'는 신체의 작용을 나타내는 동사로, '흐르다'는 지각되는 대상의 움직임을 나타내는 동사로(우리의 몸은 흐르지 않으므로) 비교적 쉽게 구분될 수 있지만, 지각되는 대상의 움직임을 나타내는 동사들(예를 들면 '가다' 같은 것)은 대부분 그 움직임을 수행하는 신체의 움직임을 나타내는 의미로도 사용될 수 있다. 하지만, '가다'의 의미가 신체적인 움직임에 대한 경험 없이 지각되는 대상의 이동에 대한 경험만을 토대로 구성될 수 있는 가능성이 '잡다'보다 높은 것은 분명하다.

〈그림 27〉은 신체가 자발적으로 수행할 수 있는 움직임을 나타내는 동사들을 처리되는 효과기의 부위에 대응시킨 것이다. 이 때 동작을 수행하는 인지주체는 tr, 수행되는 동작이나 대상, 신체 부위 등이 lm로 참여하는 관계의 과정을 나타낸다고 할 수 있다. 하지만, 인지주체의 경험을 중심으로 보는 것이 시뮬레이션 의미론의 관점에 더 알맞을 것이다. 손이나 발, 신체 부위뿐만 아니라 뇌에서 이루어지는 인지적인 작업들도 수행동사에 포함된다. 〈그림 27〉에는 비교적 관련된 신체 부위가 분명한 동사들만 제시되어 있다. 하지만, 관련된 신체 부위가 명시적이지 않은 동사들도 있다. '가다'는 대체로 몸 전체의 이동을 나타내지만 다리와 발이 많이 사용된다. '치다'는 손을 사용할 수도 있지만 머리나 팔꿈치, 기타 부위나 도구를 사용한 것일 수도 있다. 또한 '받다'는 보통 손의 사용이 연상되지만 축구를 할 때 다리로 공을 받는다고도 말한다. 이처럼 어떤 동사들이 나타내는 움직임은 일정한 신체 부위에만 관련된 것이 아니라 맥락에 따라 적절한 관련 부위가 활성화되기도 한다. 이런 동사에는 '열다', '닫다', '막다', '밀다' 등도 포함된다. 이런 동사들의 의미를 해석하는 과정에서 영장류의 거울신경에 해당하는 거울 활동 패턴이 활성화되면 지각적 영상과 함께 운동감각의 시뮬레이션이 발생하게 된다(Gallese 외 1996, Rizzolatti 외 1996, Tettamanti 외 2005, Buccino 외 2001).

이제 직접적으로 신체를 사용하는 경험과 독립적으로 인지 주체의 감각을 통해서 지각되는 움직임을 나타낼 수 있는 동사들을 살펴보자. 이런 동사들은 주로 대상의 이동이나 움직임, 형상이나 상태의 변화 등을 나타내

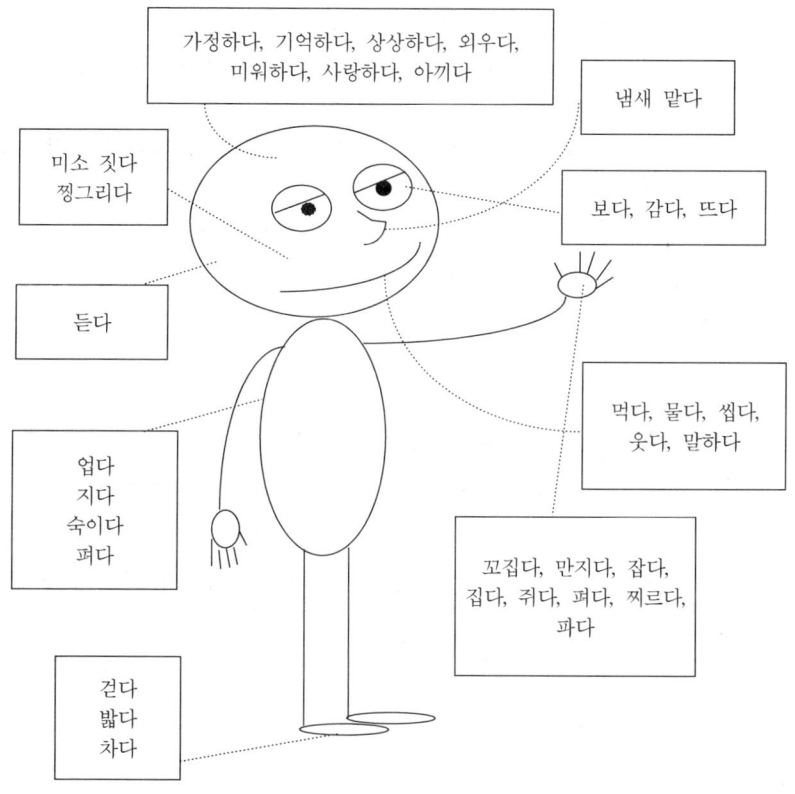

〈그림 27〉 자발적인 신체의 움직임을 나타내는 동사들

는 것들이다. 이 동사들이 모두 가진 도식적인 특징은 바로 상태(위치, 자세, 형상, 색, 온도, 감촉, 맛, 냄새, 소리 등)의 변화를 나타낸다는 것이다. (17)은 변화가 나타나는 영역별로 그에 해당하는 변화를 나타내는 동사들을 모아놓은 것이다. 많은 동사들은 어느 한 영역의 변화만을 나타내는 것이 아니고 다양한 영역에서 동반되는 변화를 나타낸다. 예를 들어 '얼다', '녹다' 등은 형상의 변화뿐만 아니라 온도의 변화도 동반하며, '깨지다', '거칠어지다' 등은 형상의 변화와 감촉의 변화가 동반된다.

(17) 지각되는 대상의 변화를 나타내는 동사
　　a. 이동[13]: 가다, 오다, 올라가다, 내려가다, 떨어지다, 빠지다
　　b. 움직임: 기울다, 건들거리다, 뒤집어지다
　　c. 형상의 변화: 깨지다, 터지다, 이어지다, 부서지다, 찢어지다, 갈라지다
　　d. 색: 빨개지다, 까매지다, 파래지다
　　e. 온도: 차가워지다, 식다, 뜨거워지다, 얼다, 녹다
　　f. 청각: 조용해지다, 시끄러워지다
　　g. 후각과 미각: 맛있어지다
　　h. 촉감: 거칠어지다

(17)에서 이동이나 움직임을 나타내는 동사들인 (a)와 (b)의 해석은 객관적으로 지각되는 대상의 이동과 움직임을 시뮬레이션 함으로써 얻어질 수 있지만, 이와 동시에 신경의 거울 활동으로 인하여 인지 주체가 직접 이런 이동이나 움직임을 수행할 때 경험할 수 있는 지각 감각과 운동 감각으로 시뮬레이션이 번져나갈 수도 있다.

(18)　a. 공주는 치마를 걷어 올리고 절벽을 타고 올라갔다.
　　　b. 발사대를 떠난 로켓이 달을 향해 올라갔다.

(18a)에서 개념화자는 공주가 치마를 걷어 올리고 절벽을 올라가는 영상을 객관적으로 바라보는 것을 시뮬레이션 할 수 있다. 그리고 다른 한편으로는 치마를 걷어 올리고 절벽의 모난 부분을 딛고 균형을 잃지 않으려고 애쓰며 올라가는 운동 감각이 시뮬레이션 될 것이다. 한편 (18b)에서도 로켓이 하늘로 올라가는 영상이 적절한 관찰점에서 객관적으로 시뮬레이

---

[13] Talmy(1985: 61)에서는 이동 사건 틀(motion event-frame)의 여섯 가지 인지적 요소로 전경(figure), 배경(ground), 경로(path), 이동(motion), 방식(manner), 원인(cause) 등을 제시한 바 있다. 그리고 이 여섯 가지 요소들은 모두 신체적인 경험을 통해 인식할 수 있는 것들이다.

션 됨과 함께, 한편으로는 시끄러운 엔진 소리와 함께 대기권을 벗어나 달에 점점 가까워지는 영상이 로켓을 탑승한 사람의 관점에서 시뮬레이션 될 수도 있다.

이처럼 객관적으로 지각된 움직임이나 변화에 대한 시뮬레이션은 신체를 통한 경험에 대한 시뮬레이션을 촉발시키는 경향이 있다. 형상의 변화를 나타내는 (17c)의 '깨지다', '터지다', '이어지다', '부서지다' 등의 과정도 '깨다', '트다', '잇다', '부수다' 같은 신체를 통한 작업의 결과로 개념화되어 있다는 사실은 우리가 의식하기 어려울 정도로 자연스러운 것이다.

신체화된 인지의 관점으로 볼 때 동사의 의미는 결국 움직이는 과정에 대한 시뮬레이션의 결과이며, 그것은 신체의 움직임과 신체에 의해 지각되는 움직임으로 나누어진다. 하지만, 신체의 움직임과 신체에 의해 지각되는 움직임은 동시에 시뮬레이션 될 수 있다. 신체의 움직임은 언제나 신체에 의해 지각되는 움직임에 포함되며, 신체에 의해 지각되는 움직임은 신체의 움직임에 대한 시뮬레이션을 촉발시키기 때문이다. 어떤 경우이건 간에 추상적인 차원에서는 이 모든 경우들을 Langacker(1987, 2008)의 방식대로 시간에 따른 전개 과정으로 볼 수 있을 것이다. 하지만, 그럼에도 불구하고 동사를 이런 방식으로 정의하고 분류하는 것에는 다음과 같은 몇 가지 이점이 있다.

첫째, 일반적으로 사람들은 물체의 이동을 관찰할 때 그것을 '움직임'으로 생각하지 tr과 lm사이의 관계의 변화라고 느끼지 않는다. 또, 땅에 나무를 심거나 나무에서 열매를 따는 것, 숨을 쉬는 것, 아기를 낳는 것, 춤을 추는 것 등을 신체를 통해 지각할 수 있는 움직임이라고 생각하지 나무를 심는 사람과 나무, 나무를 따는 사람과 나무 열매, 숨을 쉬는 사람과 숨, 산모와 아기, 춤추는 사람과 춤 사이의 관계의 전개 과정이라고 생각하는 것은 매우 부자연스럽다. 여기서 부자연스럽다는 것은 곧 신체화된 인지가 받아들이는 경험이 효과적으로 기술되지 못했다는 것을 뜻한다.

둘째, 눈에 보이지 않는 정신적인 과정, 예를 들어 '생각하다', '상상하다' 등의 의미가 tr과 lm사이의 관계가 전개되는 것이라고 본다면 둘 사이에 어떤 관계가 맺어지고 전개되는 것인지 설명하기 어렵다. 하지만, 신체의 움직임과 마찬가지로 '생각하다', '상상하다', '기억하다' 등이 신경을 통해 정신적으로 수행되는 움직임이라고 생각하는 것은 가능하다.

셋째, Langacker는 동사의 관계를 나타낼 때 동그라미나 네모 등의 최대한 도식적인 영상을 사용한다. 또, 하나의 관계에 참여하는 사물이나 실재들로 tr과 lm만을 사용한다. 하지만, 우리들 자신의 신체화 되어 있는 경험의 다양성과 복합성, 그리고 정교성을 감안한다면 맥락정보에 맞는 수준으로 구체적이고 다양한 참여자들이 복합적인 관계를 나타낼 수 있는 영상을 사용할 필요가 있다.

지금까지의 논의를 종합하면 시뮬레이션에 의한 동사의 의미 해석 과정은 〈그림 28〉과 같이 나타낼 수 있다. Langacker의 지적대로 동사는 관계를 나타내며, 관계는 관계의 참여 요소가 없으면 성립하지 않는다. 따라서 동사가 지시하는 움직임에 참여하는 구성원들의 특성이 먼저 시뮬레이션 되어야 궁극적인 움직임의 과정이 시뮬레이션 될 수 있다. 이와 같은 동사의 의미 처리 과정은 Matlock(2004)의 연구(2.1 참조)에 의해 뒷받침된다. 그 실험의 참가자들은 가상 이동 문장을 읽기 전에 거리가 짧은 여행과 긴 여행, 지형이 순탄한 여행과 험난한 여행에 대한 이야기를 읽었는데, 각각의 실험에서 거리가 긴 여행과 지형이 순탄한 여행을 읽은 후에 가상 이동 문장의 처리 시간이 길어졌다. 이것은 결국 움직임의 과정에 참여하는 요소들의 특징이 최종적인 과정의 시뮬레이션에 영향을 미친다는 것을 의미하는 것이다.

그렇다면 언어 표현에 의해 부호화되는 의미는 어느 정도 수준의 정교한 영상으로 시뮬레이션 될 수 있는 것일까? 그 답은 Bailey(1997)가 아동의 단어 학습을 모형화한 프로그램과 Wheeler & Bergen(2006)의 손동작에

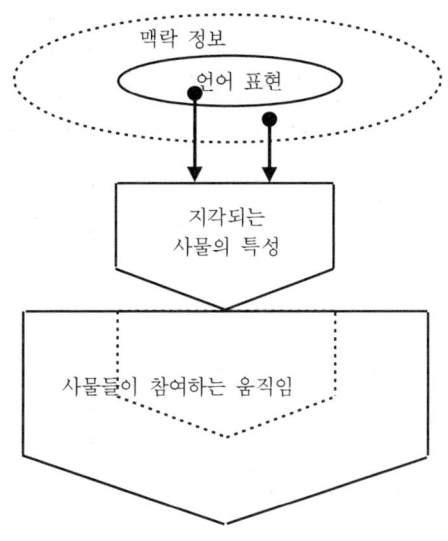

〈그림 28〉 동사의 시뮬레이션 과정

대한 시뮬레이션 실험에서 찾아볼 수 있다. Bailey(1997)는 '동작(action)' 영역의 단어에 대한 아동의 학습 모형을 컴퓨터 프로그램으로 만들어 이 프로그램이 인간과 비슷한 수준의 언어 학습 능력을 보이는지를 실험해보았다. 이 프로그램을 제작할 때 가장 문제가 된 것은 아이들이 주어진 상황과 동작의 어떤 속성이 부모가 말하고 있는 것인지를 해결하는 것이었다. 또 이 프로그램은 세상의 모든 언어에 대한 학습에도 적용될 수 있는 것이어야 했다. Bailey(1997)가 이 문제를 해결하기 위해 가정한 것은 모든 언어의 동사들이 각각 동작의 다른 특성들을 부호화하고 있지만, 전체적으로 볼 때 인간이 신체와 신경의 '통제망(control network)'을 통해 경험할 수 있는 특성의 영역을 벗어나지는 않는다는 것이었다. 이렇게 만들어진 프로그램은 영어를 중심으로 한 여러 언어에 넓게 적용되었는데, 그 중 가장 중요한 실험에서 그는 프로그램이 15개의 영어 동사와 18개의 단어의

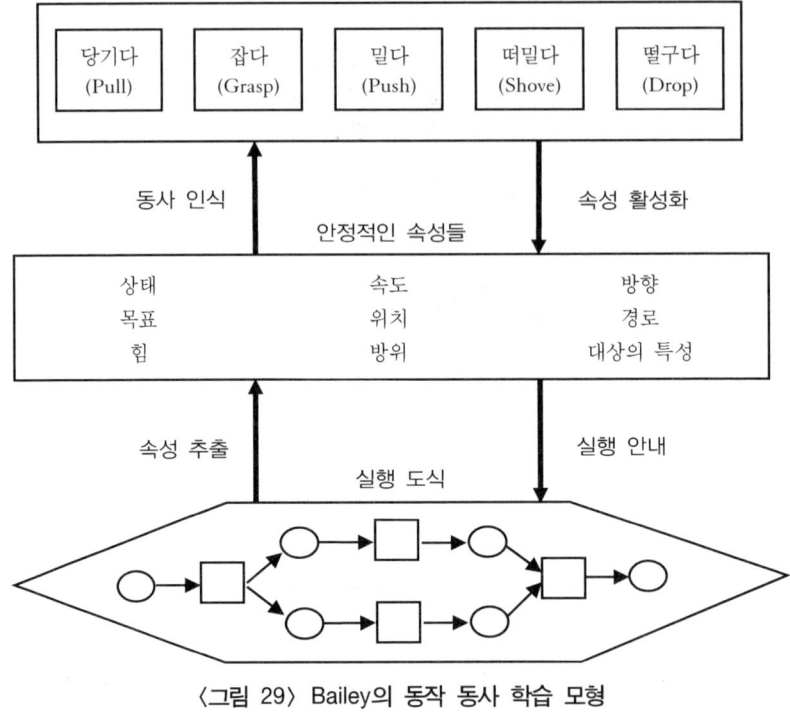

〈그림 29〉 Bailey의 동작 동사 학습 모형

의미에 대응하는 165개의 번호가 붙여진 동작들을 학습하도록 한 후에 37개의 새로운 동작들을 그것이 배운 정의에 따라 이름을 붙이도록 했다. 그 결과 80%의 장면에서 이름 붙이기 과제가 올바르게 수행되는데, 나머지 실수들은 언어를 습득하는 아이들에게서도 흔히 나타날 수 있는 것이었다. 이 실험의 결과는 신체를 통해 지각할 수 있는 모든 특성들이 동사의 의미로 학습되고 시뮬레이션 된다는 것을 시사한다.

〈그림 29〉는 한 손으로 수행되는 동작을 묘사하는 단어들의 학습을 모형화한 Bailey(1997)의 프로그램 설계도이다. 먼저, 중간에 있는 상자 안의 목록은 수행되는 동작이 가지고 있는 지각 가능한 속성들인데, 이 속성들은 지금까지 알려져 있는 신경의 매개 변인과 일치하는 것들이다. 그리고

밑에 있는 실행 도식은 동작의 통제 과정을 이루는 속성인데, 예를 들어 '밀다'는 손을 펴고, 대상에게 손을 뻗어 손의 힘을 가하는 일련의 하위 동작들로 이루어져 있다. 이와 같이 통제 과정의 속성도 매개변인으로 설정되어 언어 학습에 이용된다. 〈그림 29〉의 화살선들은 프로그램의 양방향성을 나타내는데, 이 시스템은 어떤 동작에 이름을 붙이는 것뿐 아니라, 학습한 단어를 사용한 지시 사항을 수행하기도 한다. 왼쪽의 위로 향하는 화살선들은 실행 도식에서 속성을 추출하고 추출된 속성을 이용해 이 동작에 적절한 동사가 무엇인지를 결정하는 이름 붙이기 과정을 나타낸다. 한편 오른쪽의 아래를 향하는 화살선들은 프로그램이 학습한 동사를 이용한 지시 사항을 수행하는 과정을 나타낸다. 예를 들어 이 프로그램이 '떠밀다(shove)'라는 동사를 짧은 시간 동안 강하게 힘을 가하는 실행 도식과 매개변인을 통해 학습했다면, 무언가를 떠밀라는 지시를 들었을 때 알맞은 속성과 실행도식을 선택해 요청된 동작을 수행하게 될 것이다.

한편 Wheeler & Bergen(2006)은 이미 많은 연구가 이루어진 바 있는 손 동작의 시뮬레이션에 대한 연구를 더 발전시켜 좀 더 정교한 수준의 동작들도 시뮬레이션의 호환 효과를 나타내는지를 실험하였다. 이 실험에서 참가자들은 '웨이터가 식탁보를 펴고 있다.', '웨이터가 쟁반을 나르고 있다.'와 같이 손바닥을 펴고 있는 장면이 연상되는 문장이나 '여행객이 벽을 치고 있다.', '변호사가 서류가방을 들고 있다.'와 같이 주먹을 쥔 장면이 연상되는 문장을 읽고 그것이 의미 있는 문장인지 판단한 후에 미리 지정된 손 모양으로 '예'나 '아니오' 버튼을 눌러야 했다. 실험 결과 버튼을 누르는 손 모양이 문장이 암시하는 손 모양과 일치할 경우가 그렇지 않은 경우보다 훨씬 반응 속도가 빠른 것으로 나타났다.

이 두 연구를 통해 동사의 의미에 대한 시뮬레이션이 구성 요소들의 특징과 동작의 실행 과정을 신체화된 인지가 지각할 수 있는 한도 내에서 매우 정교한 수준으로 이루어질 수 있다는 것을 알 수 있다. 이에 따라 이

〈그림 30〉 동사 '차다'의 시뮬레이션 영상

연구에서는 자발적인 신체의 움직임을 나타내는 동사와 지각되는 대상의 움직임을 나타내는 동사를 각각 〈그림 30〉과 〈그림 31〉처럼 나타내는 방식을 사용하고자 한다. 각 영상은 Langacker(1987, 1999, 2002, 2008)가 사용한 그림처럼 일정한 시간 간격마다 tr과 lm의 관계를 나타내지 않는다. 그 대신 이 연구에서는 동사의 영상을 〈그림 30〉처럼 실행 도식을 구성하는 중요한 장면들(예를 들면 준비 상태의 손 모양과 실행 후의 손 모양)로 나타내고, 지각되는 대상의 움직임을 나타내는 동사는 〈그림 31〉처럼 대상이 이동한 궤적을 표시하는 방식으로 나타냈다. '차다'는 〈그림 30〉과 같이 신체 동작의 주체가 (구 모양으로 나타난) 사물을 차기 전과 찬 후의 상태를 전체 실행 과정의 결정적인 장면으로 제시할 수 있다. 필요하다면 발이 사물에 닿는 장면을 추가할 수 있지만, 그것을 생략하고 〈그림 30(a)〉와 〈그림 30(b)〉만 제시해도 전체적인 과정은 추측을 통해 연속적인 동작으로 시뮬레이션 될 수 있다.

  이와 같은 시뮬레이션 영상을 사용하면 Langacker(1987)의 그림처럼 잉여적인 과정들을 모두 표시하지 않아도 실행도식을 이루는 주요 장면만으로 전체 과정의 시뮬레이션을 가능하게 할 수 있고, 또한 과정에 참여하는 사물들의 도식성을 조절해서 필요한 부분은 상대적으로 더 구체적인 영상

으로 나타낼 수 있는 이점이 있다.[14]

〈그림 30〉의 '차다'에서 발로 차여지는 대상은 높은 수준의 도식성을 가진 구 모양의 사물(thing)이지만, 동작의 주체는 더 구체성을 가진 '사람'으로 나타나는데, 그 이유는 동사 '차다'의 의미가 신체적인 경험을 기초로 발생한 것이기 때문이다. 이 새로운 방식의 시뮬레이션 영상을 사용하여 얻을 수 있는 또 다른 중요한 이점은, 제시된 영상을 화살표의 방향으로 읽어나가면 우리 자신이 직접 그림이 표현한 움직임에 대한 시뮬레이션을 경험할 수 있다는 것이다. 비록 잘 그린 것이 아니라 해도 이런 종류의 그림이 시뮬레이션을 발생시킨다는 것은 이미 2.1에서 본 여러 실험에서 확인된 바 있다(Lindsay 2003, Kourzi & Kanwisher 2000, Porro 외 1996, Lotze 외 1999, Kosslyn 외 2001, Bergen 외 2003, Richardson 2001).

한편 지각되는 사물의 움직임만으로 독립적으로 의미를 구성할 수 있는 동사 '지나가다'는 〈그림 31〉과 같은 영상으로 나타낼 수 있다. 이 경우 tr의 모습 자체가 변하는 것이 아니라 lm와의 상대적인 관계가 변하는 것이기 때문에 하나의 그림 속에 tr가 움직이는 궤적을 표시하는 것만으로도

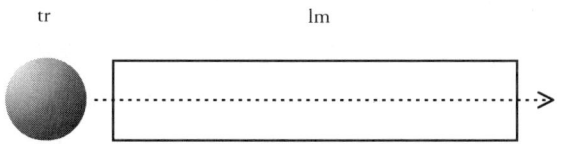

〈그림 31〉 동사 '지나가다'의 시뮬레이션 영상

---

14) 영화를 보거나 만화책을 볼 때 우리는 낱낱의 영상을 연결시켜 연속적으로 이어지는 움직임을 시뮬레이션하기 때문에 작품을 이해하는 것이 가능해진다. 만화는 영화보다 전체적인 움직임에 대한 단서가 적게 주어지지만 독자가 연속되는 동작의 일부를 통해 전체적인 움직임을 추측하여 이해할 수 있다는 점에서 인간의 시뮬레이션 능력을 적절하게 이용하고 있는 장르라 할 수 있을 것이다.

시뮬레이션을 위한 조건이 마련된다.

그런데 '볼링공이 레인을 지나간다.'와 같은 문장의 해석은 시각적인 시뮬레이션에만 의존할 것 같지만, 공이 평평하고 미끄러운 레인 위를 굴러 어느 한쪽으로 쏠리지 않고 핀을 쓰러뜨리게 하기 위해서는 바닥의 재질이나 공의 무게감, 공의 운동 에너지와 균형에 대한 신체적 감각의 시뮬레이션이 필요하다. 따라서 어떤 경우이건 지각되는 사물의 움직임은 신체적인 감각에 기초한 해석을 쉽게 촉발시키게 된다. 예를 들면 'x는 모래밭과 자갈밭, 웅덩이와 숲을 지나갔다.'라는 문장에서 우리는 x가 사람인지 동물인지 아니면 무생물인지 알 수 없어도 신체적인 감각에 기초하여 대략적인 시뮬레이션을 실행할 수 있다. 발이 모래밭이나 웅덩이에 빠지는 느낌, 그리고 자갈과 수풀이 발과 몸에 거치는 느낌 등은 우리의 신체적인 경험이지만, x의 실체가 무엇이든 우리는 이 실체의 움직임을 해석하기 위해 신체가 경험했던 것들을 최대한 활용하게 된다. 〈그림 32〉는 움직이는 사물이 무엇이건 간에 발과 다리 몸, 눈의 감각을 통한 체험이 시뮬레이션 과정에서 활성화된다는 것을 나타낸다.

우리는 동사를 실재와 실재의 관계라는 고도로 추상적인 영상으로 나타내는 Langacker(1987, 2008)의 방식에서 발생하는 문제들을 고려하여 시뮬레이션 되는 영상을 표현하기에 적합한 방식을 제시해보았다. 하지만, 이 새로운 방식의 제안은 Langacker(1987, 2008)의 견해에 근본적인 수정을

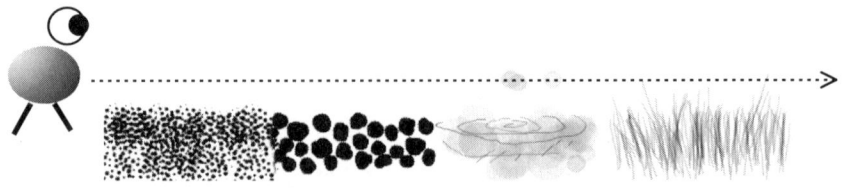

〈그림 32〉 '지나가다'의 정교화 시뮬레이션 영상

요구하기 위한 것이 아니라, 어디까지나 신체화된 시뮬레이션의 특성을 효과적으로 기술하고 전달하는 것을 목적으로 한다.

한편, 이 연구에서 동사가 우리의 몸이나 신체화된 인지가 경험할 수 있는 움직임, 더 추상적으로는 '변화'를 나타내는 것이라고 했는데 이 정의가 과연 어떤 경우에도 적용될 수 있는지 의문을 제기할 수도 있을 것이다. 예를 들면 '있다', '없다' 같은 경우 아무런 변화나 움직임을 나타내지 않는데도 동사라고 할 수 있는가 하는 것이다. 우리는 이 질문에 대해서도 역시 신체화의 토대에서 답을 할 수 있다. 그것은 '있다', '없다'는 움직임의 정도가 0인 움직임을 나타낸다는 것이다. '있다'와 '없다'는 동사이지만 아무런 움직임을 암시하고 있지 않기 때문에 〈그림 33〉과 같이 각각 하나의 시뮬레이션 영상으로 나타낼 수 있다. '있다'와 '없다'는 이처럼 실행 도식을 구성하는 장면이 하나뿐임에도 불구하고, 우리의 몸이 선택할 수 있는 움직임에 포함되기 때문에 동사의 범주에 포함될 수 있다.[15] '참다', '견디

---

[15] 물론 국내에서 '있다'와 '없다'를 모두 동사로 보지 않는 학자들도 있었다. 예를 들어 최현배(1937)는 '있다'를 형용사로 분류했으며, 최창렬(1974)에서는 '있다'는 동사로 '없다'는 형용사로 처리하기도 했다. 하지만, '있다'의 반의어가 '없다'라면 서로 다른 품사에 속하는 두 단어가 반의 관계에 놓일 수 있는지 의문이므로 최창렬(1974)의 제안은 받아들이기 어려워 보인다. 예컨대 '크다'와 '작다'의 반의관계는 기본적으로 두 단어가 모두 동일한 문법범주인 형용사에 속하기 때문에 성립할 수 있는 것이다. 하지만 현재 《표준국어대사전》에서도 '있다'는 동사, '없다'는 형용사로 분류하고 있다. 이러한 혼란은 '있다'가 동사와 형용사의 활용 특성을 함께 보이는 것에 기인하는 바가 큰데, 이를 감안하여 박승빈(1935), 이희승(1956), 성광수(1975) 등은 '있다'를 '존재사'라는 제 3의 품사로 분류하기도 했다. 하지만, 동사 '살다'가 사용된 문장 "철수가 시골에 산다."와 '있다'가 사용된 "철수가 시골에 있다."를 비교해보면, 둘 다 형태소 '~에'가 교착되는 논항을 취하는데 형용사는 이런 특성을 나타내지 않는다. 이밖에 이관규(2002)에 제시된 '있다'의 형용사적 특성은 '있다'가 동사이기 때문이 아닌 다른 의미적 특성 때문에 기인한 것으로 설명될 수 있다. 예를 들어 '책상 위에 있는 꽃'에서 '있다'가 다른 동사들처럼 '책상 위에 있은 꽃'으로 활용되지 않는 이유는 현재 책상 위에서 볼 수 있는 꽃을 굳이 과거에 발생한 사건으로 기술할 필요가 없기 때문일 수 있다. 하지만 '밥을 먹는 강아지'와 '밥을 먹은 강아지'는 사건이 이미 완료된 것인지에 따라 묘사하는 상황이 현저히

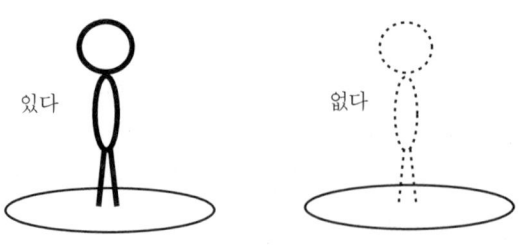

〈그림 33〉 '있다'와 '없다'의 시뮬레이션 영상

다', '버티다' 등도 아무런 몸의 움직임을 나타내지 않지만, 몸이 어떤 상태를 유지하는 0의 움직임을 수행하는 것을 나타내는 동사들이라 할 수 있다. Langacker(1987, 2000, 2002, 2008)에서는 동사와 전치사가 모두 실재의 관계를 나타내며, 그 중 동사만이 흐름에 따라 전개되는 과정을 나타내는 것으로 구분된다고 말한다. 하지만 동사의 정의를 이렇게 받아들일 경우 한국어의 동사 '있다', '없다', '좋아하다', '참다' 등은 형용사 '좋다', '빨갛다', '뜨겁다', '어리다' 등과 구분되기가 어렵다.16) 두 경우 모두 일정 시

다르기 때문에 '먹는'과 '먹은'이 구분될 필요가 있으며 이러한 차이는 문법범주의 차이가 아닌 '있다'와 '먹다'의 개별적인 의미의 차이에 기인하는 것으로 보인다. 이 문제는 더 많은 논의가 필요할 수도 있겠지만 이 연구에서 그 정도로 비중 있게 다룰 주제는 아니기 때문에, '있다'와 '없다'에 대한 재론의 여지는 남겨두고자 한다.

16) Langacker(2002: 81)는 종결형으로 사용되는 동사의 성격을 다음과 같이 정의했다.

A processual predication involves a continuous series of states, each of which profiles a relation; it distributes these states through a continuous span of conceived time; and it employs sequential scanning for accessing this complex structure. A process contrasts with the corresponding atemporal relation by having a 'temporal profile', defined as the span of conceived time through which the profiled relationship is scanned sequentially.

Langacker에 의하면 동사는 두 가지 특징의 조합으로 인해 다른 품사와 구분되는데, 그것은 주어진 시간 동안 이어지는 일련의 상황에 대한 연속 주사라는 것과 연속 주사되는 것이 tr과 lm의 관계라는 것이다. 따라서 동사의 도식적 특징은 과정을 나타내는 것이라 할 수 있으며 이것을 [PROCESS]/[...]]로 표시할 수 있다. 또, 그는 동사를 '단일 관계(simple relations)'를 나타내는 것과 '복합 관계(complex

간 동안 유지되는 변화 없는 상태를 나타낼 수 있기 때문이다. 그러나 본 연구의 정의에 따르면 형용사가 나타내는 상태는 몸이 수행하거나 지각할 수 있는 움직임에 포함되지 않으며, 이것이 바로 동사와 형용사의 차이점이 된다. 이런 차이점은 Langacker의 정의로는 잘 설명되지 않지만, 이 연구에서 사용한 정의에 의해서는 적절하게 드러나고 있다.

---

relations)'를 나타내는 것으로 나누었는데, 이에 따르면 'Lily loves chocolate.'는 단일 관계에 속하고, 'Lily is eating the chocolate.'는 복합 관계에 속한다. Langacker (2002)는 정적인 과정은 주어진 시간 동안 상황이 일정하게 유지되지만, 동적인 과정은 관계의 내적인 변화가 일어나기 때문에 사랑하는 것은 '정적인(stative)' 과정으로, 먹는 것은 '역동적인(dynamic)' 과정으로 보았던 것이다. 실제로 일반적인 사랑하는 관계보다 초콜렛을 먹는 과정은 포장을 뜯고, 초콜렛을 잘라서 입에 넣고, 입안에서 초콜렛을 녹이고 마지막으로 초콜렛을 삼킨 후에 소화를 시키는 단계로 진행되기 때문에 좀 더 역동적인 것은 사실이다. 하지만, 이렇게 본다면 한국어의 동사 '좋아하다'와 형용사 '좋다'는 모두 단일 관계를 나타내는 동사로 보아야 한다는 문제점이 있다. 만약 동사를 신체가 지각할 수 있는 움직임을 나타내는 것으로 본다면 '좋아하다'는 동사이고 '좋다'는 형용사인 이유를 설명할 수 있다.

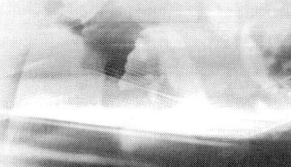
시뮬레이션 의미론에 기초한 동사의 의미망 연구

Chapter 03 동사의 원형의미와 맥락의미

3.1. 시뮬레이션 의미론에 기초한 동사의 원형의미
3.2. 동사의 맥락의미가 발생하는 시뮬레이션 과정

    2장에서는 시뮬레이션 의미론을 기초로 한 동사의 의미 해석 과정을 살펴보고, 이 과정을 설명하는 모형을 제시해보았는데, 이는 본격적으로 동사의 의미망 분석 방법에 대해 이야기 할 수 있는 토대가 될 것이다. 〈그림 34〉에서 검은 동그라미는 독립적인 의미 단위의 지위를 가진 원형의미나 개별의미를 나타내는데, 화살선은 두 개별의미 중 다른 개별의미의 모태가 된 원형의미에서 출발한다. 개별의미와 달리 맥락의미는 다른 개별의미에 의존적이며, 맥락정보와 세상 지식에 의해 개별의미가 조정되고 정교화 되는 과정을 통해 발생한다. 〈그림 34〉에서 속이 빈 투명한 동그라미로 표시된 맥락의미는 개별의미와 달리 무한한 수로 즉석에서 발생할 수 있다(여기서 동그라미의 명암은 개별의미의 고착화 정도를 나타내는 것으로 이해할 수 있다). 원형의미를 둘러싼 점선은 맥락의미가 즉석에서 발생할 수 있는 경험의 영역을 표시하는데, 이 장에서는 바로 이 점선의 안쪽 영역, 즉 동사의 원형의미와 맥락의미가 발생하는 시뮬레이션 과정을 살펴보고자 한다.

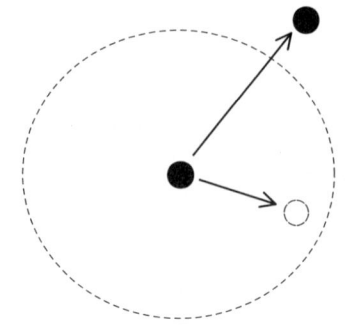

〈그림 34〉 의미망에 표시된 맥락의미와 확장의미

3.1. 시뮬레이션 의미론에 기초한 동사의 원형의미

　동사의 의미망은 원형의미에 포함되는 범주를 정하는 기준에 따라 달라진다. Langacker(2002)가 제시한 run의 의미망〈그림 35〉를 다시 살펴보자. Tyler & Evans(2003, 2006)의 지적대로 이 의미망이 실재보다 너무 많은 개별의미를 구분하고 있는 것이라면(Langacker(2008: 37) 자신도 각주에서 그런 가능성을 인정하고 있다.), 원형의미의 범주 영역은 더 커져야 한다.

　중의성(ambiguity)과 모호성(vagueness)의 차이를 용법 기반 모형을 통해 설명한 Tuggy(1993)에 의하면, 다의성은〈그림 36(a)〉와 같이 도식(A)과 맥락의미(B, C)가 모두 어느 정도 이상으로 뚜렷하게 고착화되어 중의적 해석이 생겨날 때 발생하고, 모호성은〈그림 36(b)〉와 같이 맥락의미와의 (화살선의 길이로 표시된)거리가 짧고 충분히 고착화되지 않은 경우 발생한다.

　Tyler & Evans(2003), Evans & Green(2006)의 주장은 (B)와 (C)의 해석이 즉석에서 이루어지는 (A)의 문맥적인 해석이라면, (B)와 (C)는 (A)와 구분되는 '개별 의미(distinct sense)'로 볼 수 없다는 것이다. 어떤 맥락의

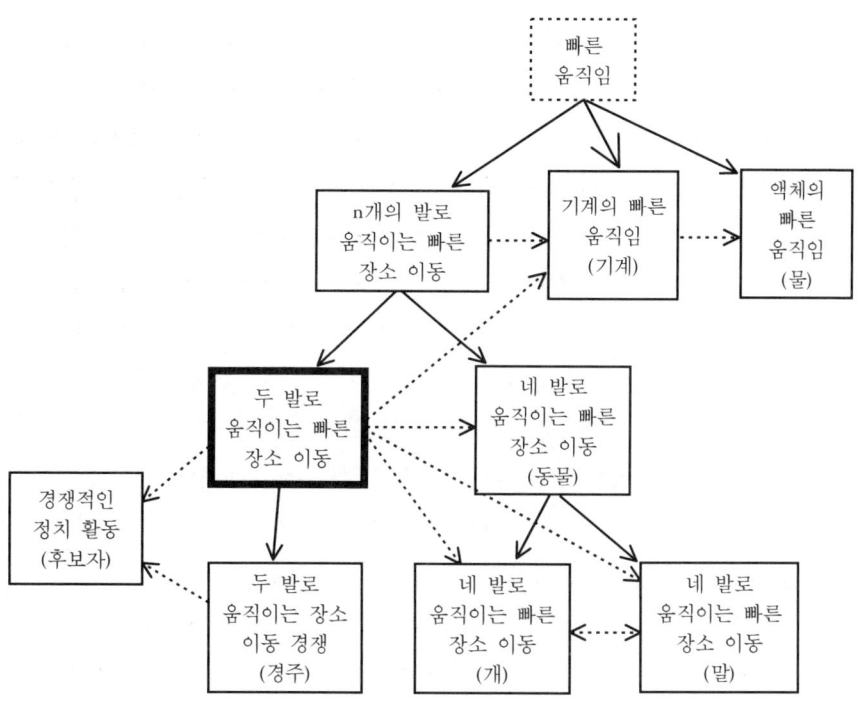

〈그림 35〉 *run*의 의미망 Langacker(2002: 267)

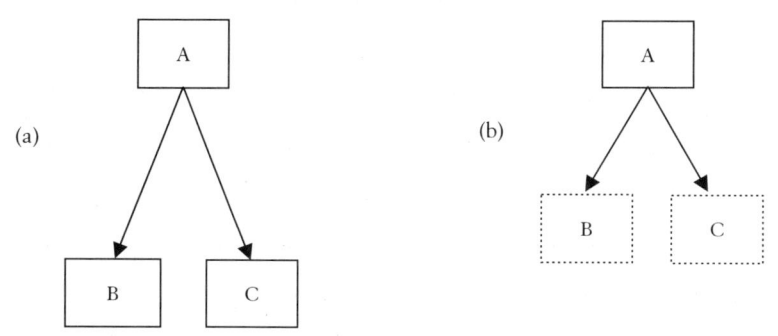

〈그림 36〉 중의성과 모호성의 구분

미는 원형과의 의미적 거리가 너무 멀지만 '고착화(entrenchment)', 혹은 화용적 강화가 많이 이루어져 있어 독립적인 의미 단위의 지위를 획득한 것이 있다. 한국어의 동사 '보다'의 개별 의미들 중 비교를 나타내는 것(예: '이것보다 저것이 더 좋다.')이 바로 이런 예에 속한다(정병철 2006). 하지만, 원형의미의 정교화를 통해 쉽게 접근할 수 있는 맥락의미는 독립적인 의미 단위의 지위를 부여하지 않는 것이 경제성의 원리에 맞는다. 이렇게 볼 때 '두 발로 움직이는 빠른 이동'을 원형의미로 설정한 Langacker(2002)의 〈그림 35〉에서 원형의미를 정교화한 의미가 독립적인 지위를 얻을 수 있는지 의문이다. 만약 더 상위의 도식인 'n개의 발로 움직이는 빠른 이동'이 원형의미라면 그것의 정교화인 '두 발로 움직이는 빠른 장소 이동'과 '네 발로 움직이는 빠른 장소 이동'은 독립적인 지위가 인정되지 않을 수도 있다. 물론, 원형 의미의 정교화를 통해 쉽게 접근할 수 있는 맥락의미라 하더라도 높은 사용 빈도로 인해 개별적인 의미망을 형성하고 있을 가능성을 생각해 볼 수는 있다. 의미망에 관련된 문제는 4장에서 더 구체적으로 논의되므로, 여기서는 일단 원형의미와 원형의미의 정교화 시뮬레이션에서 발생하는 맥락의미에 대해서 살펴보도록 하겠다.

  동사의 원형과 범주에 대해 논의하기 전에 먼저 원형과 범주에 대한 일반적인 쟁점을 살펴볼 필요가 있다. 범주화는 인간의 삶에 없어서는 안 될 능력일 뿐 아니라 인간의 문화적인 삶을 가능하게 해주는 기본적인 틀이기도 하다. 예를 들어 우리는 먹을 수 있는 것과 없는 것을 구별해야 삶을 영위할 수 있고, 남자와 여자의 범주를 알아야 결혼을 하고 아이를 낳을 수 있다. 또한 자연적인 범주(공간적 개념, 색, 음의 고저, 미각 등)에 대한 인류의 공통적인 토대는 인간으로서의 삶을 영위하는 것을 가능하게 해준다. 그러므로 범주화는 인지과학이 탐구해야 할 가장 근본적인 연구 주제 중의 하나였으며, Barsalou는 인지심리학의 서론에서 범주화에 대해 다음과 같이 묘사한다.

집으로 걸어 들어가면서, 사람들은 즉시 무엇이 나타나는지 알아차린다. 그들은 의자, 스테레오, 꽃나무와 개, 친구들과 포도주, 그리고 그들이 지각하게 되는 그 어떤 것들이라도 인식한다. 사람들이 상호작용할 때 그들은 친구를 알아볼 뿐만 아니라 그들의 표정과 동작, 또 행위를 인식한다. 사람들이 독서를 할 때 그들은 글자와 단어를 범주화한다. 범주화는 시각뿐만 아니라 모든 감각 양식에서 발생한다. 사람들은 동물과 인공물의 소리, 그리고 말소리를 범주화한다. 그들은 냄새와 맛, 피부의 감촉, 몸의 이동을 범주화한다. 또 그들은 감정이나 생각과 같은 주관적인 체험들을 범주화한다. 범주화는 '지각(perception)'과 '인지(cognition)' 사이의 관문을 제공한다. 지각 체계가 환경 속에 있는 사물에 대한 정보를 받아들인 후에 인지 체계는 그 사물을 어떤 범주에 집어넣는다. (Barsalou 1992: 15)

범주화에 대한 전통적인 견해는 아리스토텔레스(Aristotle)까지 거슬러 올라가는 '필요충분조건모형(NSC model)'로 대변될 수 있다. 필요충분조건모형에 의하면 하나의 범주는 필요조건들의 집합에 의해 정의되며, 이 조건들 전체는 충분조건을 이룬다. 예를 들어 '숙녀'가 인간, 여성, 성인이라는 세 조건으로 정의된다면 이 중 하나의 조건만 충족되지 않아도 숙녀가 될 수 없다. '점검표 모형(check-list model)'이라고도 불리는 필요충분조건모형의 특징은 다음과 같이 요약될 수 있다(Löbner 2002).

- 범주화는 고정된 조건이나 자질의 집합에 의존한다.
- 각각의 조건은 절대적으로 필요하다.
- 각 조건들은 ('예' 혹은 '아니오'의) 이분법적인 조건들이다.
- 범주에의 소속 여부는 (소속되거나 소속되지 않는) 이분법적인 문제이다.
- 범주들은 분명한 경계를 가지고 있다.
- 모든 구성원은 동등한 자격을 가지고 있다.

각각의 범주들이 분명한 경계를 가지고 있다는 것은 범주의 정의 조건이 이분법적이라는 단정에서 비롯된 당연한 결과이다. 필요충분조건모형에 의하면 모든 것은 하나의 범주에 속하거나 속하지 않거나 둘 중의 하나이다. 또한 범주의 경계가 분명하기 때문에 한 범주 안의 모든 구성원들은 똑같은 범주 구성원의 지위가 주어진다. 이와 같은 필요충분조건모형은 '원형 이론(Prototype Theory)'에 의해 도전을 받았는데, 잘 알려진 바와 같이 '색채 용어(colour terms)'에 대한 발견들은 필요충분조건모형과 잘 부합되는 것처럼 보이지 않았기 때문이다. 실험 참가자들은 색채 조각을 이분법적인 목록을 점검함으로써 범주화하지 않았다. 기본 색채 범주는 주로 '초점 색채(focal colours)'에 의해 정의되며 이웃 범주와의 경계는 분명하지 않다. Berlin과 Kay(1969: 15)는 반복되는 똑같은 실험 속에서도 범주의 경계가 일정하지 않다는 것을 보여주었다. 빨간 색으로서의 지위는 빨간 색의 '초점 색상(focal hue)'에 가까울수록 높아지고 멀어질수록 서서히 약화될 뿐이지 필요충분조건모형과 같이 빨간 색과 빨간 색이 아닌 것을 나누는 분명한 경계가 있는 것이 아니다.

　색채 범주에 대해 Taylor(1995: 15)가 밝힌 인지주의적인 관점을 살펴본다면 다음과 같이 요약된다. 첫째, 색채 범주는 중심과 주변을 갖는다. 둘째, 초점 색채는 단기기억에 더 정확하게 유지되며 장기기억에 더 오래 보존되는 특성이 있다. 셋째, 초점 색채는 연상 시간이 빠르며 더 일찍 습득된다. 구조주의에서는 색채어의 범주가 자의적이라고 했지만, 인지주의에

〈그림 37〉 Lavov(1973)의 범주화 실험

서는 초점 색채와 관련된 지각적이고 인지적인 요인들에 의해 범주화된 다는 이해에 이르게 되었다. 여기서 특히 중요한 사실은 범주의 구성원이 될 수 있는 자격은 인간의 지각과 인지를 통해 초점 색채, 즉 원형과 유사성을 가진 것으로 인식되어야 한다는 것이다. 범주의 구성원 자격을 결정하는 유사성이라는 기준은 1970년대에 있었던 Labov(1973)의 실험에서 나타난 '모호한 가장자리 현상(fuzzy edge phenomenon)'에서도 확인된다.

Labov의 실험에 응한 학생들은 〈그림 37〉의 3을 컵, 10을 꽃병, 6을 사발로 범주화했지만, 다른 예들에 대해서는 일정치 못한 반응을 보였다. 또, 학생들에게 그릇이 커피로 채워져 있다고 상상하도록 요구했을 때의 반응과 꽃이 들어있는 것을 상상하도록 요구했을 때의 반응은 달랐는데, 예를 들어 커피가 들어있다고 상상했을 때는 그 그릇을 컵으로 범주화하는 사람이 더 많아졌다. 〈그림 38〉에는 원형적인 컵의 세 가지 특성과의 유사성에 따라 〈그림 37〉의 그릇들이 분류되어 있다.

3은 원형적인 컵의 세 가지 특성을 모두 가지고 있으므로 가장 원형적

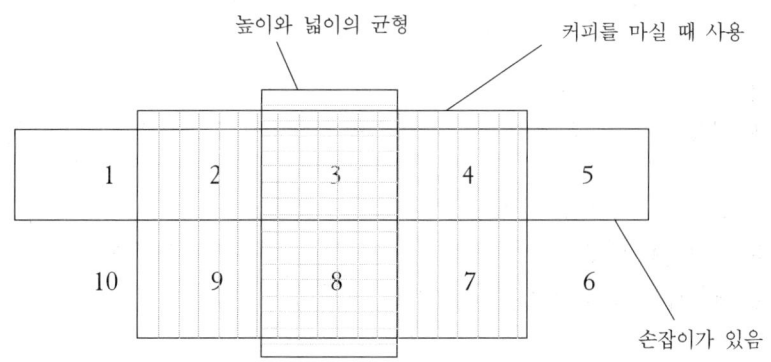

〈그림 38〉 컵의 속성과의 유사성에 따른 그릇의 분류

인 컵에 가깝다. 한편, 2, 4, 8은 세 가지 특성들이 하나씩 빠져 있으므로 원형적인 컵과 약간 거리가 멀고, 세 가지 특성 중 하나 밖에 없는 1, 5, 7, 9 등은 그보다 더 거리가 멀다.

컵의 원형적 특성을 아무 것도 가지지 않은 6, 10은 컵이라고 보기에 무리가 있다. 이렇게 원형적인 컵과의 유사성이 얼마나 많으냐에 따라 컵이라는 범주 구성원으로서의 지위가 높아진다. 하지만, 이런 범주 지위도 상황에 따라 달라지는 것은 가능하다. 예를 들어서 적당한 컵이 없어서 6이나 10으로 커피를 마셔야 하는 상황이라면 한시적으로 이들을 '컵'이라고 부르고 컵의 지위를 부여해주는 것은 가능하다. 이때에는 모양이 아닌 기능적 유사성에 따라 '컵'의 범주화가 이루어졌다고 볼 수 있다. 정리해보면, 범주화의 원형 모형은 다음과 같은 속성을 가진 것으로 요약된다 (Löbner 2002: 181-182).

- **계층적인 구조**. 한 범주의 구성원들은 모두 같은 지위에 있는 것이 아니다.
- **원형은 가장 좋은 본보기이다**. 늘 그 범주의 가장 좋은 본보기로 여겨지는 원형적인 구성원이 있다.
- **필요조건의 집합은 없다**. 범주 구성원의 자격은 고정된 수의 필요조건들로 이루어지지 않는다. 원형은 덜 좋은 본보기에는 결여된 속성으로 정의될 수도 있다.
- **가족 유사성**. 범주 구성원들은 가족 유사성으로 연결되어 있다.
- **원형들은 참조점(reference point)이다**. 원형들은 범주화의 참조점 역할을 수행하게 된다. 범주 구성원의 자격은 원형과의 유사성의 문제이기 때문에, 원형을 통해 다른 구성원을 확인할 수 있다.
- **위계화된 구성원 자격**. 범주 구성원 자격은 정도의 문제이다.
- **불분명한 경계**. 범주들은 불분명한 경계를 가진다.

한편 Löbner(2002: 181-182)는 원형이론에서 원형의 성격이 명확하게 처리되지 않았다는 점에 대해 문제를 제기한다. 과연 원형이란 것이 '가장 좋은 본보기(best example)'로 정의되어도 아무런 문제는 없는 것일까? 예를 들어 참새가 새의 원형이라고 해보자. 하지만, 참새는 새라는 범주에 속한 하나의 하위 범주일 뿐, 참새 중에서도 우리에게 잘 알려지지 않은 많은 하위 범주가 있을 것이다. 또 새의 원형이란 어떤 하나의 특정한 새, 예를 들어 당신이 태어나서 처음으로 본 새를 의미하지는 않을 것이다. 이와 같은 추론을 바탕으로 Löbner(2002)는 원형이 어떤 속성들은 고정되어 있고 다른 속성들은 자유로운 개념들로 정의될 수 있을 것이라고 제안한다.

본 연구자는 위와 같은 Löbner(2002)의 문제 제기에 동의하며 원형을 범주의 구성원들과 유사한 속성을 가지고 있는 추상적인 도식으로 파악하고자 한다. 이렇게 보면 '참새'가 '새'의 원형에 가장 가까운 것일 수는 있다. 하지만, '참새' 자체가 '새'의 도식적인 원형은 아니다. 날지 못하는 타조나 심지어는 날개가 거의 없는 펭귄까지도 새의 범주에 들어올 수 있는 것은 그들에게서 조금이나마 도식적인 원형과의 유사성(부리가 있고 알을 낳는다는)을 찾을 수 있기 때문일 것이다. 이렇게 범주의 원형과 구성원은 유사성의 관계에 의해 연결되어 있기 때문에 어떤 자연적인 범주는 불분명한 경계를 가지게 된다. 그것은 유사성의 인식이라는 것이 무의식적이면서도 주관적으로 이루어지기 때문이다. 예를 들어 원산지와 제조업체가 다른 어떤 커피를 마셔도 누구나 그것을 커피로 범주화하는 데는 1초의 시간도 걸리지 않는다. 한편, 하늘의 뭉게구름을 보고 사람들이 연상하는 것은 제각기 다를 수도 있다. 우리는 어떻게 가족이나 친척, 친구를 알아볼 수 있는가? 그것은 그들이 우리가 기억하고 있는 그들의 생김새나 목소리, 또는 하는 행동이 원형 도식을 제공하기 때문이다. 이처럼 동일한 개체에 대해서도 원형은 우리의 기억 속에 추상적이고 도식적으로 존재하고 있는 것이다.

명사의 경우 유사성의 인식이 범주의 확장에 어떻게 기여하고 있는지는 이미 잘 알려져 있다. Langacker(1987: 369-86)가 제시했던 ring의 의미망을 다시 살펴보면, 〈그림 39〉와 같이 원형과의 유사성을 기반으로 모든 새로운 개별 의미가 발생하게 됨을 알 수 있다.

사실 '반지'에서 '코걸이'로의 의미 확장이 일어나기 이전에도 ring의 원형은 추상적인 도식으로 존재하고 있었다. 다이아반지, 옥반지, 금반지, 돌반지, 풀잎반지를 비롯한 모든 반지들은 ring의 추상적인 도식과의 비교를 통해 자동적으로 ring의 범주에 들어올 수 있는 것들이었다. 하지만, '코걸이'는 어떤가?

그것은 기존의 추상적인 도식에서 벗어나는 특성(손이 아닌 코에 끼운다는 점)이 있기 때문에 처음에는 같은 ring으로 자동적으로 범주화되지 못했던 시기가 있었다. 하지만, 이런 용법이 점차 고착화되면서 '코걸이'는 ring의 범주에 들어오게 된다. 그리고 이 과정에서 '반지'의 원형보다 더 도식적인 원형이 발생하게 된다. Lanacker(1987)는 가장 고착화가 강하게 된 의미를 원형으로 파악하였지만, 사실은 하나의 범주마다 각각의 도식적인 원형이 존재하고 있다. 여기에서 주의를 기울여야 할 것은 왜 '코걸이'가 '반지'의 범주를 확장시킨 것으로 취급되는가 하는 문제이다. 그것은 '코걸

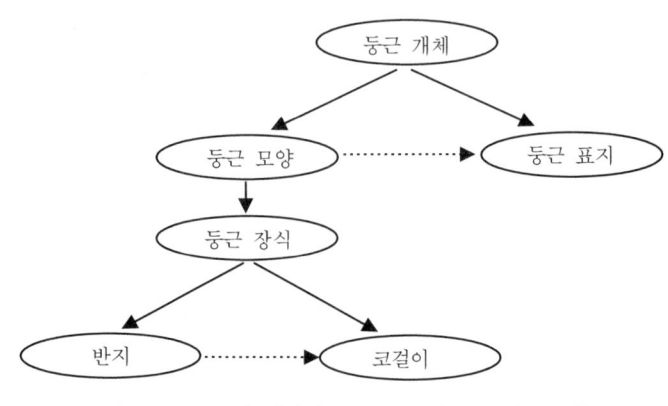

〈그림 39〉 *ring*의 의미망 Langacker(1987: 369-86)

이'가 원래 '반지'의 범주에 자연스럽게 속할 수 없는 구성원임에도 불구하고 원래의 구성원들보다 더 약한 유사성에 근거하여 '반지'의 범주에 끌어넣어졌기 때문이다. 다시 말해 '반지'와 '코걸이'가 서로 다른 의미망의 마디를 이루게 된 것은 이들이 처음부터 같은 범주에 자연스럽게 속할 수 없는 구별되는 특징을 가지고 있었기 때문인 것이다.

그러면, 동사의 범주 내에서 원형의 자연스러운 범주에 속하는 의미와 확장된 의미는 어떻게 구분할 수 있을까? 임지룡(1997: 242)에서는 '먹다'는 (19)와 같은 원형의미와 확장의미를 가지는 것으로 파악되었다.

(19) '먹다'의 원형의미와 확장의미 (임지룡 1997: 242)
원형의미: ① {밥/떡/과일}을 먹다
확장의미: ② {죽/물/술}을 먹다 ③ 약을 먹다 ④ 담배를 먹다 ⑤ {연기/가스}를 먹다 ⑥ {녹/뇌물/돈}을 먹다 ⑦ {백점/벌점}을 먹다 ⑧ 골을 먹다 ⑨ 나이를 먹다 ⑩ 더위를 먹다 ⑪ {사기/꿈}을 먹다 ⑫ 앙심을 먹다 ⑬ 욕을 먹다 ⑭ 겁을 먹다 ⑮ 마음을 먹다 ⑯ {기름/습기} 먹은 종이 ⑰ 풀 먹은 옷

④에서 담배를 피우는 것은 담배를 씹고 목으로 넘기고 소화시키는 과정이 아니기 때문에 '먹다'의 원형적인 의미와 분명한 차이가 있다. 이 경우 담배를 피우는 것이 먹는 것의 범주에 포함된 것은 입을 사용하고 맛을 음미한다는 점에서 먹는 것과 유사성을 찾을 수 있기 때문인 것 같다. 하지만, 이 표현은 그 효과 면에서 볼 때 의사소통의 목적을 잘 달성하고 있는 것 같지는 않으며 상당히 부자연스럽게 느껴질 수도 있다. ②의 경우도 마찬가지이다. 보통 건더기가 있는 것은 '먹다', 액체인 것은 '마시다'를 쓰는데, '죽'은 완전한 액체는 아니기 때문에 '먹다'를 사용하는 것이 별로 이상하게 느껴지지 않는다. 하지만, 액체인 물이나 술에 '먹다'를 사용하는 것이 항상 자연스럽게 느껴지지는 않는다. 이처럼 '먹다'도 원형의미와의

유사성을 기반으로 의미를 확장할 수 있지만, 그것이 ring의 확장 의미만큼 안정적으로 독립적인 의미의 지위를 가지게 되는 것 같지는 않다. 그 이유는 ring이 아직 적절한 이름이 없는 확장의미에 이름을 부여해주는 반면, '먹다'는 '피우다', '마시다'등 이미 이름을 가지고 있는 동작을 나타내는 데 이용되고 있기 때문에, 전달하고자 하는 특별한 공통점이 없는 한 어색한 표현이 되고 말기 때문이다. 예를 들어 ⑥의 '{뇌물/돈}을 먹다'는 욕심을 채운다는 점에서 '먹다'와 유사성을 가지고 있으며, 이런 표현이 사용되는 이유가 바로 이 유사점을 강조하는 것에 있다. 이처럼 동사는 은유를 통해 어떤 유사성을 강조하려는 의도가 아니면 원형의미에서 벗어난 의미로 사용되기가 어렵다. '먹다'의 의미에 대한 논의는 4.2와 5.3에서 더 자세히 이어진다.

이제 다시 동사의 원형의미가 시뮬레이션 되어 나타낼 수 있는 기본 의미의 범주가 어디까지인가 하는 문제로 돌아와, 대표적인 지각 대상의 이동을 나타내는 동사 중 하나인 '가다'의 의미를 살펴보겠다.

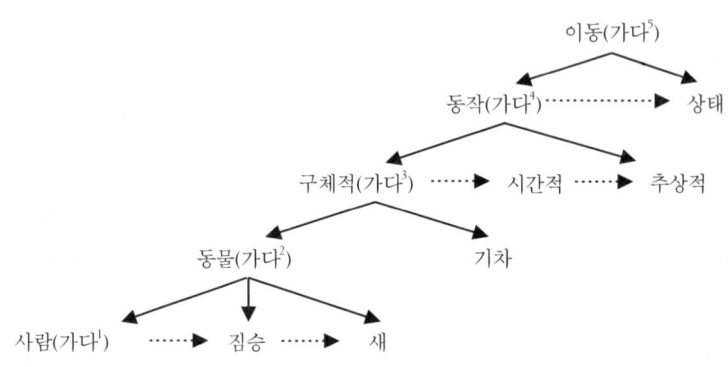

①학생이 학교에 간다. ②소가 간다. ③새가 앉았다 간다. ④기차가 간다. ⑤시간이 간다. ⑥동정이 간다. ⑦판단이 간다. ⑧맛이 갔다. ⑨결심이 오래 간다.

〈그림 40〉 동사 '가다'의 의미망(임지룡 1997: 237)

Langacker의 의미망 모형은 〈그림 40〉과 같이 임지룡(1997)에 의해 동사 '가다'의 다의성 분석에도 적용된 바 있다. 이와 같은 한국어 동사의 의미망 분석은 대부분의 연구자들에게 받아들여지고 있기 때문에 이 분석은 어느 정도 대표성을 가진 것으로 받아들일 수 있을 것이다.

그런데 〈그림 40〉에 제시된 '가다'의 의미망에서도 Langacker(2002)가 제시한 run의 의미망의 문제점을 찾을 수 있다. 그것은 '가다'가 과연 이동의 주체가 (사람, 짐승, 새, 기차 등) 무엇이냐에 따라 독립적인 의미 마디를 이루느냐 하는 것이다.[17] 이 문제는 다음의 두 항목으로 나누어 기술될 수 있다.

(i) '가다'의 원형 의미가 무엇인지 충분히 논의되지 않았다. '가다'의 원형은 '사람'의 이동인가? 아니면 '동물'의 이동인가? 아니면, 더 추상적인 '어떤 것'의 움직임인가? 어떤 것을 원형 의미로 보는지에 따라 의미망의 모습은 달라진다. 〈그림 40〉의 의미망은 '가다'의 원형을 '사람'의 이동으로 보고 있다. 하지만, 만약 '가다'의 원형을 가장 도식성이 높은 '어떤 것'의 이동으로 본다면 의미망의 하위에 있는 정교화 마디의 지위는 달라진다.

(ii) 의미망의 각 마디는 맥락의미가 아닌 '구분된 의미(distinct meaning)'를 가지고 있는가? ring의 경우 원형인 '반지'와 유사한 다른 대상으로 용법이 확장되고 고착화의 과정을 거쳐 새로운 의미망의 마디가 발생하게 된 것이며 처음부터 ring이 '권투 경기의 무대'라는 의미로 사용된 것은 아니다. 하지만, '가다'도 같은 방식으로 처음에 사람의 이동을 의미하다가 짐승이나

---

17) 사실 원형의 정교화 된 의미라 하더라도 반복되는 사용에 의해 구분된 의미를 가지고 있을 가능성은 있기 때문에 Langacker(1987, 2002), 임지룡(1997) 등의 의미망 분석이 잘못된 것이라고 단정할 수는 없다. 그들의 의미망 분석은 어떤 의미가 어느 정도의 독립적인 의미 단위의 지위를 가지고 있느냐보다는 의미들 간의 관계를 보여주는 것에 더 중점을 둔 것으로 이해된다.

사물의 이동으로 확장되었다고 볼 수 있을까? 만약 '가다'의 원형 의미가 도식성이 높은 '어떤 것'의 이동으로 표상된다면, 사람의 이동이나 동물의 이동 등은 맥락에 의해 즉석에서 발생하는 것으로 처리될 수 있다.

동사의 인지적인 정의와 시뮬레이션 의미론의 연구 결과 등을 고려할 때 여기서 제기된 의문은 더 많은 정당성을 얻게 되는 것 같다. 잘 알려진 바와 같이 Langacker(1987)는 동사가 '사물(thing)'들 간의 관계를 나타내는 문법적 범주라 했는데, 사물들 사이의 관계라는 것은 그 사물이 무엇이냐에 따라 달라지는 것은 아니다. 예를 들어 우리는 손으로 벽을 때릴 수도 있고 아이의 엉덩이를 때릴 수도 있다. 또 사람이 아닌 곰이 무언가를 때릴 수도 있다. 때리는 주체와 맞는 대상이 달라진다고 해서 '때리다'가 나타내는 도식적인 관계가 변하는 것은 아니다. 그러므로 우리는 '가다'의 원형 의미를 명시적이지 않은 사물인 tr가 위치를 이동하는 과정으로 설정할 수 있다. 하지만, 가상적인 관찰점을 고려하지 않는다면 '가다'와 '오다'의 원형도식은 구별이 안 된다. '가다'와 '오다'에 공통적으로 적용되는 도식적인 시뮬레이션 영상은 〈그림 41〉과 같이 나타낼 수 있다.

〈그림 41〉 '가다'와 '오다'의 공통적인 원형 도식

〈그림 42〉 '가다'의 원형 영상　　〈그림 43〉 '오다'의 원형 영상

여기서 tr가 사람인지 동물인지 기차인지는 명시적으로 나타나 있지 않다. tr이 장소를 이동하는 과정만이 '가다'의 원형 의미가 가진 유일한 도식적 속성이다. '가다'와 '오다'를 구분해주는 것은 두 이동의 과정이 어떤 관찰점에서 시뮬레이션 되느냐 하는 것이다. '가다'는 이동하는 tr의 관점에서 시뮬레이션이 이루어지는 반면, '오다'는 tr가 향하는 지점을 관찰점으로 하여 시뮬레이션이 진행된다. 눈 모양 〈 ● 〉으로 시뮬레이션의 관찰점을 표시하면 '가다'는 〈그림 42〉, '오다'는 〈그림 43〉처럼 나타낼 수 있다. (20)의 '가다'와 (21)의 '오다'는 〈그림 42〉과 〈그림 43〉의 원형 도식을 통해 직접적으로 이해할 수 있는 예들이다.

(20) 나는 간다.
(21) 그가 온다.

(20)에서 시뮬레이션이 전개되는 관점이 tr에게 있다는 사실은 주어가 '나'라는 것에 잘 반영된다. (21)에서 시뮬레이션의 관점이 도착 지점에 있다는 것은 tr인 '그'가 3인칭인 것에 잘 반영된다. 이제 '가다'의 tr이 3인칭인 (22)와 '오다'의 tr이 1인칭인 (23)을 살펴보자.

(22) 철수가 갔다.
(23) 내가 왔다.

이 예들은 다른 사람이 어떤 행동을 수행할 때도 자신이 수행할 때와 같이 활성화되는 신경의 '거울 활동 패턴'(Gallese 외 1996, Rizzolatti 외 1996, Tettamanti 외 2005, Buccino 외 2001)의 특성을 통해 이해할 수 있다. (22)는 '나'가 아닌 '철수'가 이동의 주체임에도 불구하고 그 이동 과정은 주체가 겪는 경험에 비추어 이해된다. 마찬가지로 (23)도 이동하는 탄도체가 '나'임에도 불구하고 그 움직임은 도착지점에서 관찰되는 것으로 이해되고 있다. (22)와 (23)에는 두 관찰점이 공존하고 있는데, 하나는 주인공을 무대의 밖에서 바라보는 객관적인 관점이고, 다른 하나는 거울 신경 패턴에 의해 활성화 되는 주인공 자신의 관점이다. 하나의 관점이 무대에 있으면 다른 하나는 무대 밖에 있어야 하는데, (24)는 철수의 관점이 철수가 오는 것을 관찰하는 사람의 관점과 동시에 무대 위에 있기 때문에 비문이 된다.

(24) *철수는 지금 이 자리에 갔다

신경의 거울 활동에 의해 우리는 다른 사람뿐만 아니라 다른 동물들의 움직임도 자신이 경험한 신체적인 경험에 비추어 이해하게 된다. 따라서 '소가 가다', '새가 가다', '기차가 가다'에서 '가다'의 의미들도 원형의미의 정교화 시뮬레이션에서 즉석으로 얻어지는 맥락적인 의미라고 할 수 있다. Tyler &Evans(2003, 2006)의 방식대로 즉석에서 얻어지는 의미들을 독립적인 의미 단위에 포함시키지 않으면 '가다'의 의미망은 일단 〈그림 44〉로 귀결된다. 이런 방법을 Langacker(2002)의 *run*에 대한 의미망에 적용하면 동사의 원형의미에 대한 정교화 마디들은 제거되어야 하며, 그 결과 〈그림 45〉와 같은 의미망이 된다. 이처럼 시뮬레이션 의미론에 기초하여 원형의미의 도식성을 더 높게 조정하면 즉석에서 발생하는 맥락의미들이 의미망에서 제거되어 다의성 오류가 개선될 수 있다.

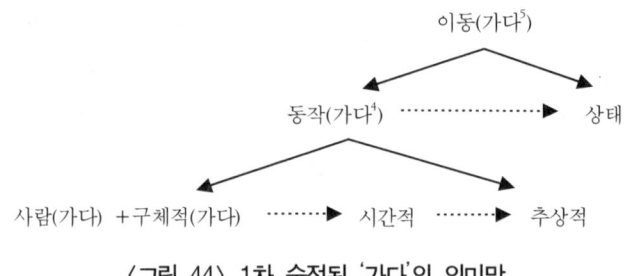

〈그림 44〉 1차 수정된 '가다'의 의미망

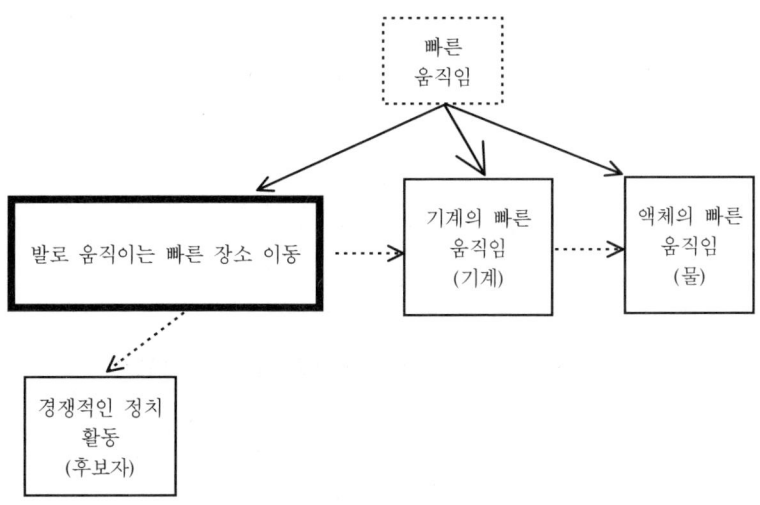

〈그림 45〉 1차 수정된 run의 의미망

여기서 잠시 동사의 원형을 나타내는 도식적 영상과 영상도식의 관계를 생각해 보는 것이 적합할 것 같다. 영상도식이라는 개념의 문제점은 이미 2.2에서 논의되었지만, 사실 Johnson(1987)이나 Lakoff(1987)가 말하는 영상도식의 개념은 개별 단어들이 가지고 있는 원형의미의 도식적 영상과 잘 구분되지 않는다. 2.2.에서 이미 살펴보았듯이 Johnson(1987)은 '들어가다(enter)'의 원형의미를 〈그림 46〉과 같은 세 가지 영상도식의 조합으로 나타낸 바 있다. 또, Lakoff(1987)는 전치사 *over*의 원형의미를 〈그림 47〉의 영상도식으로 제시했다.

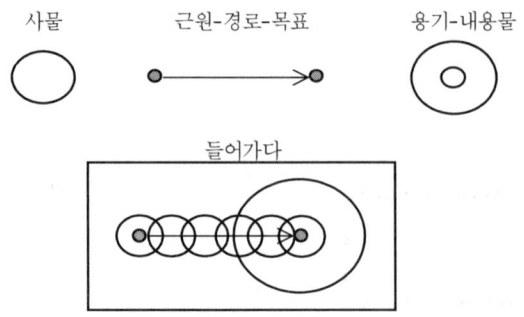

〈그림 46〉 '들어가다(enter)'의 영상도식(Johnson 1987)

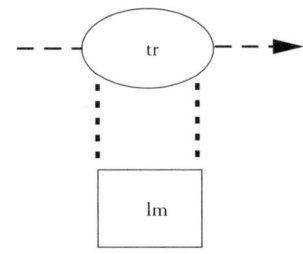

〈그림 47〉 over의 기본 의미에 대한 영상도식(Lakoff 1987)

그리고 영상도식에 대한 Johnson(1987)의 설명을 보자.

> 인간의 몸의 움직임, 사물의 조작, 그리고 지각에 의한 상호작용은 반복적인 패턴을 만들어 내는데, 이것이 없다면 우리의 경험은 혼란스럽고 이해할 수 없는 것이 될 것이다. 나는 이것을 '영상도식(image schema)'이라고 부르는데, 이것은 주로 영상의 추상적인 구조로 기능하기 때문이다. (Johnson 1987: 111)

Johnson(1987: 111)의 설명에 의하면 영상도식이라는 것은 신체를 통해 지각되는 반복적인 경험들을 기초로 추상화된 구조라 할 수 있고, 우리는 이 구조를 통해 앞으로 만나게 될 다른 경험들을 범주화하게 되는 것이다.

우리의 신체가 위치의 이동을 경험할 때 이 경험에서 도식화된 이동의 구조가 바로 '가다'의 원형의미가 가진 도식이며, 이 도식이 다른 사람이나 동물, 그리고 다른 사물의 이동도 같은 것으로 범주화한다는 점에서 Johnson(1987)이 말하는 영상도식의 개념은 개별 단어들이 모두 가지고 있는 원형의미의 도식적 영상과 사실상 같은 것이라 할 수 있다. Johnson(1987: 73-75)이 말한 '균형(balance)'의 영상도식도 마찬가지다. 걷고 넘어지고, 자전거를 타는 과정 속에서 아이는 점점 균형 도식을 신체를 통해 형성해가게 되는데, 이 도식을 통해 아이는 곧 한 교실의 남녀 성비가 차이가 많다거나 국가가 부자들만을 위한 정책을 펴는 것 같은 평형을 잃은 상태도 범주화할

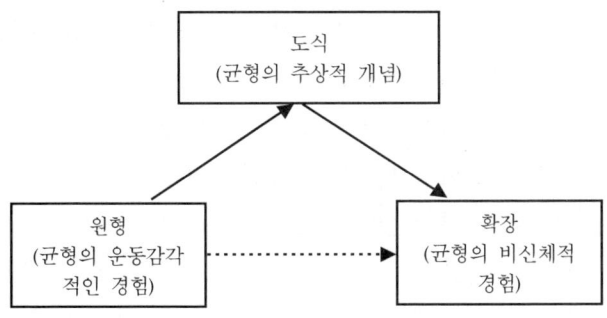

〈그림 48〉 원형, 도식, 확장의 관계(Taylor 2003)

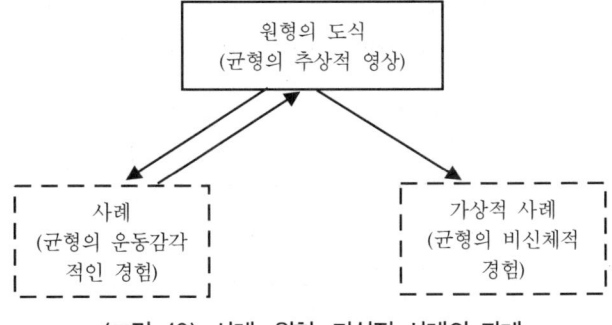

〈그림 49〉 사례, 원형, 가상적 사례의 관계

수 있게 된다. 때문에 Lakoff(1987)를 중심으로 하는 대다수 인지언어학자들은 영상도식이 은유에 해석될 수 있는 구조를 제공한다고 말한다. Taylor(2003)는 균형의 원형과 도식, 그리고 은유에 의해 이루어진 확장의 관계를 〈그림 48〉과 같이 나타냈다. 영상도식과 이 연구에서 제안하는 원형의 미의 도식적 영상의 차이점이 있다면, 우리는 원형 자체를 도식적인 것으로 보고, 직접 신체를 통해 얻어지는 경험의 모든 사례들은 원형의 맥락의 미로 본다는 것이다. 원형의미의 도식적 영상은 〈그림 49〉와 같이 나타낼 수 있는데, 이를 〈그림 48〉과 비교해보자. 가만히 서 있기, 걷기, 그네타기, 자전거 타기, 스케이트 타기, 쟁반 나르기 등 '균형'의 원형 도식이 발생하는 기초가 되는 경험들은 헤아릴 수 없이 많다. 반대로, '균형'의 원형 도식이 정교화 되어 나타날 수 있는 맥락의미들도 무한히 많기 때문에 이들에게 모두 독립된 의미 단위의 지위가 주어질 수는 없다. 이것이 〈그림 49〉의 '사례'가 점선으로 그려진 이유이다. 또, 원형의 도식은 비신체적인 경험을 언어적 상징으로 범주화할 때 구조를 제공하지만, 반대로 가상적 사례가 원형의 도식의 발생에 영향을 주지는 않는다. 그리고 비신체적인 경험을 범주화할 때 발생하는 영상도 원형 도식이 정교화 된 사례에 속하기 때문에 구분된 의미 단위의 지위가 주어지지 않으며 점선으로 표시된다. 결국 '균형'의 영상도식은 이 연구에서 사용하는 '균형'이라는 단어의 원형의미와 같으며 그것의 시뮬레이션 영상은 대략 〈그림 50〉과 같이 나타낼 수 있다. 우리 몸이 중력의 작용을 받는 일반적인 상황에서 느끼는 균형

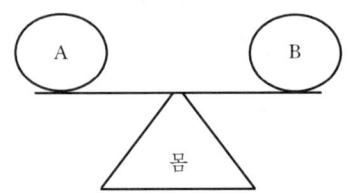

〈그림 50〉 '균형'의 시뮬레이션 영상

감각은 〈그림 50〉에 나타난 몸의 중심축에서 양쪽의 무게 A와 B가 평형을 이루었을 때 발생한다. 따라서 A와 B중 어느 한쪽의 무게감이 다른 쪽보다 커질 때 균형은 깨지며, 몸은 기울어지게 된다. 따라서 동사 '기울이다'는 '균형'과 같은 영상도식을 원형의미의 개념적 내용으로 가지게 되며, 이 영상도식은 (25)와 같이 비신체적인 경험을 범주화할 때도 구조를 제공한다.

(25) 그녀의 마음은 이미 철수에게로 기울었다.

지금까지 동사의 원형의미가 영상도식과 같은 도식적인 구조를 가지고 있다는 것을 논의했다. 하지만, 영상도식은 Langacker(2008: 33)가 지적한 바와 같이 도식성의 수준을 결정하는 데서 자의성을 피하기 어렵다는 문제점이 있다. 따라서 모든 동사의 원형의미가 Johnson(1987)이나 Lakoff(1987)가 말하는 영상도식만으로 설명될 수는 없다. 시뮬레이션 의미론의 관점에서 볼 때 동사의 원형의미는 더 근본적인 차원에서 시뮬레이션을 발생시킬 수 있는 신체적 경험의 속성들로 구성될 수 있다. 지각되는 대상의 움직임은 신경의 거울 활동을 통해 신체적인 경험을 불러일으키기 때문이다. 이제 직접적으로 신체의 움직임을 나타내는 동사인 '쥐다'와 '잡다'의 원형의미를 살펴보자.

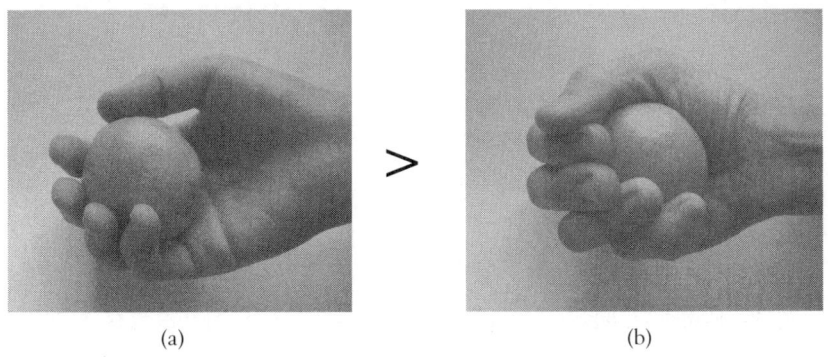

(a)　　　　　　　　　　　(b)

〈그림 51〉 '쥐다'의 시뮬레이션 영상

시뮬레이션을 통한 개념의 발생과 해석 원리를 고려한다면, '쥐다'와 '잡다'의 의미 발생과 해석 과정은 다음과 같이 설명할 수 있다. 먼저, '쥐다'의 원형의미는 손으로 잡은 물체에 압력을 가하기 위한 신체의 움직임을 나타내는 것으로 볼 수 있다. 이 때 손은 대략 〈그림 51〉과 같은 모습으로 변화하는 과정을 겪게 되는데, 우리는 이 동사의 의미를 해석하면서 이런 동작의 수행을 담당하는 효과기를 활성화시키게 된다. 우리가 손으로 할 수 있는 미세한 동작들에 대한 언어표현도 시뮬레이션에 의해 처리된다는 것은 이미 2.3에서 본 Bailey(1997)와 Wheeler & Bergen(2006)의 연구에서 확인된 바 있다. 여기서 우리가 연상하게 되는 손의 움직임과 손에 가하는 압력 등은 '쥐다'의 의미를 구성하는 시뮬레이션의 요소들이다.

(26a)에서 보는 바와 같이, 골프공이나 탁구공 같이 작은 물체나 스카프, 신문 같이 부피는 크지만 얇은 물체는 〈그림 51〉과 같은 손 모양을 유지하면서 고정시킬 수가 있다. 하지만, (26b)에서와 같은 두꺼운 물체는 이런 손 모양을 유지시킬 수 없기 때문에 '쥐다'가 사용되는 것은 어색할 수 있다. 이 처럼 '쥐다'의 원형적인 움직임의 특징이 유지될 수 있다면, 손에 쥐는 대상이 무엇이건 그것으로 인해 '쥐다'의 의미가 확장될 필요는 없다. (26c)가 어색한 것은 날아오는 물체에 손가락을 모으고 힘을 가하는 과정 이전에 먼저 그것을 고정시키는 '잡는' 과정이 나타나지 않았기 때문이다.

(26) a. {사탕/땅콩/골프공/탁구공/스카프/신문/연필}을 쥐었다.
b. *{배구공/축구공/국어대사전}을 쥐었다.
c. *날아오는 골프공을 쥐었다.

이에 반해 '잡다'는 물체에 압력을 가하는 것보다 그것을 손에 고정시키는 것을 목적으로 하는 움직임이므로 〈그림 52〉의 시뮬레이션 영상으로 나타내었다. 따라서 동사 '잡다'는 (27b)에서처럼 비교적 큰 물체에도 사용할 수 있고, (27c)처럼 이동하고 있는 사물에도 사용하는 것이 가능하다.

(27) a. {사탕/땅콩/골프공/탁구공/스카프/신문/몽둥이}를 잡았다.
b. {배구공/축구공/표준국어대사전}을 잡았다.
c. 날아오는 공을 잡았다.

물론 (27a)에서 '땅콩'처럼 작은 물체에도 사용이 가능하지만, 이때의 손 모양은 '쥐다'와는 다르며 또 땅콩을 고정시키는 데 필요한 것 이상으로 압력을 준다는 해석이 요구되지도 않는다. 대상의 크기나 형태에 따라 '쥐다', '잡다'의 의미가 원형의미를 벗어나도록 확장되지는 않는다. 하지만, '쥐다', '잡다'의 원형의미는 그 동작에 참여할 수 있는 대상의 속성을 제한할 수 있다.

한편, '잠자리채로 매미를 잡았다.'에서 손은 사용되고 있지 않지만 손의 기능을 잠자리채가 대신함으로써 '잡다'의 원형이 가진 도식은 그대로 유지되고 있다. 이에 반해 '*잠자리채로 매미를 쥐었다.'가 성립되지 않는 것은 잠자리채가 매미가 도망가지 못하게 하는 것 이상의 압력을 가하지 않기 때문이다. 이와 같은 '쥐다'의 원형의미가 가진 특성은 '쥐어짜다', '쥐어박다', '쥐어뜯다', '쥐여지내다' 등 하나같이 직접적인 강한 압력을 나타내

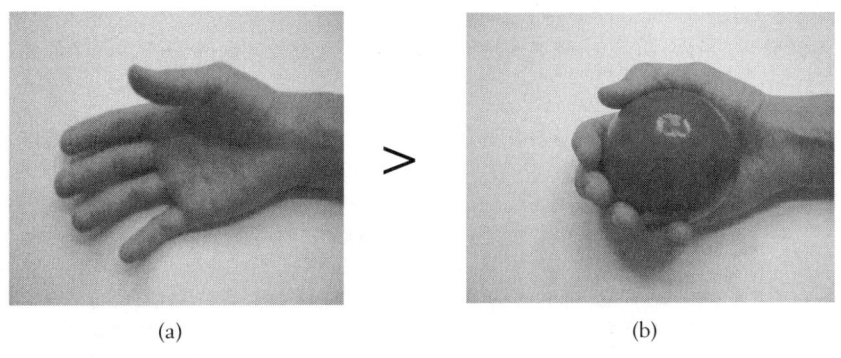

(a)　　　　　　　　　　　(b)

〈그림 52〉 '잡다'의 시뮬레이션 영상

는 합성동사의 예에서 확인할 수 있다.

지금까지 시뮬레이션 의미론의 관점에서 파악되는 원형의미를 지각되는 대상의 움직임을 나타내는 동사인 '가다', '오다'와 신체의 직접적인 움직임을 나타내는 동사인 '쥐다', '잡다'를 통해 살펴보았다. 동사는 일반적으로 자동사와 타동사로 분류되곤 하는데, 이 때 자동사와 타동사는 각각 우리가 분류한 지각되는 대상의 움직임과 자발적인 신체의 움직임이 문법적으로 실현된 결과라 할 수 있다. 흔히 말하는 자타동 양용동사는 거울 신경 패턴의 활성화로 인해 두 종류의 움직임을 모두 나타낼 수 있는 경우이다.

신체의 움직임을 나타내는 동사는 움직임의 주체에 의해 언제나 어떤 대상에 영향을 끼칠 수 있는 가능성을 가지고 있기 때문에 문법적으로 목적어를 취할 수 있는 가능성이 언제나 있다. 하지만, 모든 타동사들이 '쥐다'와 '잡다'처럼 특정한 신체의 움직임에 뚜렷한 윤곽을 부여하지는 않는다. 오히려 많은 타동사들은 어떤 사건의 틀[18]을 배경으로 그 사건 틀에 참여하는 요소들의 관계와 움직임에 윤곽을 부여한다. 예를 들어 음식 조리 동사들의 원형의미는 어떤 일정한 손의 움직임보다는 사건의 틀에 참여하는 다른 요소들의 움직임과 관계에 윤곽을 부여하고 있다. '굽다', '튀기다', '찌다', '끓이다'의 원형의미는 〈표 2〉에 제시된 것과 같은 특정한 조리 도구와 과정, 조리의 목적 등의 상황적 '틀(frame)'을 배경으로 해야만 이해할 수 있으며, 그 사건 틀에 참여하는 요소들 (요리하는 사람과 요리

---

18) Talmy(1996)가 동사가 표상할 수 있는 영상을 주의 창문화(attention windowing)를 통한 주의 배분으로 설명한 반면, Fillmore(1982)는 동사가 표상할 수 있는 사건 틀에 관심을 기울였다. Fillmore(1982)에 의하면, '사다', '팔다', '소비하다', '청구하다', '교환하다' 등의 동사는 상거래 사건 틀(COMMERCIAL EVENT frame)에 기대지 않고는 이해할 수 없다. 이 상거래 사건 틀에는 판매자와 구매자, 상품 등 상거래에 개입되는 요소들의 역할과 그들의 상호 작용에 대한 복잡한 배경 지식이 포함되어 있어야 한다. 상거래 틀은 최소한 판매자, 구매자, 돈, 상품으로 구성된다. 이들은 영상적 표상이 아니지만 영상과 마찬가지로 주의 배분에 따라 문장에 실현되는 요소가 선택될 수 있다.

기구나 요리의 재료의 관계)에 더 윤곽을 부여하고 있다. 각각의 동사의 해석에 포함되는 요소들의 영상은 맥락에 따라 달라질 수 있는데, 예를 들어 '굽다', '튀기다', '찌다', '끓이다'는 대략 〈그림 53〉과 같은 요소들의 영

	굽다	튀기다	찌다	끓이다
조리 도구	석쇠, 숯불 등	프라이팬	찜통	냄비
조리 방법	높은 열로 직접 음식을 가열	끓는 기름으로 가열	뚜껑을 닫고 고온의 증기로 가열	재료를 물에 넣고 가열
조리 목적	물기나 기름기가 없는 음식	바삭바삭하고 열량이 높은 음식	물기가 있지만 국물이 없는 음식	국물이 있는 음식

〈표 2〉 조리 동사의 사건 틀

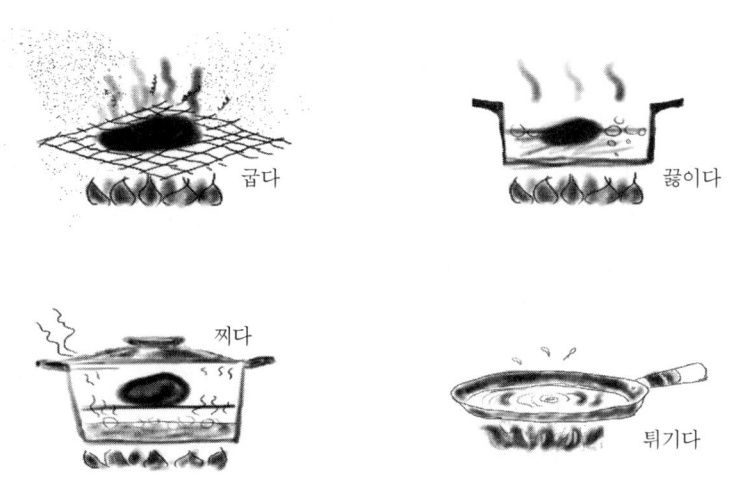

〈그림 53〉 음식 조리 동사들의 시뮬레이션 영상

3. 동사의 원형의미와 맥락의미

상으로 구성될 수 있지만, 열은 경우에 따라 연탄불이나 오븐, 혹은 전기를 이용한 발열체에서 발생할 수도 있다. 물론 음식 조리 동사의 경우도 무엇을 조리하느냐, 또는 누가 조리하느냐에 따라 원형의 범주가 확장되지는 않는다. 그리고 '아내는 매일 남편을 달달 볶는다'와 같이 맥락적인 의미의 유사성을 기반으로 은유적인 쓰임새를 가질 수도 있다.

음식 조리 동사들의 원형의미는 어떤 특정한 신체의 움직임에 윤곽을 부여하고 있지는 않지만, 그 배후에서 필요한 요리를 하기 위해 움직이고 있는 손은 맥락에 의해 윤곽이 드러나는 수도 있다. 이와 같이 배경 속에서 어떤 목적을 가지고 움직이고 있는 몸을 연상할 수 있다는 것이 자발적인 신체의 움직임을 원형으로 가지는 동사들의 특징이다.

3.2. 동사의 맥락의미가 발생하는 시뮬레이션 과정

Tyler & Evans(2003), Evans(2006)는 기존의 도식적 의미망에 따른 분석들이 실제보다 너무 많은 의미를 구분하는 다의성 오류(polysemy fallacy)를 범해온 것으로 보았다. 그렇다면 의미의 분석 과정에서 다의성 오류를 피할 수 있는 구체적인 방법을 무엇일까? Tyler & Evans(2003)는 맥락을 통해 알 수 있는 정보와 우리가 알고 있는 모든 세상 지식을 동원해 추론해 낼 수 있는 의미들은 원형으로부터 구분되는 의미가 아닌 맥락의미에 포함된다고 말한다. (28)의 세 문장을 읽고 우리는 어떤 장면을 연상하게 될까?

(28) a. 새 한 마리가 담을 넘었다.
b. 구렁이 한 마리가 담을 넘었다.
c. 고양이 한 마리가 담을 넘었다.

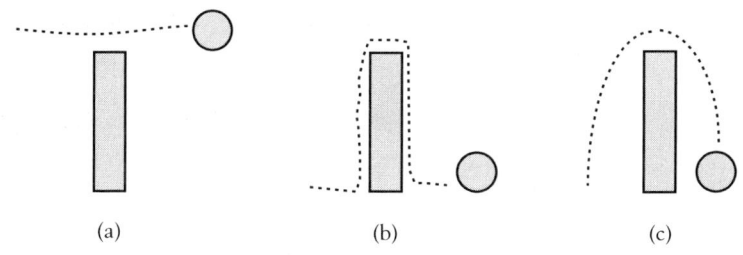

〈그림 54〉 '넘다'의 가능한 시뮬레이션 영상

각각의 문장에 적합한 움직임을 우리는 〈그림 54〉에서 쉽게 찾을 수 있을 것이다. 맥락의 정보를 통해 우리는 일단 움직임의 주체와 그것이 넘으려는 대상이 무엇인지 확인하게 되고, 그 다음은 그 관계에 참여하는 대상들에 대해 우리가 알고 있는 지식을 동원해 그 구체적인 움직임을 떠올리게 된다. 우리는 새가 하늘을 날 수 있고 담장 정도의 높이를 쉽게 다닐 수 있다는 것을 알고 있기 때문에 〈그림 54(a)〉와 같은 모습으로 담을 넘으리라 연상하게 되고, 구렁이는 땅을 기어 다니기 때문에 담을 넘을 때 〈그림 54(b)〉와 같은 궤적을 그리며 가게 될 거라 추측하게 된다.

우리는 이렇게 '넘다'라는 동사의 맥락적인 의미를 원형의미로부터 도출해가는 과정이 바로 앞에서 살펴본 시뮬레이션의 해석이 나타내는 과정과 일치한다는 점에 주목할 필요가 있다. 〈그림 55〉는 2.3에서 제시했던 시뮬레이션 과정의 모형인데, 모형은 움직임에 참여하는 사물의 특성들이 먼저 시뮬레이션 되고, 그 다음에 사물들의 특성과 관계에 따라 알맞은 움직임이 시뮬레이션 되는 것을 나타낸다. 앞에서 '가다'의 원형의미를 보다 추상적인 수준의 도식으로 보아야 한다고 했는데, 그것은 뒤집어서 보면 '사람이 가다', '물고기가 가다', '기차가 가다', '개구리가 가다', '새가 가다'에서 해석되는 '가다'의 의미들은 원형의미가 맥락에 맞게 세상 지식이 동원되어 해석될 수 있기 때문이라고도 할 수 있다. 동사의 원형에 대한 정교화 시뮬레이션에 의해 발생하는 의미는 의미망에서 구분된 의미의 지위를 얻지 못한다.

동사의 의미는 문장 전체의 의미와 맥락으로부터 찾을 수 있는 정보를 통해 더욱 정교화 될 수 있다. (29)를 보자.

(29) a. 철수가 강의 건너편을 향해 가고 있다.
　　 b. 물고기가 강의 건너편을 향해 가고 있다.
　　 c. 기차가 강의 건너편을 향해 가고 있다.

(29a)는 철수가 수영을 해서 강을 가로질러 가고 있는 것으로 해석될 수도 있고 배를 타거나 튜브에 몸을 싣고 가고 있는 것으로 해석될 수도 있다. 적절한 해석은 이 맥락에서 철수에 대해 알 수 있는 어떤 정보가 동원되느냐에 달렸는데, 만약 철수가 수영 선수라는 것을 알고 있다면 전자의

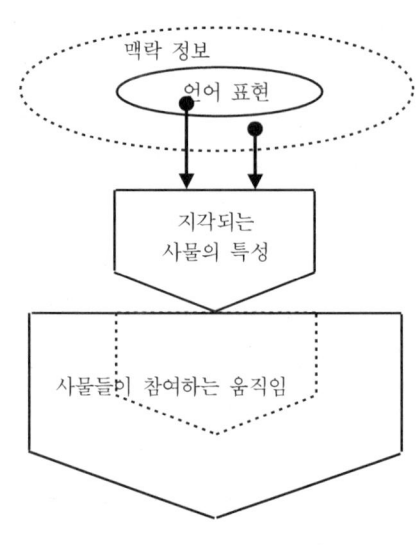

〈그림 55〉 시뮬레이션 과정 모형

해석이 선택될 가능성은 더 높아질 것이다. 한편 (29b)에서는 물고기가 물속에서 헤엄을 치며 이동하는 과정이 세상 지식을 통해 쉽게 시뮬레이션 될 수 있다. 또, (29c)에서 기차는 강물 속이 아닌 철교 위에 놓인 철로 위에서 이동하고 있는 모습으로 시뮬레이션 될 것이다. (29)에서 각기 tr의 구체적인 이동 과정은 맥락에 맞는 적절한 세상 지식이 동원되어 시뮬레이션 될 수 있다. 따라서 (29)의 해석에서 발생하는 의미들은 모두 동사의 원형과 구분된 의미가 아닌 즉석에서 발생한 맥락의미로 보아야 한다.

시뮬레이션 의미론에 의하면 언어 표현의 의미를 해석한다는 것은 그 표현이 지시하는 것을 상상을 통해 구성한 후에 다시 상상력을 통해 모의 체험하는 것이다. 원형 의미를 맥락에 맞게 시뮬레이션 하여 적절한 해석을 얻을 수 있다면 그것은 개별 의미가 아닌 원형 의미에 의해 허가된 맥락의미이다. '아기가 방으로 간다.'에서 아기가 방으로 가는 것은 기어서 가는 것일 수도 있고, 걸어서 가는 것일 수도 있다. 보다 정교한 해석을 얻기 위해서는 아기가 몇 개월이나 되었는지에 대한 맥락 정보와 대략 몇 개월부터 아기가 걸음마를 할 수 있는지에 대한 세상 지식이 필요하다.

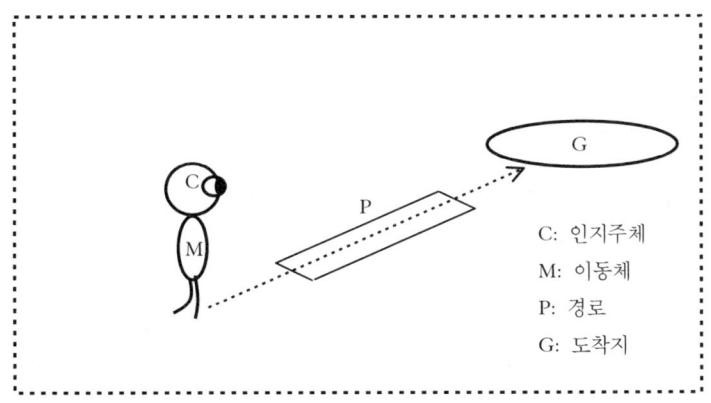

〈그림 56〉 경로 이동 과정의 시뮬레이션 영상

물론 아무리 많은 맥락 정보와 세상 지식이 있다고 해도 시뮬레이션을 통한 해석의 과정에는 항상 상상력과 추측이 개입된다. 새가 담장을 넘을 때 일반적으로는 날아서 넘어가겠지만, 담장에 잠깐 앉았다가 훌쩍 뛰어서 넘어가는 것을 상상해도 잘못이라고는 할 수 없다. 하지만, 대부분의 경우 우리는 경험에 기초해서 어떤 상황에는 어떤 움직임이 발생할 것인지 예측하고 그것을 시뮬레이션 하게 된다. Kourzi & Kanwisher(2000)의 실험에서는 운동선수가 공을 막 던지려는 자세의 사진을 봤을 때 움직임을 처리하는 시각 관련 영역이 활성화되는 것이 관찰되었다. 이것은 아직 발생하지 않은 사건에 대해서도 경험에 기초한 추론을 통해 평소 그것과 동반되던 장면에 대한 경험이 자동적으로 시뮬레이션 되기 때문에 나타나는 현상이라고 할 수 있다. 이런 시뮬레이션에 의한 추론 작용은 동사의 의미를 정교화 하는 과정에서 자동적으로 발생하게 된다.

〈그림 56〉은 '나는 숲길을 헤치며 고향을 향해 가고 있다.'와 같은 문장을 시뮬레이션 할 때 요구되는 최소한의 영상들로 구성되어 있다. M이 나의 몸, C는 나의 지각 능력, P는 숲길, G는 고향으로 특정화되면서 시뮬레이션이 이루어지면, 대략 (30) 정도의 해석을 시뮬레이션의 결과로 얻게 될 것이다.

(30) '나는 숲길을 헤치며 고향을 향해 걸어가고 있다.'의 맥락해석
  A. 나는 고향에 점점 가까워지고 있다.
  B. 고향에 가는 동안 나의 에너지가 소모되고 있다.
  C. 목적지에 다다르기 위해 숲길을 지나야 하는데, 그것은 힘든 과정이다.
  D. 목적지로 이동하는 동안 시간은 계속 경과한다.
  E. 고향이 나에게 긍정적인 대상이라면 나는 고향이 가까워질수록 더 행복해질 것이다. 하지만 고향이 나에게 좋은 기억이 아니라면 나는 고향이 가까워질수록 불안해질 것이다.

(30)의 모든 해석은 고착화된 개별 의미에서 얻어지는 것이 아니라 맥락과 세상 지식을 통해 즉석에서 얻어질 수 있는 것들이다. 그리고 추론이 많아지면 해석되는 맥락의미도 더 많아질 수 있다. 또, 영상을 구성하는 요소들의 속성이 달라지면 맥락해석의 결과도 달라질 것이다.

한편, '나는 구덩이에 빠졌다.'는 〈그림 57〉의 시뮬레이션 영상으로 나타낼 수 있으며, 동반 경험에 기초한 추론을 통해 대략 (31)과 같은 맥락의미를 발생시킬 수 있다.

(31) '<u>나는 구덩이에 빠졌다.</u>'의 맥락해석
   A. 나는 당황스럽다.
   B. 나는 구덩이 밖에 나가고 싶다.
   C. 구덩이 밖으로 나가야 하는데, 그것은 힘든 과정이다.
   D. 구덩이 밖의 상황을 알 수 없다.
   E. 밖으로 나갈 수 없다면 불안하고 지치게 될 것이다.

물론 (31)의 맥락해석은 고정된 것이 아니라 해석하는 사람의 경험적 틀과 다른 조건에 따라 분량과 내용이 달라질 수 있다. 또, 누가 어디에 빠졌느냐 하는 전체적인 상황에 따라 발생하는 맥락의미도 달라질 수 있다.

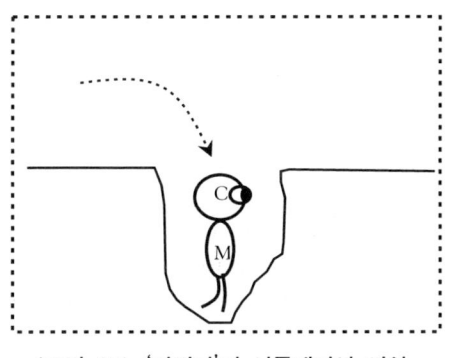

〈그림 57〉 '빠지다'의 시뮬레이션 영상

지금까지 동사의 원형의미가 정교화 되면서 발생하는 맥락의미가 맥락 정보와 세상지식, 그리고 경험에 기초한 상상이 종합된 시뮬레이션에 의해 발생한다는 것을 살펴보았다. 그런데, 은유적 표현으로 사용된 동사의 의미들도 시뮬레이션을 통해 맥락적인 의미를 발생시키는 것으로 보인다. '나는 어려움을 헤치며 꿈을 향해 걸어가고 있다.'는 실제의 공간에서 일어나는 실제 몸의 움직임을 나타내는 것이 아니다. 하지만, 이와 같은 은유적인 표현에 사용된 동사의 맥락의미 역시 (32)처럼 맥락과 세상 지식, 그리고 참여한 은유적 영상이 나타내는 개념에 대한 지식을 통해 즉석에서 얻어질 수 있다.

(32) '나는 어려움을 헤치며 꿈을 향해 걸어가고 있다.'의 맥락해석
　A. 나는 꿈에 점점 가까워지고 있다.
　B. 꿈에 도달하는 동안 나의 노력이 소요되고 있다.
　C. 꿈에 다다르기 위해 어려움을 지나야 하는데, 그것은 힘든 과정이다.
　D. 목적지로 이동하는 동안 시간은 계속 경과한다.
　E. 꿈에 가까워질수록 더 행복해질 것이다.

　동사의 은유적 표현 역시 움직임에 참여하는 요소의 속성에 따라 해석되는 맥락의미가 달라질 수 있다. (32)의 '꿈'은 긍정적인 대상이기 때문에 그것에 가까워질수록 더 행복해질 거라는 해석은 즉석에서 이루어진다. 하지만, 목적지로 영상화된 추상적 개념이 긍정적인 것이 아닐 경우 (33)처럼 해석이 달라진다.

(33) '나는 행복의 오솔길을 지나 죽음을 향해 걸어가고 있다.'의 맥락해석
　A. 나는 죽음에 점점 가까워지고 있다.
　B. 죽음에 도달하는 동안에도 나의 노력이 소요되고 있다.
　C. 죽음에 이르는 동안 행복을 통과해야 하는데, 그것은 즐거운 과정이다.

D. 목적지로 이동하는 동안 시간은 계속 경과한다.
　　E. 죽음은 부정적인 대상이기 때문에 그것에 가까워질수록 나는 불안해
　　　 질 것이다.

　(33)에서 목적지로 영상화된 것은 '죽음'이라는 부정적인 개념이기 때문에 (32)처럼 목적지에 가까워질수록 더 행복해지지는 않을 것 같다. 또, 목적지에 이르는 경로도 '행복'이라는 긍정적 개념을 영상화한 오솔길이기 때문에 그 과정 자체는 밝고 즐거운 것으로 해석될 수 있다. '빠지다'의 은유적 표현도 마찬가지다. '나는 혼란에 빠졌다.'에서는 '혼란'이 '구덩이'와 비슷한 부정적인 속성을 가진 것으로 시뮬레이션 되어 (34)와 같은 부정적인 맥락의미들을 발생시킨다. 하지만, '나는 사랑에 빠졌다.'는 (35)처럼 이와 판이하게 다른 맥락의미들을 발생시킨다(물론 이것도 '사랑'이 해석자에게 긍정적인 경험이었을 경우에 한해서 그렇겠지만).

　(34) '나는 혼란에 빠졌다.'의 맥락해석
　　A. 나는 당황스럽다.
　　B. 나는 혼란 밖으로 나가고 싶다.
　　C. 혼란 밖으로 나가야 하는데, 그것은 힘든 과정이다.
　　D. 혼란 때문에 주변의 상황을 알 수 없다.
　　E. 계속 혼란 속에 있다면 불안하고 지치게 될 것이다.

　(35) '나는 사랑에 빠졌다.'의 맥락해석
　　A. 나는 놀랐다.
　　B. 하지만 구덩이 밖에 나가고 싶지 않았다.
　　C. 구덩이 밖으로 나가기 싫은데, 마침 구덩이가 깊어서 좋았다.
　　D. 구덩이 밖의 상황을 알 수 없다.
　　E. 사랑에서 빠져나오고 싶지도 않고 주변의 상황에도 신경 쓰기 어렵다.

　은유는 인지언어학의 초창기부터 지금까지 인간의 개념화를 다룰 때마

다 빠지지 않는 핵심적인 주제였다. 은유에 대한 연구는 어떤 면에서 눈부신 발전을 이루었지만, 아직 적지 않은 혼란과 불협화음이 남아있다. 특히 시뮬레이션 의미론의 관점에서 볼 때 은유에 대해서 아직 더 논의하고 정리할 것들이 남아있다. 한 예로 Lakoff(1987)의 전치사 over에 대한 의미망 분석에서 은유는 매우 중요한 역할을 하는 것으로 다루어지지만, Tyler & Evans(2003)의 분석에서 은유의 역할에 대해 특별한 논의는 이루어지지 않았다. 하지만, 여기서 잠시 살펴본 바에 의하면 전치사나 동사처럼 '관계(relationships)'를 나타내는 단어범주들이 은유적 표현을 통해 의미를 확장시키는 것이 아니라 원형의미의 정교화 과정을 통해 특정한 맥락의미를 유도하는 것으로 봐야 할 것 같다. 이에 대한 자세한 논의는 4장에서 이어진다.

Chapter 04

은유에 의한 의미 적용 영역의 확장 과정

사물레이션 의미론에 기초한 동사의 의미망 연구

4.1. 은유적 표현의 발생과 해석 원리
4.2. 은유에 의해 발생하는 동사의 맥락의미

3장에서는 동사의 은유적 표현들이 나타내는 의미가 원형의 정교화를 통해 발생하는 맥락의미에 포함된다고 제안되었다. 이 말은 곧 은유에 의해서는 동사의 의미가 특별히 확장되지 않으며, 단지 동사의 맥락의미나 환유에 의해 발생한 다른 확장의미가 적용되는 영역이 확장된다는 것을 의미한다. 이번 장에서는 은유에 의해 동사의 의미 자체가 확장되는 것이 아니라 단지 의미의 적용 영역이 확장된다는 것에 대한 논의가 이루어진다. 이를 위해 먼저 은유적 표현과 은유적 표현에 포함되는 영상이 발생하는 원리는 무엇인지 이해할 필요가 있으며, 이런 원리가 기존의 개념적 은유와 영상도식이 가진 문제점을 어떻게 극복할 수 있는지 살펴볼 것이다. 이런 논의를 바탕으로 은유나 은유적 영상이 해석되는 과정이 시뮬레이션 의미론을 통해 어떻게 설명될 수 있는지, 그리고 은유가 동사의 새로운 개별의미가 만들어지는 과정에 개입되지 않는 이유가 무엇인지 등을 살펴보도록 하겠다.

4.1. 은유적 표현의 발생과 해석 원리

Richards(1936)에 따르면 은유 — 그리스어로는 'μεταφορά(메타포라)', 즉 '옮기다'라는 뜻 — 는 '취지(tenor)'와 '매체(vehicle)' 두 부분으로 이루어져 있는데, 취지는 매체로부터 빌려온 속성에 의해 기술되는 대상이고, 매체는 취지를 기술하는 데 차용되는 속성을 가진 대상이다. 매체의 드러난 속성과 드러나지 않은 속성은 취지에 대한 묘사력을 향상시키기 때문에 취지는 효율적으로 기술될 수 있다. 따라서 은유는 적은 단어로 많은 의미를 전달하려는 문학, 특히 시의 언어로 잘 인식되어져 왔다.

온 세상은 무대,
그리고 모든 남자와 여자는 배우;
그들은 저마다 입장할 때와 퇴장할 때가 있네.
(William Shakespeare. As You Like It, 2/7)

이것은 은유의 좋은 예로 자주 인용되는 셰익스피어의 희곡 '뜻대로 하세요.'의 일부이다. 여기에서 이 세상은 첫 번째 취지이고 무대는 그것의 매체이다. 남자와 여자는 두 번째 취지이고 배우는 이 두 번째 취지의 매체이다. 은유는 때로 '토대(ground)'와 '긴장(tension)'으로 분석되기도 하는데, 토대는 취지와 매체 사이의 유사성으로 이루어지고, 긴장은 둘 사이의 차이점으로 이루어진다. 위 희곡에서 은유의 토대는 입장할 때와 퇴장할 때가 있다는 것부터 제시되고 있다.

전통적인 관점에서는 은유가 취지와 매체의 유사성에 근거하여 발생하는 것이기 때문에, 은유와 '직유(simile)'의 유일한 차이점은 직유가 '~같이', '~처럼'같은 말을 통해 유사성을 비교한다는 것을 직접적으로 밝히는 것뿐이라고 여기며, 직유도 은유의 한 유형이라고 본다. 이를 증명하듯, 많은 경우에 직유는 은유로 의미의 차이 없이 변환이 가능하다. 예를 들면

'내 마음은 호수요.'는 '내 마음은 마치 호수와 같다.'로 바뀌어도 별 의미의 차이가 없다. 의미의 차이가 있다면 직유가 취지와 매체의 유사성을 비교할 것을 더 분명하게 요청하고 있다는 것뿐이다.

이렇듯 전통적으로 은유가 유사성을 근거로 성립된다는 관점은 흔들림 없이 유지되어 왔는데, Lakoff(1980, 1987)의 개념적 은유는 이런 전통적 관점에 몇 가지 중대한 변화를 일으켰다. 그는 은유가 문학뿐 아니라 일상적인 언어와 사고 과정에 편재되어 있으며 개념화에 중요한 역할을 한다고 주장했는데, 이로 인해 인지과학과 인지언어학에서 은유는 인간의 개념화와 사고를 다룰 때 빼놓을 수 없는 주제가 되어왔다(Gibbs 2005). 이처럼 인지언어학은 은유의 중요성을 부각시키긴 했지만, 은유가 유사성을 근거로 성립된다는 전통적인 관점에 어떤 혁신적인 변화를 주었는지는 분명하게 다루어지고 있는 것 같지 않다. 취지와 매체 대신에 '목표(targer)'와 '근원(source)'이라는 용어를 사용하며 이 관계를 작은 대문자를 사용하여 TARGET IS SOURCE로 나타낸다는 것[19] 외에 개념적 은유가 은유는 유사성을 기반으로 발생한다는 전통적인 관점을 바꿔놓은 것이 있는가? 이 문제는 개념적 은유를 주장하는 학자들의 문헌을 통해 다루기가 조금 어렵다. 왜냐하면, 그들은 목표와 근원이 유사성에 근거해 대응한다고 말하지 않고, 근원이 목표로 '사상(mapping)'된다고 말하는데, 이 사상은 은유의 근원과 목표 사이에서만 작용하는 것이 아니라 환유의 근원과 목표도 사상에 의해 대응되는 것으로 다루고 있기 때문이다.[20] 또, Grady(1998), Lakoff와 Johnson(1999: 45-59)등은 '원초적 은유(primary metaphor)'[21]의

---

19) 이것을 한국어로는 [목표는 근원]으로 나타내는 것이 일반화되어 있는 것 같다(나익주(2000) 참조).
20) 그들은 같은 경험의 영역 내에서 이루어지는 사상(mapping)을 '환유', 두 개의 다른 영역 사이에 이루어지는 사상을 '은유'라 정의한다(Lakoff & Turner 1989: 103-104, Goosens 1995:176, Barcelona 2003: 3-5).
21) 다음은 그들이 제시한 원초적 은유는 [친밀함은 가까움], [나쁜 것은 악취가 나는

경우 '경험적 상관성(experiential correlation)'에 의해 발생한다고 했는데, 그것은 '동발성(experiential co-occurrence)'을 가진 관계를 말하기 때문에 그들이 은유의 근원과 목표를 유사성 관계로만 보는 것은 아님을 알 수 있다. 개념적 은유에서는 유사성보다는 대응되는 요소들 간의 '사상'이라 불리는 인지적 활동에 의해 은유가 발생하는 것으로 보는 것이다. 하지만, 이 연구에서는 인지언어학적인 관점에서도 은유가 목표와 근원의 유사성을 근거로 발생한다는 설명이 유지될 수 있다는 것을 제안하고자 한다. 유사성의 인식은 인간의 범주화와 인식 작용의 가장 기본적인 요소이기 때문에 은유의 발생 근거를 유사성으로 보는 것은 절대로 인지적인 관점과 충돌하지 않는다. 다만 신체화된 인지의 관점에서 본 '유사성'은 전통적인 관점과 조금 다를 수 있다. 그것은 은유의 발생과 해석이 어떻게 시뮬레이션에 의해 이루어지느냐를 설명하는 것이 이 연구에서 중요한 과제가 될 것이기 때문이다. 일례로 Lakoff(1980)가 개념적 은유를 창안하는 데 아이디어를 공급받았다고 표명하고 있는 Reddy(1979)의 '도관 은유(conduit metaphor)'를 보자.

    (36) 도관 은유의 예들
        a. 그의 말 속에 많은 의미가 들어있다.
        b. 대통령은 국민들에게 사과의 뜻을 전달했다.
        c. 기자들은 그를 향해 수많은 질문들을 쏟아 부었다.

(36)의 예들은 눈에 보이지 않고 만질 수도 없는 '말', '의미', '질문' 등이 마치 눈으로 보고 손으로 만질 수 있는 대상인 것처럼 이야기 하고 있다. 우리가 이런 방식을 사용하지 않고 동일한 개념을 전달하기는 몹시 어려울 것이다. 이렇게 추상적인 개념에 신체적인 지각이 가능한 영상을 부여

것], [통제는 위], [아는 것은 보는 것] 과 같은 것들이다.

하는 이유는 무엇일까? Lakoff(1980, 1987)는 은유가 근원영역을 통해 목표영역을 이해하게 해주기 때문에 중요하다고 말한다. 이것은 곧 은유가 없이는 비신체적인 경험을 개념화할 수 없다는 것을 의미한다. Lakoff & Johnson(1980, 1999)은 추상적인 영역이 그 자체로는 개념화되지 못하고 은유를 통해서만 개념화될 수 있다고 주장하는 데까지 나간다. 그들이 펼치는 '개념적 은유론(conceptual metaphor theory)'의 핵심은 은유가 단순한 말하는 기교가 아닌 추상적인 사고를 가능하게 해주는 필수적인 수단이라는 것이다. 은유는 근원영역을 통해 목표영역을 이해할 수 있는 수단을 제공해주며, 그렇기에 구체적인 영역의 근원영역이 없이는 추상적인 영역을 이해할 수 없다는 것이다. 물론 은유가 단순한 수사적 기교가 아니라는 것에는 동의하지만, 그것의 동기가 의사소통을 위한 것이 아닌 추상적인 사고를 가능하게 하기 위한 것이라는 주장은 시뮬레이션 의미론의 관점에서 볼 때 몇 가지 문제가 있다. 시뮬레이션 의미론에서는 인간이 신체화된 인지를 통해 정신적으로 경험할 수 있는 모든 영역이 개념화될 수 있다고 본다. '사랑', '두려움', '기쁨' 등은 은유를 통하지 않고도 그것이 어떤 경험과 관련되는 것인지 알 수 있다. 따라서 은유를 통하지 않으면 추상적인 사고를 할 수 있다는 주장은 입증되기 어렵다. 또, 은유가 근원영역과 목표영역간의 사상, 혹은 유사성을 근거로 발생한다면 우선은 근원영역과 비교할 수 있는 목표영역을 이해하고 있어야 은유가 발생할 수 있게 된다. 그러므로 은유의 목표영역 역시 이미 시뮬레이션을 통해 정신적으로 경험할 수 있는 것이어야 한다. 우리가 애초에 접근할 수 없는 정신적 경험이 있다면, 그것은 은유를 통해서도 접근할 수 없다.

그러면, 은유가 발생하는 원인은 무엇일까? Grady(1997)는 은유가 목표영역을 이해하기 위해 필요한 것이 아니라 그것에 대한 개념을 상대방이 이해할 수 있는 방식으로 상징화하기 위해 발생한다고 말한다. Tyler & Evans(2001)도 의사소통을 목적으로 추상적인 것을 구체적인 것으로 만들고, 객관적인 것의 환영(幻影)을 창조하는 것을 은유로 보았다. 우리는 다른 사람의 마음속을 볼 수 없다. 따라서 내적인 경험에 대해 의사소통을 하려면 그것을 외현화 시켜야 하는데, 이 과정에서 추상적인 개념을 말하는 이와 듣는 이가 공유할 수 있는 구체적인 영상으로 바꾸어 주어야 한다는 것이 Tyler & Evans(2001)의 주장이다. 이에 따르면 근원영역은 말하는 이가 더 쉽게 접근할 수 있는 경험의 영역이 아니라 말하는 이와 듣는 이가 함께 공통적으로 인식할 수 있는 영역이라 할 수 있다.

본 연구자는 은유가 본질적으로 의사소통을 위한 목적으로 사용된다는 입장을 받아들이며, 시뮬레이션 의미론이 가정하는 바와 같이 은유가 없으면 개념화 될 수 없는 직접적인 경험의 영역은 없다고 생각한다. 하지만, 의사소통을 위해 발생하고 관습화된 은유는 의사소통을 할 때 뿐 아니라 우리의 일상적인 사고 과정에도 어떤 현상에 대한 해석의 틀을 부여할 수 있는데, 이 틀은 직접적인 경험이 아닌 인간에 의해 만들어진 문화적인 산물로 은유가 없이는 만들어질 수도 없고 경험할 수도 없는 영역에 속한다. 은유가 없이 사고하는 것이 불가능한 것은 아니지만, 만약에 은유가 의사소통만을 위한 것이라 하더라도 그것은 인간의 사고에 큰 영향을 미친다. 왜냐하면, 사람들은 스스로 자기 자신과 내면적으로 대화하고 갈등할 수 있는 존재이기 때문이다. 정리하면 은유는 인간의 의사소통 행위가 내면화 됨으로 인해 인간의 사고에 대한 길 안내자가 된다. 만약 은유가 없이 사고를 하는 것도 가능하지만, 그것은 마치 안내자 없는 여행을 하는 것과 같을지도 모른다. 역설적이게도 바로 이런 차원에서 우리는 은유가 우리의 사고 과정에 중요한 역할을 한다는 개념적 은유의 주장을 다시 받아들일 수 있게 된다. 그러면, 시뮬레이션 의미론의 관점에서 볼 때 은유와 은유적 영상은 어떤 과정을 통해 발생하고 해석되는지 살펴보도록 하자.

아래 인용된 Richards(1935/1963)의 상호작용이론은 매우 고전적인 것이긴 하지만 우리가 추구하고 있는 은유론에 매우 가깝게 접근하고 있다. 특히 첫 번째 인용의 내용은 은유가 사고 과정에 중요한 역할을 한다는 현대의 인지언어학자들의 생각도 함축하고 있는 것으로 볼 수 있다.

- 생각은 은유적이며, 비교를 통해 진행된다. 언어의 은유는 그로부터 도출된다.[22]

- 우리가 은유를 사용할 때 다른 사물에 관련된 두 생각들이 한 단어나 문장에 의해 함께 활성화되고 유지되는데, 그 의미는 두 생각들의 상호작용에 의해 발생한 결과이다.[23]

Lakoff와 Turner(1989: 132-133)는 다소 짧막하게 내비쳐졌던 그의 견해에 대해 다소 단정적인 비판을 가했다. 그들은 상호작용 이론의 주장하는 바를 '인생이 여행이다'라고 말할 때 우리가 대등한 두 영역을 동시에 두 방향에서 비교하며 유사성을 찾아낸다는 것으로 이해했던 것이다. 만약 실제로 그렇다면 인생을 여행을 통해 이해하는 것은 쉽지만, 여행의 출발을 '출생'이라고 하거나 여행에서의 귀환을 '죽음'이라고 말하지 않는다는 사실은 설명되기 어렵다. 그들이 생각한 상호작용은 대칭적인 것으로 목표와 근원이 뒤바뀌어도 같은 해석이 나와야 하는 것이기 때문이다. 하지만, Lakoff와 Turner(1989)가 이해한 것과 달리 Black(1962, 1979)은 Richards가 사용한 상호작용이라는 말의 의미를 비대칭적인 것으로 받아들임으로써 현대적인 의미의 상호작용 이론을 완성해 낸다. 그에 따르면, 은유는 '초점(focus)'과 '틀(frame)'의 상호작용인데, 예컨대 '의장은 토론을 통해 경작을 했다.(The chairman ploughed through the discussion.)'에서 초점

---

[22] "Thought is metaphoric, and proceeds by comparison, and the metaphors of language derive therefrom."
[23] "When we use metaphor we have two thoughts of different things active together and supported by a single word, or phrase, whose meaning is a resultant of their interaction."

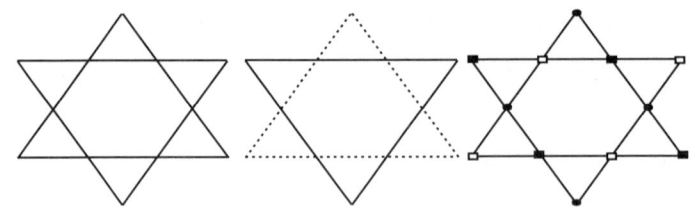

〈그림 58〉 '다윗의 별'의 다양한 이해(Black 1993: 32)

인 '경작하다(plough)'와 '틀'인 나머지 부분은 모두 은유의 의미에 영향을 미친다. 따라서 '나는 정기적으로 기억을 경작하기를 좋아한다.(I like to plough my memories regularly.)'는 초점이 같지만 다른 의미를 발생시킨다. 은유의 틀은 초점 단어에 확장된 의미를 부여해주기 때문이다. 그는 또한 '여과장치(filter)'의 예를 통해 초점에 의해 지시되는 '2차 주제(subsidiary subject)'와 관련된 '함축체계(implication-system)'가 어떻게 틀에 의해 지시되는 '1차 주제(principal subject)'를 조직하는지를 설명한다. 만약에 그을린 유리 조각에 나 있는 몇 줄의 투명한 부분을 통해 밤하늘의 별을 본다면, 별들의 모양은 유리 조각의 방향을 바꾸어 다른 별들을 바라보거나(목표가 달라지는 경우) 유리의 무늬가 달라질 때(근원이 달라지는 경우)마다 변하게 된다. 따라서 해석된 은유의 의미는 목표와 근원의 영향을 모두 받는 상호작용에 의해 결정되는 것이다. 이 때, Black(1962)의 상호작용의 비대칭성이 의미하는 것은 유리의 무늬는 능동적인 조직자이지만, 대상인 별들은 조직의 대상이 되는 자료의 역할을 한다는 것으로 풀이된다.

또, Black(1979/1993)은 〈그림 58〉의 예를 통해 하나의 목표가 다양한 근원을 통해 이해될 수 있다는 것을 보여주는데, '다윗의 별(star of David)' 모양은 두 개의 삼각형, 혹은 두 개의 평행사변형, 혹은 정육각형과 여섯 개의 작은 삼각형 등으로 다양하게 해석될 수 있다.

Black의 상호작용론은 '목표 영역(target domain)'이 '근원 영역(source domain)'에 의해 이해된다는 개념적 은유의 핵심을 포함하고 있을 뿐만 아니라, 함축 체계라는 개념은 뒤에서 논의되는 '영역(domain)' 개념의 문제를 갖지 않는다는 장점이 있다. 상호작용론의 또 다른 장점은 목표가 은유 해석에 미치는 영향도 간과하지 않았다는 것이다. Gineste, Indurkhya, Scart(2000)가 행한 실험은 은유의 해석에서 상호작용의 중요성을 더 잘 드러내주는데, 참여자들은 '다이아몬드'에서는 '부유함', '눈부심'을, '응시(gaze)'에서는 '시선', '깊이'등을 떠올렸지만, 이들의 상호작용이 이루어진 "그녀의 응시는 다이아몬드의 섬광(her gaze, a flash of diamond)"에서는 '유혹(seduction)', '예리함(sharp)' 등을 떠올렸다고 보고한다. 근원의 함축체계와 연관된 은유의 사상은 목표에 의해 결정되는 측면도 있기 때문이다.

　상호작용이론에서 은유의 두 가지 중요한 특성을 찾을 수 있는데, 그것은 은유가 '개념 주도(concept-driven)'적으로 발생하며, 또한 유사성을 바탕으로 성립된다는 것이다. '다윗의 별'도 해석자가 이미 가지고 있던 개념과의 유사성을 통해 이해되고 있는 것을 볼 수 있다. 현재 인지언어학에서 매우 영향력 있는 위치에 있는 개념적 은유의 핵심은 '마음은 원래 신체화된 것이며, 이성적 사고는 몸에 의해 만들어진다(Lakoff와 Johnson 1999: 5).'는 말에 담겨있는데, 상호작용이론도 은유의 이런 특징을 놓치지 않는다.[24]

---

24) Wertheimer(1912)는 연속적으로 이어서 깜빡이는 두 점을 보면 그것이 부드럽게 이동하는 것처럼 착시되는 현상을 발견했고, Wolfgang Köhler(1887-1967), Kurt Koffka(1886-1941)등의 게슈탈트 심리학자들도 불완전한 지각을 통해 전체 '게슈탈트'가 구성되는 원리를 연구했는데, 우리에게 잘 알려진 시각적 게슈탈트의 원리는 전경-배경 분리, 유사성 원리, 폐쇄 원리, 연속성 원리, 작음(小)의 원리 등이 있다. 사물의 실제 모습은 인간의 지각적 특성에 의해 특별한 모양으로 해석되므로 게슈탈트 원리는 은유의 가장 기본적인 여과 장치 역할을 하는 것이다. 따라서 인간의 가장 기본적인 지각활동부터가 은유적 해석으로부터 자유로울 수 없는 것이다.

지금까지 은유가 근원과 목표의 유사성을 근거로 발생하는 과정이라는 것을 간략히 논의했다. 하지만, 더 중요한 문제는 은유가 발생하는 원인이 무엇인가 하는 것인데, 이미 앞에서 논의한 바와 같이 은유의 근원적인 발생 동기가 목적지향적인 행위인 의사소통을 위한 것이라는 점을 간과해서는 안 될 것이다. 정리하면, 은유는 목표의 어떤 특성을 나타내기 위해 그것과 유사성을 가진 근원을 이용하는 의사소통 행위이며, 이런 은유의 목적은 해석자가 근원에서 목표와의 유사성을 발견함으로써 달성된다. (37)~(38)의 예문들은 각각 게슈탈트 의존도는 다르지만, 모두 목표와 근원의 유사성을 근거로 성립된다는 점은 공통적이다.

(37) 철수는 유승준이다.
(38) 철수는 눈 뜬 장님이다.

(37)은 목표로 하는 맥락의미를 발생시키기 위해 의도적으로 근원(유승준)을 선택하고 있는 경우로 게슈탈트 의존성이 비교적 낮다고 할 수 있다. 유승준에 대한 사람들의 이해가 다양하기 때문에, 이 은유에 대한 해석도 다양해질 가능성이 있다. 많은 사람들은 그가 춤과 노래를 완벽하게 겸비한 댄스 가수였지만, 미국 시민권을 선택함으로써 약속했던 병역 의무를 이행하지 않아서 현재 한국에서 활동하지 못하고 있다는 것을 알고 있다. 그런데 그 중 어떤 사람들은 그가 고의적으로 병역을 회피했다고 생각하여 반감을 가지고 있는 한편, 어떤 사람들은 그가 9.11테러로 인해 바뀐 미국시민법 때문에 어쩔 수 없는 선택을 했다는 것을 알고 동정을 하기도 한다. 따라서 (37)은 상황에 따라 철수의 노래와 춤 실력을 칭찬하는 것일 수도 있지만, 그가 어떤 약속에 대한 책임을 회피하는 행동을 했다는 비난으로, 또는 철수가 본의 아니게 오해를 받아 사회에서 거부되고 있다는 의미로도 해석될 수도 있다.

한편, 게슈탈트 의존도가 비교적 높은 (38)은 맥락에 따라 은유적으로 해석될 수 있는 폭이 훨씬 좁다. 이와 같은 은유적 표현은 아마 철수가 주어진 상황을 잘 파악하지 못하는 철수의 특성이 자연스럽게 유사한 비교의 대상(근원)을 생각나게 함으로써 거의 자연 발생적으로 생겨난다. 또, 이 은유의 적절한 해석은 이런 매개적 사고와 철수가 진짜 장님은 아니라는 맥락정보가 참조되어 쉽게 도출될 수 있다.

게슈탈트 의존도가 낮고 창의성이 높은 은유는 종종 해석자에게 목표에 대한 새로운 인식과 발견을 요구한다. 예를 들어 '시는 선인장이다.'와 같은 고도의 사고 능력이 필요한 은유는 처음에는 쉽게 해석되지 않지만, 선인장이 다른 생물이 살 수 없는 악조건 속에서 자라는 것처럼 시도 역사적으로 국권을 상실하거나 어려운 시기에 오히려 생명력을 나타낸다는 새로운 이해를 통해 해석될 수 있다. 하지만, 게슈탈트 의존도에 차이가 있다 할지라도 모든 은유는 목표와의 유사성을 근거로 근원이 선택된다는 본질적인 원리를 벗어나지 않는다.

개념적 은유론에서 지적할 수 있는 가장 중요한 문제점은 유사성을 전달하고자 하는 은유의 의사소통적 본질을 심각하게 다루고 있지 않고 있다는 사실이다. 이 장에서는 시뮬레이션 의미론에 부합하는 은유의 해석 과정은 은유의 의사소통적 본질을 고려할 때 더 적절하게 설명된다는 것을 살펴볼 것이다.

〈그림 59〉는 은유를 기호학의 '도상적 관계(iconic relation)'[25]로 본 Panther(2006)의 모형으로 게슈탈트 의존도가 다른 (37)과 (38) 모두의 의미 해석 과정에 부합한다.

---

25) Panther(2006)은 기호학적인 관점에서 은유는 '도상적 관계(iconic relation)', 환유는 '지표적 관계(indexical relation)'에서 발생한다고 설명한다.

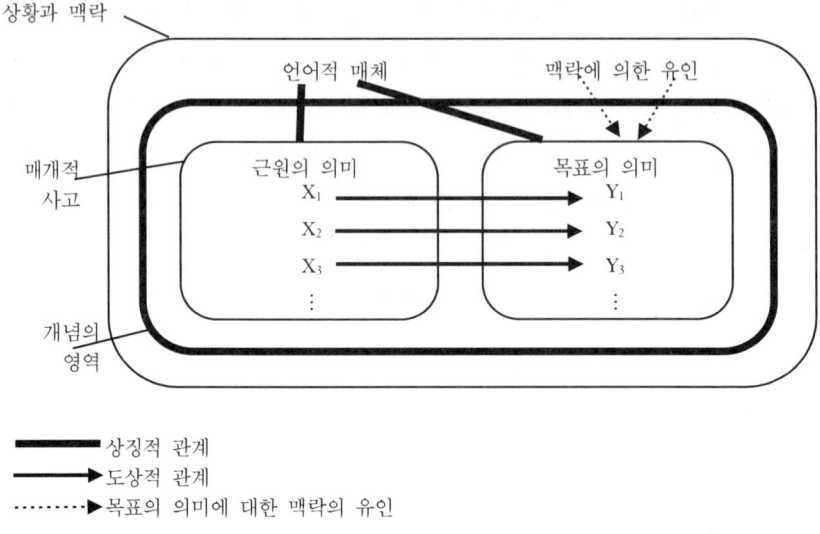

〈그림 59〉 은유의 기본적 관계(Panther 2006: 163)

4.1.1. 개념적 은유의 문제점

앞에서는 은유가 근원에서 목표와의 유사성을 발견함으로써 목적이 달성되는 의사소통 행위라는 것을 논의했다. 하지만, 개념적 은유에서는 이런 은유의 기본적인 토대에서 벗어난 부분들이 적잖이 발견된다. 여기서는 기존의 개념적 은유에서 어떤 부분들이 시뮬레이션 의미론에 입각한 은유론으로 적합하지 않은지 살펴보겠다.

먼저 Lakoff와 Turner(1989: 103, 124)는 환유는 한 영역 안에서 이루어지는 사상이고, 은유는 서로 구분되는 두 영역 사이에 일어나는 사상이라고 정의한다. 하지만, 영역에 의해 은유와 환유를 구분하는 것의 문제점은 Croft(1993)에 의해 지적되었다.[26] '바탕(base)'으로 존재하는 추상적인 영

---

26) 이밖에도 Vervaeke와 Kennedy(1996), Haser(2005)등은 [논쟁은 전쟁(ARGUMENT IS WAR)]과 같은 예에서 근원영역의 설정이 너무 자의적이라는 점을 지적하기도

역은 하나뿐이지만, 하나의 개념은 보통 복잡한 영역의 구조에서 윤곽부여 되므로(Croft 1993), 구분되는 영역이라는 것이 그 중 어떤 것인지도 문제인 것이다. 따라서 은유에 대한 기존의 정의로는 (39)는 은유이고 (40)은 환유라는 것을 설명할 수 없었다. 방향의 영역에서 감정의 영역으로 사상이 일어난 (39)와 작가에서 작품의 영역으로 사상이 일어난 (40) 모두 두 영역 간의 사상이기 때문이다. 이를 해결하기 위해 Croft(1993)는 은유가 동일한 '영역 모체(domain matrix)'에 속하지 않은 두 영역 사이의 사상이지만, 환유는 하나의 영역 모체 안에서 발생하는 사상이라고 제안했다. (39)에서 표현되고 있는 감정 개념의 영역 모체에는 '공간적 지향(orientation)'의 개념이 포함되지 않지만, (40)에서 프루스트(Proust)라는 작가에 대한 백과사전적인 영역 모체는 그의 창작 활동을 포함하고 있다.

(39) 그녀는 기분이 가라앉았다.
(40) 프루스트(Proust)는 읽기가 어렵다.

일견 Croft(1993)의 정의는 은유인 (39)와 환유인 (40)을 구분하는 데 성공한 것처럼 보인다. 하지만, 더 큰 문제는 (39)를 은유가 아닌 환유로 볼 수 있다는 데 있다. 전술한 바와 같이 Lakoff & Johnson(1999: 45-59)은 Grady(1998)와 함께 아래와 같은 기초적 은유가 다른 은유와 달리 '경험적 상관성(experiential correlation)'에 의해 발생하고 아이들의 초기 언어 습득 과정에서 나타난다는 점을 근거로 이들을 경험적 토대가 '기초적 은유(Primary Metaphor)'로 분류하고, 이 외의 다른 은유들은 '합성적인 은유(Compound Metaphor)'로 기초적 은유들의 합성으로 이루어지는 것으로

했다. 만약 논쟁에 대해 이야기 하면서 '공격하다', '방어하다' 등의 단어가 사용된다면, 여기서 논쟁이 왜 싸움이나 체스, 권투, 게임 등이 아니라 굳이 전쟁으로 이해되어야 하는지 이해하기 어렵다.

여겼다.

> [애정은 따뜻함] / [중요성은 크기] / [행복은 위] / [친밀함은 가까움]/ [나쁜 것은 악취] / [많은 것은 위] / [유사성은 가까움] / [통제는 위] / [아는 것은 보는 것]

하지만, 여기서 Grady(1998)가 사용한 경험적 상관성이나 동발성 등의 개념은 정병철(2007c)에서 사용된 환유의 발생 조건인 경험적 동반성으로 대체하는 것이 가능하므로[27], 위의 예들은 환유, 혹은 환유에 의한 의미 확장으로 보는 것이 더 적절할 것이다. 정병철(2007b, 2007d)에서 이러한 환유에 의한 의미 확장 현상이 연구되었는데, (41), (42)의 예들은 하나의 의미가 상황에 따라 동반되는 경험으로 의미가 확장된 예들이다.[28] (41)에서 무언가를 파악하려 하거나 돌보거나 기대할 때 특징적으로 동반되는 경험은 그것을 눈으로 보는 것이다. 눈으로 보는 경험이 이들 동반되는 경험을 대신하는 참조점의 역할을 하게 될 때 동사 '보다'의 환유에 의한 의미 확장이 발생하게 되며, (42)의 '잡다'도 마찬가지 방식으로 의미가 확장된다.

> (41) 보다 → /❶파악하다/❷처리하다/❸돌보다/❹기대하다… (정병철 2007b)
> (42) 잡다 → /❶포획하다→ ❷복종시키다/❸도축하다… (정병철 2007d)

---

[27] 동반 경험은 경험적 비대칭성에 의해 환유의 비대칭적인 '목표-근원' 관계의 발생 조건을 설명해준다. 예를 들어 '핸들을 잡다'가 '운전을 하다'를 의미할 수는 있지만, 그 역은 성립하지 않는 이유는 무엇일까? 그것은 운전을 하는 경험에 핸들을 잡는 경험은 언제나 동반 되지만, 핸들을 잡는 경험에 운전을 하는 경험이 항상 동반되지는 않는 동반 경험의 비대칭성 때문이다. 이런 면에서 경험적 동반성은 경험적 상관성이나 동발성(co-occurrence)과 구분되며, 동반 관계의 유형에 따른 환유의 체계적인 분류를 가능하게 해준다(정병철 2007c)

[28] 환유와 의미 확장의 관련성은 5장에서 더 자세히 논의된다.

같은 방식으로 위에 제시된 기초적 은유들도 동반 경험에 의한 환유나 환유에 의한 의미 확장이라는 것이 설명된다. 우리는 사랑하는 사람을 안을 때 따뜻함을 느끼고, 더 큰 것을 더 중요하게 생각하고, 행복할 때 하늘로 뛰어 오르고, 친한 사람과는 가까이 있게 된다. 또, 물건이 많아지면 위로 쌓이게 되고 유유상종이라는 말처럼 유사한 것들이 같이 있는 경향이 있으며, 위에 있는 사람은 밑에 깔린 사람을 통제하기 쉽고, 무언가를 보면서 그것을 알게 된다. 이렇게 볼 때 (39)의 '가라앉았다'는 [슬픔은 아래]라는 은유가 아니라 슬픔을 느낄 때 몸이 처지는 동반 경험에 의한 환유의 예라고 할 수 있다. 따라서 은유는 구분되는 영역(혹은 모체 영역)에서 발생하는 사상이고 환유는 하나의 영역(혹은 모체 영역)에서 발생하는 사상이라는 개념적 은유의 정의는 성립되지 않으며, 어떤 영역간의 관계이건 간에 동반되는 경험은 환유를 발생시킬 수 있다.[29] 소위 기초적 은유라는 예들이 보편적으로 발생하는 환유의 예들과 아무런 차이점도 발견할 수 없음에도 불구하고 이들을 은유에 포함시킴으로써 은유가 유사 경험을 기반으로 발생한다는 원리를 포기할 이유는 없다. 이들을 환유에 포함시킨다면 우리는 비로소 은유와 환유를 서로 구분되는 일원화된 발생 조건을 가진 인지적 과정으로 볼 수 있게 될 것이다.[30]

개념적 은유의 두 번째 문제점은 '한 종류의 것을 다른 것에 의해 이해한다.'는 설명에서 '언어적'이라는 표현을 회피하고 있음에도 불구하고 개

---

[29] Panther(2006)와 Radden(2002)도 은유가 기호학적으로 도상적 관계(iconic relation)를 나타내는 반면, 환유는 지표적(indexical)인 관계를 나타내기 때문에 경험적 상관성이 일차적으로 환유를 발생시키는 경험적 기반이 된다고 밝히고 있다.
[30] 은유와 환유가 각각의 발생 원리에 의해 구분될 수 있다는 우리의 주장은 Goossens(1990)처럼 은환유(metaphtonymy)에서 은유와 환유가 분명하게 구분되지 않는다고 주장하는 학자들에게는 받아들여지지 않을지도 모른다. 이와 관련하여 Geeraerts(2002)는 Goossens(1990)이 다룬 은환유의 예가 은유와 환유의 순차적인 작용의 결과라는 것을 더 포괄적으로 보여주고 있다. 은유와 환유가 상호작용한다는 것이 곧 그 둘이 구분되지 않는다는 것을 의미하지는 않는다.

념적 은유론의 타당성은 거의 다 언어적인 은유에 의해 예증되고 있다는 것이다(Forceville(2006)). 사실 개념적 은유가 표현되는 A IS B의 형식은 언어가 아닌 정교한 그림이나 소리를 통해 발생하는 은유를 나타내기 어렵다. 이것은 결국 마음을 탐구하기 위해 언어를 조사하지만 또한 언어의 구조에 대한 동기를 찾기 위해 마음을 연구하는 무익한 순환이 될 수도 있다(Gibbs and Colston 1995: 345, Cienki 1998). 이에 Forceville(2006)은 언어가 아닌 그림을 통해 발생하는 은유의 해석을 연구했는데, Forceville(2005)에서 제시되었던 그림을 약간 변형한 〈그림 60〉과 〈그림 61〉을 보자. 〈그림 60〉과 〈그림 61(b)〉은 모두 다 검을 그린 것이긴 하지만, 그것이 주는 인상은 상당히 다르다. 〈그림 60(a)〉는 고풍스러움과 세련됨, 엄격함, 예리함 등을 불러일으키는 반면, 〈그림 60(b)〉는 유치함, 경박함, 무딤 등을 생각나게 한다. 또한 〈그림 61(a)〉는 공작의 것으로 추정할 수 있는 현란한 색의 깃털임에 반해 〈그림 61(b)〉는 부드러운 오리나 거위의 털처럼 생겼다. 이들의 상호작용이 발현시키는 은유의 표상을 개념적 은유처럼 A IS B의 형식을 통해 살펴본다면, 〈그림 60(a)〉 IS 〈그림 61(a)〉는 검이 화려하고 멋지다는 의미 정도로 해석되겠지만 〈그림 60(b)〉 IS 〈그림 61(a)〉는 검이 눈에 띄는 모양이지만 실용적이지 않다거나 우스꽝스럽다는 의미를 발현시킬 가능성이 높다. 그리고 만약 〈그림 61(b)〉가 근원영역이 된다면 〈그림 60(a)〉는 섬세하고 정교하며 별로 위협적이지 않다는 의미 등으로 해석될 수 있는 반면 〈그림 60(b)〉는 약하고 잘 휘어지며 공격 능력이 없다는 의미 정도로 해석될 것이다. 중요한 것은 이렇게 발생하는 은유적 해석은 매우 역동적이어서 목표그림과 근원그림이 가진 정교한 영상의 미묘한 차이에 의해서도 달라질 수 있으며, 어떤 안정된 등식도 성립되지 않기 때문에 A IS B와 같은 언어적 방식으로 나타내기에는 한계가 있다는 것이다.

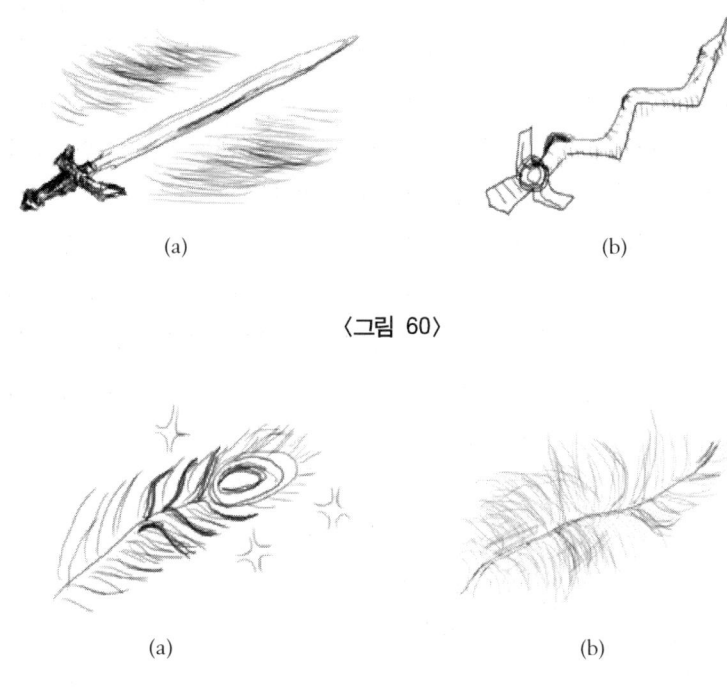

〈그림 60〉

〈그림 61〉 그림 은유(Forceville 2005)

개념적 은유의 또 다른 중요한 문제점은 영상도식에서 찾을 수 있는데, 그것은 바로 영상도식이 앞에서 살펴본 영상의 정교한 차이에서 발생하는 해석의 역동성을 담아내지 못한다는 것이다. 인지언어학에 영상도식의 개념을 도입한 Johnson(1987)의 설명을 들어보자.

> 이 패턴들은 주로 우리 몸의 공간 이동, 사물의 조작, 지각적인 상호작용의 층위에서 우리에게 의미 있는 구조로 도식은 이런 계속되는 조정 활동의 반복되는 패턴이나 형상, 혹은 규칙성으로 나타난다.[31] (Johnson 1987: 29)

---

31) 해당 원문은 다음과 같다. "These patterns emerge as meaningful structures for us

영상도식은 그 자체로 의미가 있는 '선개념(先槪念)'적 구조이며, 감각운동 경험의 구조적 윤곽을 포착하는 고도로 도식적인 게슈탈트들로 이루어져 있고, 가소성이 있어 다양한 맥락 속에서 변형되는 특성이 있다고 제안되었다. 특히 은유와 관련하여, 영상 도식은 비영상적인(추상적인) 것에 영상적인 영역의 경험을 '사상(map)'함으로써 전체 개념 구조에 신체화된 마음의 연결고리를 제공하는 것으로 생각되었다. 하지만, 영상도식에 대한 연구자들의 관점과 해석이 다양하다보니, 이어지는 후속 연구에서도 영상 도식적 표상을 다른 도식적인 영상과 구분해줄 수 있는 명확한 기준은 나타나지 않았다. 그러던 중 영상도식에 대한 논문들로 구성된 Mouton de Gruyter 출판사의 최근 단행본에서 Johnson(2005: 27-31)은 지금까지의 진행되어 온 영상도식의 연구들이 너무나 굵은 뼈대의 구조(skeletal structure)에만 관심을 기울인 나머지 신체화된 인지의 피와 살을 도외시 해왔음을 지적하고 있다. 이 지적은 물론 여러 가지 의미로 풀이될 수 있겠지만, 은유적 영상을 다루는 이 연구의 입장에서는 매우 적절한 것이라 할 수 있다. 한 예로 '그릇 도식(container schema)'이 적용될 수 있는 다음 (43)~(45)의 예들을 보자.

(43) 철수는 슬픔에 빠졌다.
(44) 철수는 깊은 슬픔에 빠졌다.
(45) 철수는 슬픔의 늪에 빠졌다.

초기의 영상도식은 '풍부한 영상(rich image)'과 달리 도식적인 것으로 제안되었지만, 실제로 우리가 풍부한 영상을 개입시키지 않고 뼈대 구조만으로 (44), (45)를 이해하는 것 같지는 않다. (43)은 비교적 도식성이 높은 영상으로 표상될 수 있겠지만, (45)에서는 어둡고 습한 늪의 모습과 눅눅

---

chiefly at the level of our bodily movements through space, our manipulation of objects, and our perceptual interactions."

하고 미끄러운 촉감, 그리고 몸이 서서히 함몰되며 자유롭게 움직이지 못하고 빨려드는 운동감각이 어우러진 다중적이고 풍부한 영상이 시뮬레이션 되어야 의도되었던 의미로 해석될 수 있을 것이다. 영상의 미세한 차이도 은유의 해석을 변화시킬 수 있기 때문에, 영상의 뼈만으로는 은유적 영상의 완전한 의미에 다가설 수 없게 되는 것이다. 이런 점에서 과연 영상도식이 노력에 의해 만들어지는 '정신적 영상(mental image)'이나 '풍부한 영상(rich image)'과 어떻게 구분되어야 하는지에 대한 의문이 남는다.

우리는 또한 다양한 연구자들이 제안한 영상도식의 상호 정합성에서 문제점을 발견할 수 있다. Johnson(1987: 126), Cienki(1997: 12), Peña(2003) 등에서 영상도식은 인간의 인지와 경험을 통해 형성되는 어떤 심층적인 구조로 제시되고 있지만, 그 분류의 체계는 각기 다르다. 흔히 인지심리학자들의 연구 대상인 '정신적 영상(mental image)'은 노력에 의해 만들어지는 일시적인 표상임에 비해 개념적 은유의 영상도식은 신체화된 경험의 누적으로 형성된 추상적이고 안정적인 표상 구조로 간주된다(Gibbs 2006). 하지만, Lakoff(1987)에서는 공간적 관계를 나타내는 전치사들이 각각의 영상도식과 변형을 가지고 있는 것으로 제시하고 있는데, 이렇게 본다면 공간적인 관계를 표시하는 모든 단어에 대해서도 영상도식을 인정해야 할지도 모른다. 앞에서도 우리는 영상도식이라는 개념이 개별 단어들의 원형의미를 나타내는 도식과 구분하기 어렵다는 것을 살펴보았다. 더 나아가 Bowerman과 Choi(2001)의 실험은 모어에 따라 언어를 습득하는 아이들이 공간을 지각하는 방식에도 차이가 생긴다는 결과를 보여주고 있는데[32], 그렇다면 영상도식은 이처럼 언어와 방언, 개인에 따라 달라질 수 있을 것이다.

---

[32] 대상의 배치를 개념화하는 한국어의 '놓다', '붙이다', '쓰다', '끼다', '넣다' 등은 영어의 'put on'과 'put in'과 공간적 관계를 도식화하는 방식이 다르다. 이 실험은 언어에 따른 공간의 개념화 방식의 차이가 실제 공간의 지각 방식에도 영향을 준다는 것을 보여주는 것이다.

우리는 이미 2장에서 영상도식의 문제점들을 살펴본 바 있다. 첫 번째 문제는 영상도식에 설정된 도식성의 정도가 자의적이라는 것이었다. 어떤 도식이건 그것은 더 도식적인 상위 도식이나 더 정교화 된 하위 도식을 가질 수 있다. 따라서 학자에 따라 서로 다른 영상도식의 목록을 제시하게 된다. 만약 영상도식을 최대한 정교화된 수준에서 설정한다면 개별 단어들의 원형의미의 도식이 될 것이고 최대한 도식적인 수준에서 설정한다면 '실재(entity)'와 '관계(relationship)'만이 남게 될 것이다. 두 번째 문제는 Langacker(2008)의 비판으로, 영상도식이 과연 일관성 있고 자연스러운 한정된 집합을 가지고 있는지, 그리고 그것을 판단할 수 있는 기준이 있는지에 대한 의문이다. 예를 들어 특정한 경험 영역에서의 최소 개념들(공간 영역에서의 선, 각도, 곡률, 시각 영역에서의 휘도, 초점 색채 같은 것), 도식적인 형상 개념(대조, 경계, 변화, 연속성, 접촉, 포함, 분리, 근접성, 다중성, 그룹, 점, 확장 등), 그리고 일상생활에서 자주 경험되는 개념적 전형(인간의 얼굴, 무언가를 들고 있기, 누구에게 무엇을 건네주기 등) 등도 일관성 있고 자연스러운 경험의 집합에 속하는데, 이런 경험들도 모두 영상도식에 포함될 수 있을까? 만약 그렇다면 영상도식을 한정된 집합으로 제시하기는 어려울 것이다. 여기서 영상도식은 개별 단어의 원형의미를 나타내는 도식, 혹은 개별 단어의 원형의미를 구성하는 도식들과 구별하기 어렵다는 것이 다시 확인된다. 왜냐하면 '들어가다', '나가다', '뛰어가다', '끼어들다' 등 각각의 단어들도 일상생활에서 자주 경험되는 개념적 전형들을 나타내고 있기 때문이다.

우리는 궁극적으로 영상도식이 아닌 수많은 영상들을 파악하는 능력에 더 관심을 기울여야 할 것이다. 예를 들어 우리는 태어나서부터 얻은 반복적인 경험의 패턴을 통해 어느 정도 거리에 있으면 팔을 뻗어 물건을 잡을 수 있을지, 어떤 모양의 그릇에 물건을 담으면 더 안전하게 보관을 할 수 있을지 등을 예상할 수 있게 된다. 수영을 배우고 나면 어떻게 하면 물에

뜨고 가라앉게 되는지를 예상할 수 있게 된다. 이것이 바로 범주화이며, 그것은 과거의 경험으로 형성된 틀로 새로 경험하는 대상을 해석하고 다룰 수 있게 해준다. 알려진 바와 같이 이런 범주화의 방식은 생물학적인 분류에 따라 달라진다. 박쥐를 예로 들어보자. 사람이 들을 수 없는 5만~20만 HZ사이의 초음파를 입이나 코로 내보내며. 예민한 청각으로 자기가 내보낸 초음파의 메아리로 주변에 있는 장애물이나 먹이의 위치도 정확히 찾아낸다. 또, 박쥐는 특수한 기억력으로 인해 자기가 다니는 지역의 지형을 또렷하게 알고 있어 안전하게 비행을 할 수 있으며, 발가락이 튼튼하고 뼈 속이 비어 있어 몸무게가 가볍기 때문에 동굴 속에 거꾸로 매달려 일상생활을 할 수 있다. 만약 박쥐가 언어를 사용한다면, '아름다워 보이시네요.'대신 '아름다워 들리시네요.'라는 말을 사용할지도 모른다. 또, 중력의 영향을 별로 안 받기 때문에 공간의 상-하 도식이 발달하지 않아서 '내가 한 수 위야'라는 표현은 사용하지 않을 것이다. 또, 박쥐는 잠을 잘 때 체온이 주위 온도 가까이까지 낮아지므로 추위나 더위에 대한 범주화도 다르기 때문에, '그녀는 마음씨가 따뜻해.'라는 표현은 사용하지 않을 것이다. 이처럼 어떤 개체는 신체의 생물학적인 특징에 따라 세상과의 상호작용방식이 달라지고, 그로 인해 경험을 조직하고 범주화하는 틀이 달라진다. 하지만, 이것은 영상도식과 같은 제한된 수의 도식으로 존재하는 것이 아니라 경험의 모든 영역을 해석하는 방식으로 존재한다. 우리는 고유한 시각, 청각, 촉각, 피부와 근육의 압력 감지기, 후각과 감정 수용 체계, 움직임과 균형을 감지하는 체계를 가지고 있으며 고유한 신체의 구조와 운동 패턴으로 세상과 상호 작용한다. 우리의 경험은 이런 감각 체계와 신체의 상호작용 방식을 통해 조성되며, 우리가 경험을 해석하는 방식은 모든 경험의 영역과 구체적인 경험의 대상에 영향을 미친다.

지금까지 현재 인지언어학에서 널리 받아들여지고 있는 개념적 은유의 문제점을 살펴보았다. 개념적 은유와 영상도식 이론은 은유를 단순한 문학적 기교가 아닌 개념화에 관여하는 인지언어학과 인지과학의 중요한 연구 영역으로 끌어올렸다는 전환을 이루었다는 점에서 매우 큰 의의가 있다. 하지만, 우리는 은유가 인지과학의 연구 영역임과 동시에 근본적으로 근원과 목표의 유사성을 통해 맥락의미를 전달하려는 의사소통 행위라는 점에서 개념적 은유에 대한 대안적 이론을 찾을 필요가 있다. 또, 영상도식 역시 의의와 한계33)를 동시에 가지고 있기 때문에 시뮬레이션 의미론의 관점에서 은유적 표현의 영상이 어떻게 발생되고 해석되는지 대안적인 설명을 찾을 필요가 있다.

4.1.2. 은유적 영상의 발생과 해석 원리

4.1의 전반부에서는 은유가 의사소통적 본질에 따라 목표와 근원의 유사성을 근거로 발생되고 해석된다는 것을 살펴보았다. 이제 여기서는 '사랑', '시간', '분노'와 같은 비영상적인 개념이 어떤 원리와 과정에 의해 은유적 영상으로 표현되고 해석되는지 살펴보고자 한다. 이것은 영상도식에 대한 논의와 마찬가지로 추상적인 개념을 신체적인 경험의 토대에서 이해하는 과정을 다룬다는 점에서 더 중요하다. 예컨대, '철수는 유승준이다'와 같은 은유적 표현이 전달하려는 의미는 다른 말로 풀어서 쓸 수 있지만, '사랑에 사로잡혔다', '떠날 시간이 왔다', '가슴속에서 분노가 끓어올랐다'와 같은 표현에서 추상적 개념을 전달하는 은유적 영상들은 다른 말로 풀어서 같은 의미를 전달하기가 어렵기 때문이다.

그런데 과연 은유의 의사소통적 본질을 벗어나지 않고 은유적 영상의

---

33) 은유적 영상의 문제를 다룰 때 Lakoff와 Turner(1989: 123)는 근원영역과 목표영역이 은유적 사상에 의해 비슷한 영상도식구조를 공유하게 된다고 주장하고 있는데, 그것은 집이나 차고, 지도상의 국가처럼 원래 영상적인 속성을 가진 목표에 사상(map)되는 영상도식이 '사랑'이나 '권력' 같은 고유한 영상이 없는 추상적인 목표에도 같은 방식으로 사상된다는 것이다. 하지만, 고유한 영상이 없는 '사랑'이나 '권력'이 영상이 어떤 과정에 의해 결정되는지에 대한 충분한 설명은 보이지 않는다.

발생을 설명할 수 있을까? 물론, 그것은 가능하다. 단, 이 문제를 풀기 위해서는 신체의 주관적인 경험에 토대를 둔 상상력의 도움이 필요할 것이다. 결론부터 말하자면 은유적 영상은 은유의 목표에 대한 신체적인 경험과 유사한 경험을 줄 수 있는 상상에 의해 만들어진 영상이다. 은유적 영상이 발생하는 근거가 되는 유사성은 '사물(thing)'에 대한 주관적 체험의 차원과 '사물(thing)들 사이의 관계(relationship)'에 대한 주관적 체험의 차원에서 얻어질 수 있다.34) 예를 들어 추상적 개념인 아픔이 송곳처럼 찌르는 영상으로 표현될 때, '송곳'은 사물의 차원에서, '찌르는 것'은 관계의 차원에서 발생한 유사성에 근거하여 발생하는 것이라 할 수 있다. 은유적 영상은 이 두 가지 차원이 복합되어 구성된다. 그리고 은유적 영상은 게슈탈트 의존성이 높기 때문에 의식적인 노력 없이 처리될 수 있다. 은유적 영상의 '목표(target)'는 원래의 영상을 가지고 있는 것일 수도 있는데, (46)에서 서로 싸우는 선수들은 원래의 영상을 가지고 기자에 의해 접착성이 있는 물체들의 게슈탈트로 이해되고 있다.

(46) 이에 흥분한 빌 랄이 하태균의 얼굴을 손으로 치며 두 팀 선수들이 *엉겨 붙었다.*

이와 달리 원래 영상이 없는 목표에 영상이 부여될 수도 있는데, '물상화(reification)' 현상이나 '존재론적 은유(ontological metaphor)'의 일부가 바로 그런 경우에 속한다.

(47) 사옥에는 항상 클래식 음악이 *흐른다.*

---

34) 여기서 '사물(thing)'과 '관계(relationship)'는 Langacker(1987, 1999, 2002, 2008)의 인지문법에서 정의되는 기술적인 의미로 사용되었다.

(47)에서 눈으로 볼 수 없는 '음악'의 소리는 공간적인 실체로 형상화되고 있다. 음악이 눈에 보이지 않음에도 불구하고 이런 영상이 부여되는 것은 연주되는 음악에 대한 경험을 바탕으로 그것의 보이지 않는 물리적인 작용이 추론을 통해 재구성된 결과인데, 소리가 물리적인 파동을 가진 실체라는 것은 과학적인 사실과도 부합한다. 다만 우리는 특별한 과학적 실험이 없이도 일상적인 경험35)의 조각을 통해 소리의 통합된 영상을 재구성해낼 수 있었을 뿐이다. 신체적인 체험에 기초한 은유적 영상의 생성 원리는 더 추상적인 개념인 '감정'에도 똑같이 적용된다.

(48) 슬픔이 가슴 속을 파고들었다.

소리는 물리적으로 실재하지만, 슬픔은 그렇지 않기 때문에 '소리'에 대한 물리적 속성의 부여와 '슬픔'에 대한 물리적 속성의 부여가 다른 차원의 것이라고 생각될 수도 있겠지만, 두 개념의 이미지는 모두 체험의 퍼즐을 맞추어 얻어진 가상의 영상이라는 점에서는 동일하다. 미국 볼링그린 주립대학의 조사에 의하면, 혼인상태의 여성이 심장병에 걸릴 가능성은 22%이지만, 사별한 여성은 30%로 심장병에 걸릴 확률이 혼인상태를 유지해 온 여성보다 훨씬 높았다고 한다. 슬픔이 심장과 심장이 위치한 가슴에 주는 고통은 실제적이며, (48)의 영상이 발생하는 과정은 주관적인 체험에 근거한다는 점에서 (47)과 같은 선상에서 이해할 수 있다.

우리에게 너무나 익숙한 시간의 영상도 이런 과정을 통해 만들어진 은유적 영상에 포함된다. 우리 문화권에서 사용되는 시간의 은유적 영상이 꽤 보편적인 것이긴 하지만, 남아메리카의 안데스 지역에서 사용되는 '아이마

---

35) 소리는 장애물에 의해서 약화되거나 틈을 통해 새어나올 수도 있다. 또, 그 파동이 증폭(확성)되거나 되돌아오거나(메아리) 하는 것도 소리에 대한 일상적인 경험의 일부분이다.

라(Aymara)'어는 자아가 과거를 향하며 미래가 그 뒤에 있는 것으로 가정한 다고 한다(Núñez와 Sweetser 2006).36) Evans(2004, 2005, 2006)의 고찰과 같이 '시간이 빨리 지나간다.', '시간이 멈춘 것 같다.'등의 영상은 우리의 가변적인 신체적 체험까지 포착해주는데, 방향이 다르다고 해도 시간이 늘어나거나 압축되는 것 같은 신체적 체험을 전달하는 데는 지장이 없을 것이다.

이처럼 사람들이 추상적 대상에 영상을 부여하게 되는 이유는 '시뮬레이션(simulation)'을 수행하는 신체화된 인지의 속성과 깊은 연관이 있다. 은유적 영상은 신체적 체험이 불가능한 추상적 개념을 체험 가능한 것으로 변환해 줄 수 있기 때문이다.37) 이러한 제안을 직접적으로 뒷받침 해주는 연구로 Rohrer(2001)의 실험 결과를 참고할 수 있다. Rohrer(2001)는 손동작과 관련된 문자적인 문장과 은유적인 문장을 이해하는 과제에서 나타난 fMRI 측정 결과를 비교했는데, 참가자들은 문자적 표현과 은유적 표현에서 활성지역이 여러 부분 중첩되는 것으로 나타났고, 이 중첩되는 부분들은 특히 '중심구(central sulcus; 대뇌의 전두엽과 두정엽을 가르는 열구(裂溝))'의 양쪽을 따라 분포한 손 감각 운동 피질과 전두엽의 '전운동 피질(premotor cortex)'에서 중점적으로 발견되었다. 물론 문자적 표현이 은유적 표현보다 중첩되는 부분이 상대적으로 더 현저했지만, 대부분의 참가자들에게서 똑같은 중첩되는 부분이 발견되었다(〈그림 62〉).

---

36) 또한, 한 언어권 내에서도 역사적으로 은유적 영상이 달라지는 경우가 있는데, [화는 열(ANGER IS HEAT)] 은유의 불변성을 주장한 Lakoff(1987)의 생각과는 달리 Gevaert(2001)는 말뭉치 기반 자료(corpus-based data)를 바탕으로 고대 영어에서는 부풀음(SWELLING)이 훨씬 더 지배적으로 사용된 근원영역이었음을 밝혔다. Gevaert(2005)는 이런 변화의 원인이 중세부터 유행하기 시작한 체액설(humoral theory)때문이라고 추정한다.
37) 한편, 상황시뮬레이션이론(situated simulation theory)이라는 것도 있는데, 이것은 개념이 어떤 특정한 상황에서의 유목적적인 경험을 다시 모의 시행함으로써 발생한다는 것으로(Barsalou 2003), 신체를 통해 경험되는 영상보다 더 복잡한 사건이나 개념에 대한 시뮬레이션을 설명하려는 시도의 하나이다.

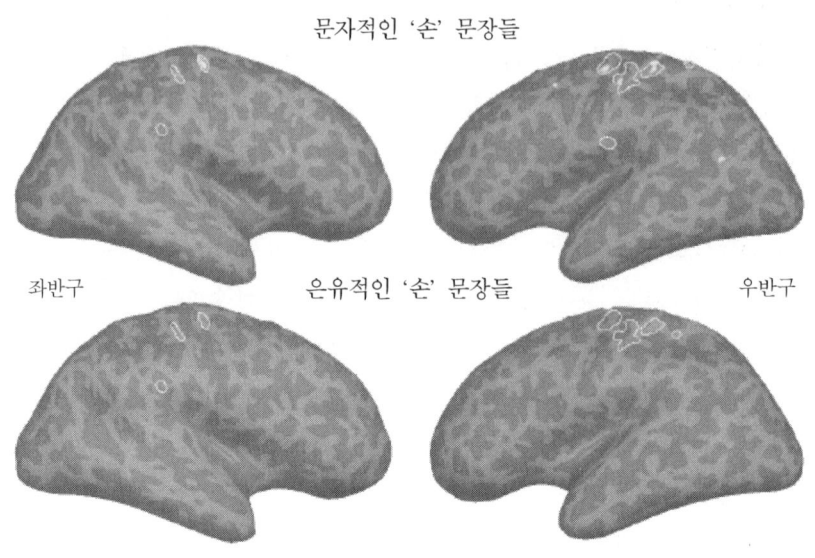

〈그림 62〉 fMRI검사에 나타난 손동작 표현의 처리 과정(Rohrer 2001)

　이 연구 결과는 은유적 영상을 통해 추상적인 경험이 영상적인 것으로 시뮬레이션 될 수 있는 가능성을 보여준다. 시뮬레이션 의미론의 핵심적인 가정은 시뮬레이션이 인간의 언어가 전달할 수 있는 모든 개념들을 이해하는 데 빠지지 않고 관여한다는 것이다. 만약 그렇다면, 궁극적으로 시뮬레이션이 직접적으로 신체적인 경험의 대상이 되는 개념이 아닌 더 복잡하고 추상적인 개념을 어떤 방식으로 처리하는지 밝혀져야 한다. 이 실험은 원래 언어 처리에 작용하는 영상도식의 실재성을 증명하기 위해 이루어진 것이지만, 은유적 영상에 대한 이 연구의 제안은 이 실험 결과를 더 정확하게 예측하고 설명할 수 있다. Rohrer(2001)의 실험 결과는 예컨대 (49)와 같은 두 문장이 모두 실제로 물건을 잡을 때와 같은 시뮬레이션에 과정에 의해 처리된다는 것이다. (49b)의 '잡았다'가 실제 손을 사용한 동작처럼 시뮬레이션 된다면 당연히 '기회'도 실제로 손으로 잡을 수 있는 사물처럼 시뮬레이션 되어야 한다. 왜냐하면, Langacker(2008)에 따르면 동사는 실재와 실재의 관계를 나타내는데, 만약 관계가 공간에서의 동작이라면 그 관계에 참여하는 실재도 공간에 존재하는 사물이라는 것이 전제되어야 하기 때문이다.

(49) a. 철수가 영희를 잡았다.
　　 b. 철수가 기회를 잡았다.

은유적 영상은 주관적이고 신체적인 체험의 유사성에 근거하여 만들어졌기 때문에, 해석되는 과정에서도 신체화된 인지에 기초한 시뮬레이션 외에는 필요한 것이 없다. (49b)의 해석이 어떻게 신체화의 토대에서만 이루어질 수 있는지 살펴보자. (49a)에서 철수는 떠나려는 영희를 잡았고, 간곡하게 청혼을 해서 결혼을 할 수 있었다. 이것은 신체적으로 경험한 구체적인 사건의 사례이다. 이런 종류의 사례들로부터 도식화된 추상적 경험을 우리는 '기회를 잡았다'라는 말로 표현한다. (49a)에서 철수가 잡은 것은 손으로 잡을 수 있는 '영희'이지만, (49b)에서 철수가 잡은 것은 손으로 잡을 수 없는 추상적인 개념이다. 하지만, '기회를 잡았다'가 실제 무언가를

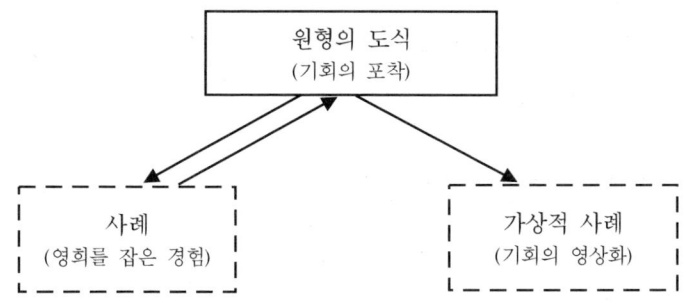

〈그림 63〉 '기회' 개념의 도식과 사례, 은유적 영상의 관계

잡는 신체적 경험을 바탕으로 이해되듯이 '기회' 또한 손으로 잡을 수 있는 무언가에 대한 신체적 경험을 바탕으로 이해될 수 있다. 은유적 영상은 추상적 개념을 신체적으로 체험 가능한 영상으로 정교화 하는 역할을 하며, 그 영상은 그 추상적 개념의 도식이 가질 수 있는 맥락의미의 하나를 구현한다. 이 관계는 〈그림 63〉과 같이 나타낼 수 있다.

영상도식의 개념에서 몇 가지 문제점들을 찾을 수 있음에도 불구하고, 은유적 영상이 신체화된 체험을 통한 이해의 수단이라고 주장한다는 점에서는 이 연구의 입장과 같다. 특히, 영상도식은 공간적인 추리를 가능하게 하는 '내재적 논리(internal logic)'를 제공한다고 주장되는데[38], 여기서 내재적 논리는 은유적 영상이 해석될 때 필요한 신체적 경험의 시뮬레이션에 해당되는 것이다. 영상도식과 은유적 영상의 차이점은, 영상도식이 경험을 통해 형성된 추상적이고 안정적인 구조를 발견하려고 노력하는 반면, 은유적인 영상은 은유를 통해 맥락의미를 만들어 내는 역동적인 과정에서 발생하는 즉흥적인 영상을 다룬다는 것이다.

은유적 영상이 발생하는 기본적인 토대는 우리의 신체적인 체험인데, 어떤 대상에 대한 직접적인 체험은 체험의 대상과 체험의 주체의 관계에 따라 수동적인 체험과 능동적인 체험으로 나눌 수 있다. 많은 경우 수동적인 체험은 (50)~(51)처럼 주체에게 외부나 내부의 실체가 미치는 작용으로 형상화되고, 능동적인 체험은 (52)~(53)처럼 주체가 외부나 내부의 실체에 미치는 작용으로 형상화된다.

 (50) 수동적인 체험 (내부의 실체)
  a. 가슴속에서 *분노*가 끓어올랐다.
  b. 가슴속의 *기쁨*도 어느새 다 빠져나가버렸다.

---

[38] 개념적인 범주가 공간을 통해 이해된다면, 공간적 경험에 따른 논리가 범주에 대한 추론에 적용된다. X가 범주 A 안에 있고, A가 범주 B 안에 있다면 X는 B 안에 있다는 추론은 영상도식에 의해 제공된다는 것이다.

(51) 수동적인 체험 (외부의 실체)
 a. *두려움*이 그를 사로잡았다.
 b. 그들은 *환희*에 휩싸였다.
 c. 그런 짓을 했으니 *양심*에 찔릴 수밖에.
 d. 타이타닉호는 *죽음*을 향해 항해하고 있었다.

능동적인 체험 (내부의 실체)
 a. 마음속에서 *두려움*을 내몰았다.
 b. 치밀어 오르는 *분노*를 억눌렀다.

능동적인 체험 (외부의 실체)
 a. 기업들도 *고급 제조 산업*에 부단히 손을 뻗었다.
 b. 2:1로 *승리*를 손에 넣었다.
 c. 임원들은 *새로운 아이디어*에 눈길을 돌리긴 했지만, *오해와 편견의 색안경*을 벗지는 않았다.
 d. 박지성이 *생애 일곱 번째 우승*을 향해 달려가는 상황에 *부상*이 길목을 막았다.

 Kövecses(2000), Peña(2003)를 비롯한 많은 학자들은 그릇도식을 통한 감정의 은유적 개념화를 설명해왔는데, 사실 (50)과 같이 신체가 감정을 담을 수 있는 그릇으로 형상화되는 보편적인 현상도 신체적 체험의 유사성에 기초한 상상력의 결과라 할 수 있다. 하지만, 감정이 항상 그릇도식을 통해서만 이해되는 것은 아니며 (51a)~(51c)와 같이 감정은 우리를 사로잡고, 감싸고, 찌르는 등 다양한 모습으로 형상화될 수 있다. 수동적으로 체험되는 추상적 개념은 그릇 외에도 우리에게 작용할 수 있는 다양한 물상을 통해 형상화될 수 있다. (51d)는 '죽음'이 정해진 항로에 의해 점점 가까워지는 목적지로 형상화되고 있다.
 (52)~(53)과 같이 능동적으로 체험되는 개념은 우리가 신체를 통해 내몰거나, 억누르거나, 그것을 향해 손으로 잡으려 하는 대상으로 형상화되

어 있다. (53b)에서 관심을 받는 아이디어는 사람들의 눈길을 받는 대상으로 형상화되고, 오해와 편견은 시각을 굴절시키는 물체로 형상화되었다. (53d)와 같이 목표나 결과가 이동의 목적지로 형상화되는 사례들이 Lakoff(1993)에 의해서는 '사건 구조 은유(event structure metaphor)'로 다루어지기도 했다.

Lakoff(1993)에 의하면 사건구조은유는 대략 다음의 10가지 사상으로 이루어져 있다고 한다.

    [상태는 (공간 속의 한정된)장소이다.]
    [변화는 (한정된 지역 안이나 밖으로의) 이동이다.]
    [원인은 힘이다.]
    [행동은 스스로 추진되는 이동이다.]
    [목적은 도착지이다.]
    [수단은 도착지에 이르는 경로이다.]
    [어려움은 이동의 장애물이다.]
    [예상할 수 있는 진전은 여행 일정이다; 일정은 정해놓은 시간에 정해진 시간을 가상적으로 여행하는 사람이다.]
    [외부 사건은 커다란 이동체이다.]
    [장기적이고 계획적인 행동은 여행이다.][39]

---

39) 해당 원문은 다음과 같다.
    States are locations (bounded regions in space).
    Changes are movements (into or out of bounded regions).
    Causes are forces.
    Actions are self-propelled movements.
    Purposes are destinations.
    Means are paths to destinations.
    Difficulties are impediments to motion.
    Expected progress is a travel schedule; A schedule is a virtual traveller, who reaches pre-arranged destinations at pre-arranged times.
    External events are large, moving objects.
    Long-term, purposeful activities are journeys.

개념적 은유에서는 '나는 성공에 점점 다가가고 있다'와 같은 은유가 [상태는 장소], [목적은 도착지], [수단은 도착지에 이르는 경로] 등의 여러 사상에 의해 이루어진다고 본다. 우리는 도착지를 향한 이동에 대한 경험과 어떤 목표를 달성하는 과정의 유사성에 기반해서 '성공'은 도착지로 영상화되고, '성공을 성취하는 과정'은 '도착지를 향한 이동'으로 영상화 되는 것임을 알 수 있다. 이런 은유적 영상이 발생한 유사성의 근거는 노력을 할수록 성취가 더 앞당겨진다는 '관계'적 측면에서 발생한다. 이렇게 구성된 영상을 시뮬레이션하면 '성공'을 향해 가면서 노력이 소모되고, 노력을 할수록 '성공'은 더 앞당겨진다는 맥락의미가 발생하면서 은유의 의사소통적 목적은 동시에 달성된다. 우리의 삶속에서 어떤 것을 경험하고 그것을 표현하기 위한 은유적 영상을 만드는 일은 쉴 새 없이 계속되고 있다. 사건구조은유는 그것의 일부를 매우 도식적인 수준에서 다루면서 일반화를 추구하고 있다. 하지만, 이 연구에서는 앞에서 밝힌 바와 같이 은유적 영상이 어떤 원리에 의해 순간순간 새로운 영상으로 발생하고 해석되는지에 중점을 두고 있다. 〈그림 64〉는 모두 목표 경험과의 유사성을 바탕으로 즉석에서 발생하는 은유적 영상들의 예들이다. 이 영상들은 어떤 목표를 성취하는 과정에서 겪는 경험의 조각에 대응하는 것이며, 이 은유적 영상의 시뮬레이션에서 얻어지는 의미의 풍부성과 정교성, 그리고 복합성은 사건구조은유만으로는 설명되기 어렵다.

〈그림 64〉에서 목표를 성취하는 과정에 겪는 다양한 경험들(목표, 과정, 어려움 등)은 유사성을 근거로 이동의 과정 중에 만나는 다양한 물리적 대상으로 영상화되어 있다. 각 영상을 구체적으로 살펴보면 ①의 깃발은 꿈, ②의 무성한 나뭇잎은 쓸모없는 정보들, ③의 구덩이는 어려운 상황, ④의 식인종은 군 입대, ⑤의 망망대해는 인생살이, ⑥의 거대한 물고기는 암울하지만 새로운 것을 계획할 수 있는 외부와 차단된 시간, ⑦의 물결은 과정을 수월하게 해주는 도움, ⑧의 기찻길은 과거, 현재, 미래의 연속선 ⑪

의 오르막은 막판의 어려움, ⑫의 깃발은 목표, 깃발을 잡는 것은 목표를 성취하는 것에 대응된다.

②에서는 특정한 크기와 모양의 무성한 나뭇잎들이 장애물로 등장한다. 이런 나뭇잎들은 단순히 이동에 장애를 주는 것뿐만 아니라 시야를 가리고, 이동하는 사람을 혼란스럽고 귀찮게 만들 가능성이 있다. ⑥에서 시간은 캄캄한 물고기의 뱃속으로 영상화 되었는데, 이것은 개인의 특정한 지식에 의해 불러일으켜진 성서의 요나서에 나오는 물고기로 그 안에는 혼란이 있지만 자성과 앞으로의 인생에 대한 설계가 이루어진다. 이처럼 사람들은 자신들의 어떤 경험에 대해 개인적으로 즐겨 사용하는 은유적 영상들을 가지고 있으며, 새로운 경험을 표현하기 위해 또 다른 은유적 영상을 쉼 없이 만들어낸다. 이런 부분은 개념적 은유와 영상도식으로는 충분히 설명되기 어렵다.

또, ①의 '바라보고 걷기', ②의 '향해 가는', '보이지 않았다', '무성하다', '찾기', ③의 '빠졌다가', ④의 '빠져나와', '기다리고 있었다', ⑤의 '몸을 띄우고 하염없이 표류했다.' ⑥의 '나를 삼켰고', ⑦의 '물결을 타고', '향해 나아가기 시작했다.', ⑧의 '타고', '향했다', '딛고', '나아간다', ⑨의 '제대로 가고 있는지', '얼마 남지 않았다.', ⑩의 '가볍게 통과해서', '향해 올라갔다', ⑫의 '붙잡을 수 있었다'에 사용된 동사들의 의미는 특별히 확장되거나 변하지 않고 원래 의미와 같은 방식의 시뮬레이션에 의해 처리되며, 은유적 영상의 해석에서 얻어지는 의미는 동사의 원형이 정교화 된 맥락의 미에 포함된다. 하지만, 이 은유적 영상의 미세한 변화(구덩이의 모양이나 깊이 등)도 시뮬레이션을 통해 얻어지는 맥락의미에 직접적인 영향을 준다. 주관적 경험을 근거로 즉석에서 영상이 발생한다는 이 연구의 제안은 '풍부한 영상(rich image)'이 아닌 반복된 경험의 패턴을 통해 형성된 뼈대와 같은(skeletal) 안정적인 구조의 영상도식이 '사상(mapping)' 과정을 통해 은유를 발생시킨다는 Lakoff(1987)의 개념적 은유의 대안이 될 수 있을

①나는 언제부터인가 요리사가 되겠다는 꿈을 바라보고 걷기 시작했다. ②그 꿈을 향해 가는 길은 처음부터 험하고 앞이 잘 보이지 않았다. 주위에는 쓸모없는 정보들만 무성할 뿐, 좋은 요리사가 되는 길을 찾기가 힘들었다. ③결국 나는 갈 길을 모른 채 몇 년간 대학입시에 떨어지는 어려운 상황에 빠졌다가 ④가까스로 빠져나와보니 3년간의 군복무가 나를 기다리고 있었다. ⑤나는 인생의 망망대해에 몸을 띄우고 하염없이 표류했다. ⑥캄캄한 시간이 나를 삼켰고, 나는 그 안에서 언젠가는 훌륭한 요리사가 되고야 말겠다고 다짐했다. ⑦그로부터 나는 새로운 희망의 물결을 타고 꿈을 향해 나아가기 시작했다. ⑧나는 기차를 타고 서울에 있는 요리학원을 향했다. 나는 기차를 따라 과거를 딛고 미래를 향해 나아간다. ⑨가끔씩 나는 내가 제대로 가고 있는지 의심스러울 때가 있었지만, 요리사 시험까지 이제 얼마 남지 않았다. ⑩나는 1차 시험을 가볍게 통과해서 ⑪마지막 목표를 향해 올라갔다. ⑫결국 2차 시험 합격의 영광을 붙잡을 수 있었다.

〈그림 64〉 목표를 이루는 과정의 영상화

것이다. Lakoff(1987)는 영상도식에서 풍부한 영상의 역할을 반대하고, 은유적 사상을 A IS B와 같은 문자적 표현으로 설명했지만 시뮬레이션을 통한 주관적 체험에 근거한 영상의 해석은 풍부한 영상의 정교한 역할과 문자적 표현의 한계를 모두 극복할 수 있기 때문이다. 물론 그들이 영상도식에 대해 일치된 견해를 보이는 것은 아니지만, 최근에 와서 영상도식의 역동적인 면은 점차 더 강조되고 있는 것 같다(Dewell 2005, Gibbs 2005). 일상적인 의사소통에서 빠르고 빈번하게 작동되는 영상도식의 층위가 있다는 것은 그럴듯한 주장이다. 그러나 앞에서 보았듯이 은유적 영상을 처리할 때 즉석에서 발생하는 영상으로 구성된 정신공간이 필요하다는 것도 역시 사실이다.

개념적 은유는 은유를 단순한 언어의 문제가 아닌 사고의 문제로 볼 수 있도록 사람들의 관점을 변화시키는 데 큰 영향을 주었다. 한편, 개념적 은유가 인간의 사고에서 발견되는 어느 정도 보편적이고 확립된 은유의 패턴들을 찾는 데 역점을 두었다면 '혼성이론(Blending Theory)'은 순간순간 떠오르는 정신 공간이 은유의 해석에 어떻게 관여하는지를 밝힘으로써 은유의 창조와 해석이 얼마나 역동적이고 다채롭게 이루어지는지를 보여주었다. 우리가 살펴본 영상도식의 문제점 역시 상상력을 통해 즉석에서 발생하는 역동적인 영상에 대한 설명력의 부족에서 발생하는 것이었다. 따라서 은유적 영상이 상상력을 통해 역동적으로 창조되고 해석되는 현상은 혼성이론의 관점에서 더 적절하게 설명될 수 있는 가능성이 있다.

혼성 이론은 은유가 해석해 왔던 자료보다 더 넓은 영역을 다루고 있으며, 결과적으로 은유는 혼성이라는 더 일반적인 현상의 부분적인 측면으로 받아들여지기도 한다(Taylor 2002). 하지만, 혼성은 은유에 의해 영상이 발생하는 과정을 설명할 수 있는 시뮬레이션 모형의 일종으로 볼 수 있으며, 혼성이 발생하는 과정이 개입된다 하더라도 유사성을 통해 맥락의미를 전달한다는 은유의 본질은 변하지 않는다. 먼저, 혼성의 기본적인 과정을 설명하면 다음과 같다.[40]

혼성은 최소한 두 개의 입력공간이 존재해야 이루어질 수 있는데, 그것을 각각 입력공간 1(I1), 입력공간 2(I2)와 같이 나타낸다. 그리고 적어도 하나의 일반공간(혹은 총칭 공간)이 있어야 하는데, 그것은 두 입력공간에 공통적인 요소들을 인식하는 공간이며 두 입력공간의 요소들이 대응되는 것을 촉진시켜 준다. 마지막으로 혼성공간에서는 입력공간에서 선택된 요소들이 통합된다. 혼성이론에서는 이 때 두 입력공간에서 공통적인 개념들이 하나의 요소로 '융합(fusion)'되기도 하고, 독립적으로 작용하기도 하며, 입력공간에서 투사되지 않은 새로운 요소들이 형성되기도 하는데, 혼성공간의 이런 창발적인 특성은 개념적 은유에서는 포착되지 않는 것이라고 말한다. 하지만 여기서 은유적 영상은 혼성공간에 발생한 시각적 혼성의 일종이며, 이 시각적 혼성은 결국 시뮬레이션을 통해 목표와 근원의 유사성을 맥락의미로 발생시키기 위해 사용된다는 것이 이 연구의 제안이다.

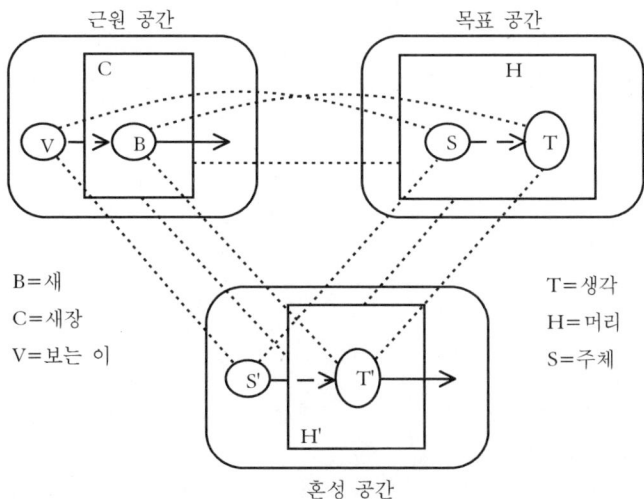

〈그림 65〉 '날아가 버린 생각'의 혼성 과정(Langacker 2008: 52)

---

40) 혼성이론에 대해서는 Fauconnier(1997), Fauconnier & Turner(1998, 2002), 구현정(1996), 김중현(2000), 이종열(1999), 임지룡(1997) 참조.

Langacker(2008: 51-54)는 "그 생각이 방금 내 머리에서 날아가 버렸어." 라는 은유가 혼성 공간에서 해석되는 과정을 〈그림 65〉와 같이 제시했다. 이 은유의 근원은 새장에서 날아간 새의 개념으로, 새는 새장에서 날아가 버린 결과 더 이상 보이지도 않고 잡히지도 않는다. Langacker는 혼성 공간을 근원을 목표에 '뒤집어씌워' 얻어진 변종 개념이라고 설명하는데, 그의 표현 방식은 극도로 추상적인 방식으로 논의되어온 혼성이론을 좀 더 이해하기 쉽게 만들어주는 것 같다.

　　우리는 혼성에서 발생한 시각적 영상과 발현 구조에서 발생하는 의미가 은유와 어떤 관계에 있는지 좀 더 알아볼 필요가 있다. 지금까지의 연구에서는 이런 부분이 잘 정리되어 있지 않은 상태인 것 같다. 한 예로 시사만화를 시각적 혼성으로 분석한 Rohrer(2004)의 설명을 들어보자. 〈그림 66〉은 우크라이나 시사만화작가인 Kodenko의 작품으로, 이라크 전쟁 발생의 숨겨진 동기가 종교 문제와 석유 확보일 것이라는 비서구인의 시각을 보여준다. 붉은 십자가가 있는 기사복과 중세 식으로 성조기가 나무 막대기에 걸려 있는 모양, 칼과 방패 등 대부분의 요소들은 십자군의 영역에서

〈그림 66〉 석유 십자군 부시의 시각적 혼성(Kodenko 2003)

온 것들이다. 그리고 부시 대통령의 얼굴, 방패의 석유 굴착기, 그리고 배후에 있는 유정탑과 정제소 등 다른 요소들은 당시의 지정학적 상황에서 온 것들이다. 이 그림에서 일반적으로 전쟁의 원인으로 알려진 대량살상무기 같은 것은 보이지 않는데, 이는 선택적 투사 원리에 의해 입력공간에서 혼성공간으로 투사되지 않은 것이다.

Rohrer(2004)에 의하면 〈그림 67〉에서 굵은 점선은 십자군 방패의 십자가 문양과 굴착기계 사이의 '변형적 사상(transformative mapping)'을 나타낸다. 또, 촘촘한 점선들은 Bush를 중세의 기사로 만드는 은유적 사상과 유정탑과 광탑이 어우러져 있는 배경을 만들어낸다. 〈그림 67〉에서 두 입력공간 사이의 점선은 두 대응 요소가 그림에 융합되거나 공존하는 양상

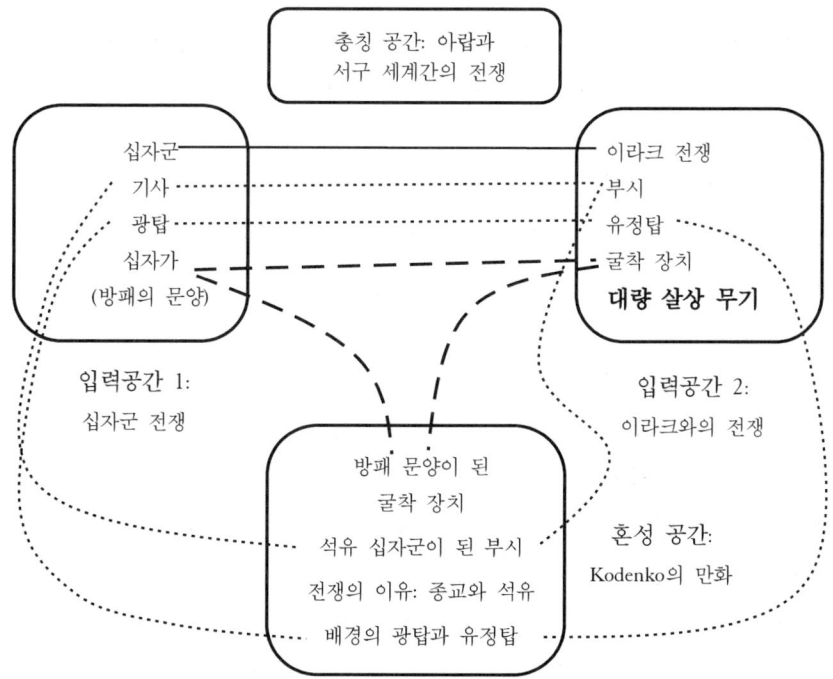

〈그림 67〉 시각적 혼성의 석유 십자군 부시(Rohrer 2004: 14)

을 나타낼 때 사용되었다. 〈그림 66〉의 올바른 해석은 이라크 전쟁에서 십자군 전쟁과의 유사성을 발견함으로써 얻어지게 되는데, 입력공간 1에서 투사된 영상들이 제공하는 틀은 결국 이라크 전쟁에서 십자군 전쟁과의 유사성을 찾을 수 있도록 (은유의 해석을) 유도하고 있다. 부시에게 입력공간 1로부터 주어진 칼, 방패, 복장 등은 이런 유사성을 발견할 수 있는 중요한 단서가 된다. 하지만, 같은 입력공간 1에서 온 광탑은 이라크 전쟁에서 십자군 전쟁과의 유사성을 찾는 데 중요한 역할을 하지 않는다. 또, 입력공간 2에서 온 유정과 Bush, 석유 굴착기 등은 십자군 전쟁과의 유사성을 찾을 수 있는 (은유적 해석이 요구되는) 요소는 아니지만, '합성(composition)'과 '완성(completion)'의 과정을 통해 Bush의 십자군 전쟁은 종교뿐만 아니라 석유 자원의 확보가 원인일 수도 있다는 새로운 발현 구조를 만드는 데 참여하게 된다. 또 이런 새로운 구조는 입력공간 2에 '역투사(backward projection)'되어 이라크 전쟁에 대한 기본적인 인식의 틀을 바꿀 수 있다.

시각적 혼성에 대한 Rohrer(2004)의 분석은 그림이 해석되는 과정에 초점을 맞추었지만, 우리는 근원을 통해 목표와의 유사성을 전달하려는 은유의 의도가 어떻게 시각적 영상으로 표현되는지, 그리고 그 영상은 어떻게 해석되어 의사소통 행위인 은유로서의 목적이 달성되는지에 초점을 맞추어야 한다. 〈그림 66〉에 나타난 시각적 혼성의 요소들은 그리는 사람이 전달하고자 하는 목표와 근원의 유사성을 나타낼 수 있도록 구성되어 있다. 이 그림이 전달하려고 하는 두 상황의 유사성은 십자군 전쟁과 마찬가지로 이라크 전쟁이 종교적인 문제를 내포하고 있으며, 아랍에 대한 서방세력의 공격이라는 것이다. 이 그림은 이라크 전쟁을 일으킨 부시가 십자군 복장을 하고 있는 시각적 혼성을 통해 이라크 전쟁에서 십자군 전쟁과의 유사성을 발견하도록 유도하고 있다. 하지만, 이라크 전쟁과 십자군 전쟁의 차이점도 있는데, 그것은 침략 국가가 미국이라는 점, 그리고 석유 자원의 획득이라는 숨은 목적이 있다는 점 등이다. 이것은 그림에 유정탑과 방패에 그려진 굴착 장치 등을 통해 나타나고 있다. 이 그림의 혼성은 두 상황의 유사성과 차이점을 모두 전달하고 있다. 두 상황의 유사성에 포함되지 않는 새로운 부분(석유 자원 확보가 목적이라는 것)은 발현 구조로 나타나는데, 이것도 이 그림이 전달하려는 중요한 의미 중 하나이긴 하지만 은유에 의해 전달되는 내용은 아니다. 어쨌든, 전체적으로는 이라크 전쟁과 십자군 전쟁에 관련된 영상들을 뒤섞어 놓음으로 인해 두 상황의 유사성에 대한 비교가 촉발된다. 다시 정리하면, 〈그림 66〉은 이라크 전쟁이 십자군 전쟁과 비슷하다는 것을 보여주기 위해 십자군 전쟁을 구성하는 영상들의 틀 속에 이라크 전쟁을 구성하는 요소들을 포함시키고 있는 것이다.

이번에는 이 연구의 주제와 더 관련된 동적인 은유적 영상이 포함된 그림을 살펴보자. 자료로 선택된 〈그림 68〉은 한때 대운하 건설에 대한 찬반양론의 대립이 불거지고 있는 가운데, 많은 전문가들과 시민단체가 반대하고 있음에도 추진되려고 했던 대운하 정책의 위험성을 비판한 시사만화이다. 〈그림 68〉에서 은유적 해석이 요구되는 비교의 대상(목표)은 무리한 대운하 추진으로 인해 발생할 수 있는 환경, 생태, 경제의 총체적인 문제점과 선박이 거대한 빙산과 충돌하는 상황이다. 편의상 이 만평의 입력공간들과 혼성 공간만을 제시해 보면 〈그림 69〉와 같다. 여기서 입력공간 1은 대형 선박이 커다란 빙산에 충돌할 위험에 놓인 상황이고, 입력공간 2는 대운하 건설을 무리하게 추진하여 수많은 문제점을 초래할지도 모르는 상황이다.

입력공간 1에 선장이 무책임하다는 속성은 없었지만, 입력공간 2의 언론성향조사[41]에서 나타난 인수위원회의 무책임함은 혼성 공간에서 인수위

---

41) 이 때 인수위원회는 각 언론사 임원들의 정치적 성향을 조사하여 언론 통제를 시도하려 한다는 비판을 받자 인수위원회의 한 개인이 회의 시간에 졸다가 하게 된 돌

〈그림 68〉 김용민의 그림 마당(경향신문 2008년 1월 15일자)

원회(이하 인수위)에 선장의 역할이 부여되면서 함께 전가된다. 또 입력공간 1의 영상들은 혼성 공간에 선택적으로 투사될 수 있는데, 만약 빙산의 물에 잠긴 부분이 혼성 공간에 추가적으로 투사된다면 대운하를 추진함으로써 발생하는 문제점은 예상했던 것보다 훨씬 더 클 수 있다는 추가 해석이 혼성 공간에서 완성될 수도 있다. 〈그림 69〉는 〈그림 67〉과 달리 변형적 사상을 나타내는 굵은 점선이 사용되지 않았는데, 그 이유는 앞에서 논의한 바와 같이 혼성 공간에 나타난 요소들은 은유적 해석이 요구되는 비교의 대상과 관련된 요소들을 각각의 입력공간으로부터 선택적으로 가져온 것이라는 점에서 동일하기 때문이다.

우리가 여기서 특별히 주목할 부분은 〈그림 68〉의 시각적 혼성공간에서 선박과 빙산과의 충돌은 입력공간 1로부터 투사되어 영상으로 표현되었는

출 행동일 뿐이라고 해명한 일이 있었다.

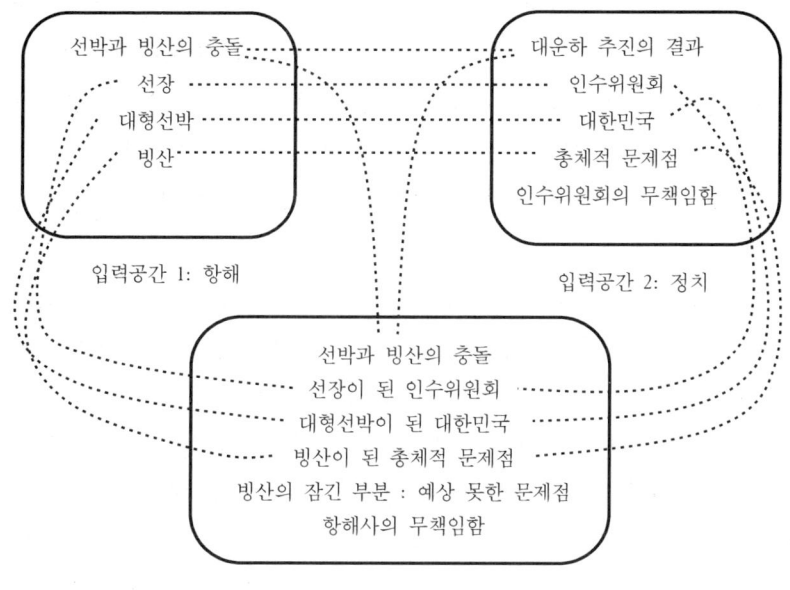

〈그림 69〉 선장이 된 인수위원회의 시각적 혼성

데, 이에 대응하는 대운하 추진의 결과는 입력공간 2로부터 혼성공간으로 투사되었음에도 불구하고 시각적 영상으로 드러나지 않았다는 것이다. 또, '대한민국' 역시 입력공간 2에는 있지만, 혼성공간으로 투사된 후에 영상으로 나타나지는 않고 있다. 그것은 입력공간 1이 이 시각적 혼성의 은유적 영상을 제공하고 있으며, 입력공간 2는 이 은유적 영상에 대응되는 추상적 개념을 제공하고 있기 때문이다. 앞의 '석유 십자군' 그림에서는 은유의 목표와 근원이 모두 영상을 가지고 있기 때문에 시각적 혼성의 영상들은 두 입력공간에서 균등하게 투사될 수 있었다. 하지만, 〈그림 68〉의 은유적 영상은 한쪽 입력공간에서는 영상만이 투사되고 다른 입력공간에서는 비영상적 개념이 투사된 혼성 공간에서 발생한다는 점에서 다른 시각적 혼성

4. 은유에 의한 의미 적용 영역의 확장 과정

들과 구분되는데 이런 경우를 우리는 '물상화(reification)', 혹은 '존재론적 은유(ontological metaphor)'라고 부른다. 〈그림 68〉의 빙산에 있는 '환경 생태 경제 총체적 문제점'이라는 글자를 보라. 이 글자는 빙산에 대응하는 추상적 개념을 알리기 위해 그림의 규칙을 깨고 끼어든 것이다.

한편, 졸고 있는 선장의 모습까지 은유적인 영상으로 본다면 그것은 유사성을 가진 졸고 있는 선장과 무책임한 인수위원회가 각각의 입력공간으로부터 혼성공간에 투사되어 융합된 것으로 볼 수 있다. 만약 졸고 있는 선장의 모습을 은유적인 영상으로 처리하지 않는다면, 선박과 빙산의 충돌만 은유적 영상에 포함되고 인수위원회가 배를 몰아 위험에 빠진다는 해석은 발현구조를 통해 얻어지게 된다. 둘 중 어떤 경우이건 우리는 시뮬레이션을 통해 작가가 의도한 맥락의미를 해석할 수 있게 된다.

우리는 추상적 개념에 은유적으로 해석될 수 있는 영상이 부여되고 다시 시뮬레이션에 의해 해석되는 과정이 혼성이론을 통해서 어떻게 설명될 수 있는지 살펴보았다. 우리가 이해하기에 은유적인 영상은 비교되는 두 상황을 나타내기 위해 서로 다른 입력공간으로부터 혼성공간에 투사된 요소들로 이루어지는 것으로 그 이외의 영상들은 은유적 해석을 요구하지

② 꿈을 향해 가는 길은 처음부터 험하고 앞이 잘 보이지 않았다. 주위에는 쓸모없는 정보들만 무성할 뿐, 좋은 요리사가 되는 길을 찾기가 힘들었다.

〈그림 70〉

않는 발현 구조로 처리된다. 따라서 혼성작용이 은유보다 더 다양한 의미 해석을 수행하는 시뮬레이션 과정이라는 혼성이론의 주장은 맞지만, 은유가 혼성보다 덜 중요한 역할을 한다거나 설명력이 없다고는 할 수 없다. 왜냐하면, 은유는 유사성의 비교를 통한 맥락의미를 전달하려는 의사소통적 행위이고, 혼성은 그 과정에서 발생하는 영상과 개념을 처리하는 작용이기 때문이다. 같은 맥락에서 혼성이론으로 설명되어 온 고전적인 예 중 하나인 "That surgeon is a butcher."의 경우도 외과의사에게서 도축자와 비슷한 면을 발견함으로써 은유의 해석은 완료된다. 필자의 생각에 그 비슷한 면이란 환자를 살릴 가능성이 없다는 것, 혹은 흔히 거론되는 기술적인 숙련도와는 상관없이 환자를 살리기에 적절한 기술이 아니라는 것 등이 될 수 있을 것이다. 그리고 이런 은유가 영상으로 표현된다면 그것은 외과의사가 도축용 칼을 들고 있는 모습이나 또는 환자가 도축된 짐승들과 함께 누워 있는 모습 등으로 그려질 수 있을 것이다. 그리고 이런 영상이 만들어지는 과정은 위의 예들과 마찬가지로 개념적 혼성 이론으로 잘 설명될 수 있을 것이다. 이처럼 혼성이론은 시뮬레이션을 통해 은유를 표현하기 위한 영상들이 창조되고 해석되는 과정을 설명하기에 적합하긴 하지만, 영상의 은유적인 의미 해석 과정은 영상의 시뮬레이션과 함께 목표에서 근원과의 유사성을 발견해야만 비로소 완료된다.

이제 '목표를 이루는 과정의 영상(〈그림 64〉)'에 나온 두 번째 예문이 해석되는 과정에서 시각적 혼성이 어떻게 발생하고 처리되는지 살펴보자. 〈그림 70〉에서는 은유적 영상인 빙산이 입력공간 2의 '총체적 문제점'과 혼성공간에서 융합된다는 것을 빙산위에 있는 글씨를 통해 알려줌으로써 적절한 시뮬레이션을 유도했다. 이와 달리 예문 ②에서는 각각의 추상적인 개념들이 어떤 영상과 융합되는지에 대한 정보가 있어야 시뮬레이션이 가능한데, 우리는 문장의 내용과 맥락을 통해 꿈을 향해 가는 과정은 험하고 어둡고 울퉁불퉁한 길이라는 것과 쓸모없는 정보는 쓸모없이 무성해서 시야를 가리는 나뭇잎들이라는 정보를 얻음으로써 시뮬레이션에 필요한 영상을 구성할 수 있다. 또, 이렇게 발생한 영상이 해석될 때는 시각적 혼성을 나타낸 그림과 마찬가지로 시뮬레이션을 통해 자동적으로 은유가 전달하려는 맥락의미를 발생시키게 된다.

   4.1에서는 은유 혹은 은유적 영상이 시뮬레이션에 의해 해석되는 과정을 살펴보았다. 은유의 의사소통적 본질은 근원에서 찾을 수 있는 목표와의 유사성을 전달하려는 것이다. 따라서 은유의 해석이 적절하게 이루어지기 위해서는 적어도 근원(혹은 매체)에 대한 시뮬레이션이 가능해야 한다. 목표에 대한 정보는 불충분할 수도 있으며(이것이 은유가 사용되는 이유 중 하나이기도 하다) 이 때 목표에 대한 시뮬레이션(혹은 해석)은 근원의 시뮬레이션에 의해 보충된다. 목표에 대한 시뮬레이션이 이루어진다 하더라도 궁극적으로 근원과의 유사성을 찾는 과정을 거쳐야 은유의 의사소통적 목표가 달성된다. 특별히 은유적 영상은 추상적인 성격의 목표의 개념을 전달하기 위해 필수적이며, 은유적 영상이 즉석에서 해석되는 과정은 시뮬레이션에 의한 의미 해석 모형에 의해 잘 설명된다. 또한 약간의 변용을 통해 혼성이론 역시 은유적 영상의 처리 과정을 잘 설명해줄 수 있다는 것을 살펴보았는데, 혼성이론도 크게 보아 은유 해석을 포함한 일반적인 의미 해석에 관여하는 시뮬레이션 모형에 포함될 수 있다. 하지만 혼성이론 자체가 이 연구에서 제안하고 있는 은유나 은유적 영상의 발생 및 해석 원리에 대해 알려주는 것은 아니다.

4.2. 은유에 의해 발생하는 동사의 맥락의미

   앞에서는 은유와 은유적 영상의 발생과 해석 원리를 살펴보았는데, 그것은 동사의 원형의미가 은유에 의해서 의미를 확장시키는 것이 아니라 맥락적인 의미에 맞게 동사의 의미가 적용되는 영역을 확장시키는 것뿐이

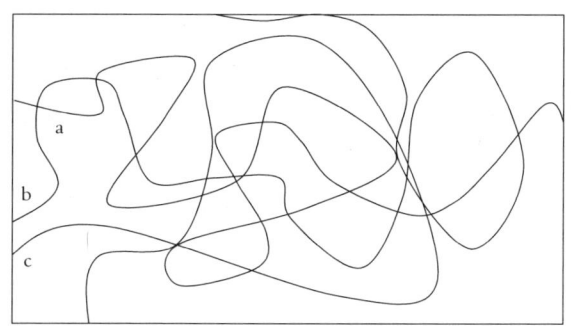
〈그림 71〉 '얽히다'의 시뮬레이션 영상

라는 이 연구의 입장을 다시 한 번 확인시켜준다. 결국 은유적으로, 혹은 은유적 영상을 표현하는 것에 사용된 동사는 맥락에 맞는 정교화 된 원형의미로 해석될 뿐이며 그것은 은유에 의해 동사의 의미가 새로 확장되는 것이 아니라 목표하는 의미와의 유사성을 전달하기 위해 잠시 이용되는 것뿐이다. (54)의 은유적 표현에 사용된 동사 '얽히다'를 보자. 이 동사는 〈그림 71〉과 같이 '주장'이라는 추상적 개념들에 대응하는 은유적 영상을 원형의미대로 묘사하고 있을 뿐이며, 주장이 얽혀있어서 서로 잘 구분이이 안 된다는 의미는 맥락을 고려한 해석을 통해 얻어진다.

(54) 이 책에는 필자의 생각이 다른 사람의 주장과 <u>얽혀</u> 있어서 필자의 주장이 분명하게 드러나지 않는다.
(55) 그는 여러 가지 생각이 <u>얽혀서</u> 밤새 고민하였다.
(56) 그는 부정사건에 <u>얽혀서</u> 많은 고생을 했다.

(55)와 (56)의 경우도 마찬가지다. (55)는 추상적인 개념인 '생각'이 은유적 영상으로 처리되어 그것이 매우 복잡하게 되었고 잘 정돈되지 않는다는 맥락의미를 발생시킨다. (56)은 '그'와 '부정사건'이 서로 얽혀 있는 은유적 영상으로 제시되어 있는데, 그 둘을 분리시키기 어렵다는 맥락의미가

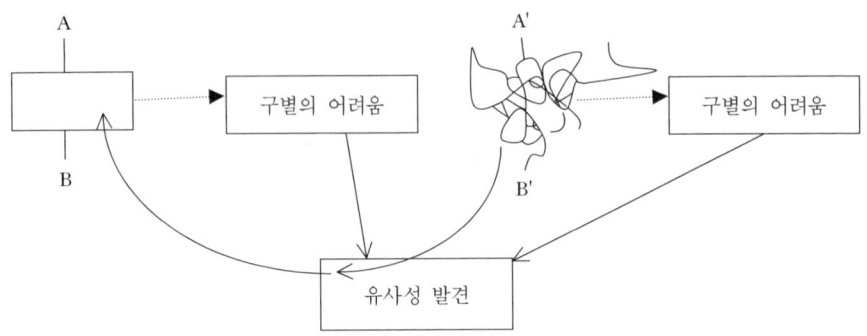

〈그림 72〉 환유에 의한 은유적 영상의 유인 과정

발생된다. (54)의 주장과 주장, (55)의 생각과 생각, (56)의 그와 부정사건의 관계는 모두 같은 은유적 영상으로 처리됨에도 불구하고 저마다 다른 맥락의미를 발생시키는데, 그것은 추상적 개념의 입력공간에서 투사된 요소들이 혼성공간에서 은유적 영상과 융합하여 저마다 다른 발현구조를 발생시키기 때문이다.

은유적인 영상의 맥락의미 해석도 경험의 토대에서 발생한다는 것을 이해할 필요가 있다. (54)의 '구별되지 않음', (55)의 '복잡하고 정돈되지 않음', (56)의 '분리해 내기 어려움'은 얽혀 있는 사물과 함께 자주 동반되는 경험들이며, 4장에서 보게 되듯이 이런 동반 경험은 환유를 발생시키는 조건이 되어 잠재적인 의미로 자리 잡는다. 대부분의 경우 은유적 영상의 맥락의미는 이미 동반 경험을 통해 발생하는 그 동사의 환유적인 의미에 의해 유도된다. 그리고 그런 목표의미를 전달할 수 있는 영상도 대부분의 경우 상상력을 통해 즉석에서 만들어지는 것이 아니라 이미 동사가 발생시킬 준비가 되어 있는 환유에 의해 의미의 인도를 받는다.

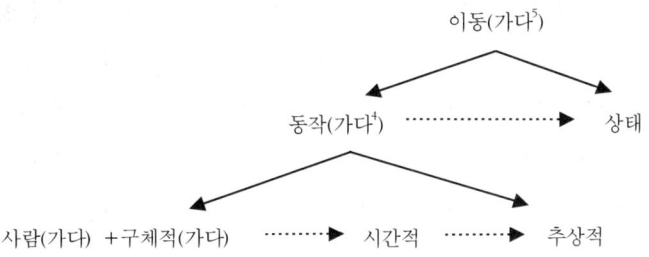

〈그림 73〉 1차 수정되었던 '가다'의 의미망

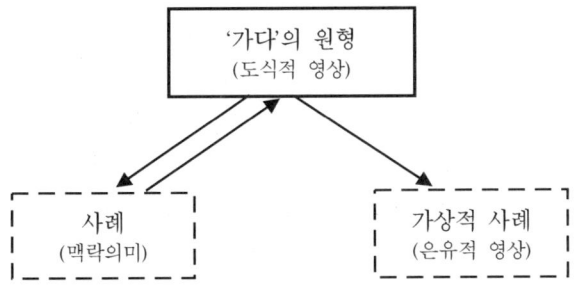

〈그림 74〉 최종 수정된 '가다'의 의미망[42]

〈그림 72〉는 어떤 목표 의미에 맞는 은유적 영상이 환유에 의해 발생하는 잠재적 의미의 유도로 선택되는 과정을 보여준다. 한편, 3.1에서 '가다'의 다의성 오류를 수정하여 〈그림 73〉과 같은 의미망이 도출되었는데, 이 분석은 아직 은유적 표현에서 동사의 의미가 확장된다는 가정 하에 이루어진 것이었다. 여기에 '가다'가 은유를 통해 목표에 적용되는 맥락의미를 발생시킬 뿐이라는 것을 반영하면 그 결과 〈그림 74〉의 의미망이 도출된다. '동정이 가다', '판단이 가다', '맛이 가다', '결심이 오래 가다'에서 추상적인 개념인 '동정', '판단', '맛', '결심' 등은 앞에서 논의한 바와 같이 은유

---

[42] 이 의미망은 '가다'의 전체 의미망을 가능하게 하는 부분적인 구조이다.

4. 은유에 의한 의미 적용 영역의 확장 과정

적 영상이 부여되어 맥락의미를 발생시킨다. 이 은유적 영상의 해석도 앞에서 말한 바와 같이 환유에 의해 유도되며, 이 과정에서 발생하는 의미의 확장은 환유에 의한 것이지 은유로 인한 것이 아니다. 환유에 의해 발생하는 '가다'의 확장의미에 대한 구체적인 논의는 5.2.3에서 이루어진다.

은유적 영상이 사용된 표현들은 우리의 일상적 언어생활에서 흔하게 접할 수 있다. (57)의 예문들을 보자.

(57) a. 떠날 시간이 왔다.
  b. 나는 그녀와 사랑에 빠졌다.
  c. 그는 방탕한 삶에서 헤어 나오지 못했다.
  d. 그는 유혹에 끌려가지 않을 수 없었다.
  e. 모든 두려움을 떨쳐버리고 앞으로 나갑시다.
  f. 그의 한 마디에 미워하는 마음이 사르르 녹아내렸다.
  g. 김 여사는 헝클어진 마음을 다시 가다듬었다.
  h. 그들은 사랑의 감정에 휩싸였다.
  i. 소년은 처음으로 그런 슬픔에 휘말렸다.
  j. 아픔이 가슴을 찢었다.
  k. 아직 개념을 잡지 못했다.
  l. 그녀는 바보같이 그를 마음속에서 지우지 못했다.
  m. 다가갈수록 멀어지는 기억들
  n. 탐관오리들이 권력을 멋대로 휘둘렀다.
  o. 검찰들은 더 이상 이 사건을 파헤치려고 하지 않았다.

지금까지 동사의 기본 의미, 즉 원형의 영상이 세상 지식과 맥락을 토대로 시뮬레이션을 통해 해석되는 과정을 살펴보았다. 다시 한 번 강조하지만, 기존의 도식적 의미망으로 분석된 동사의 의미들은 사실 세상 지식과 맥락에 맞게 원형의 도식을 정교화 하여 얻어지는 해석이기 때문에 동사의 기본 의미의 범주를 벗어나지 않는다고 보아야 한다. 추상적 개념을 논

〈그림 75〉 "사건을 파헤치자 진실이 드러나기 시작했다."의 은유적 영상

〈그림 76〉 "너는 내 손 안에 있다."의 은유적 영상

항으로 가진 동사도 은유적 영상의 개입으로 인해 원형의 영상적인 시뮬레이션이 유지되며 동사의 기본 의미의 범주에 포함시켜 논의할 수 있다. 은유적 표현은 항상 〈그림 75〉과 같이 추상적 개념에만 영상적인 속성을 부여해주는 것은 아니다. 은유는 〈그림 76〉처럼 이미 영상으로 존재하고 있던 목표에 다른 영상을 부여해 주기도 한다.

중요한 것은 여기서 '파헤치다'나 '~안에 있다'가 나타내는 원형의미의 도식적 영상이 가진 속성은 그대로 유지된다는 것이다. 이 과정에서 의미의 확장이 발생한다면 그것은 동사의 영상 도식적 의미 자체의 확장이 아닌 그것이 적용될 수 있는 영역의 확장으로 이해되어야 한다. 그리고 이것 역시 원형의 도식을 맥락에 맞게 정교화 하는 과정의 일부이다.

그런데, 은유가 동사의 의미를 확장시키는 사례는 전혀 찾을 수 없는 것

4. 은유에 의한 의미 적용 영역의 확장 과정

일까? 이에 대한 논의를 위해 은유에 의해 동사의 의미가 확장되는 것으로 유력해 보이는 동사 '먹다'의 용법을 살펴보자.

(58) '먹다'의 원형의미와 확장의미 (임지룡 1997: 242)
원형의미: ① {밥/떡/과일}을 먹다
확장의미: ② {죽/물/술}을 먹다 ③ 약을 먹다 ④ 담배를 먹다 ⑤ {연기/가스}를 먹다 ⑥ {녹/뇌물/돈}을 먹다 ⑦ {백점/벌점}을 먹다 ⑧ 골을 먹다 ⑨ 나이를 먹다 ⑩ 더위를 먹다 ⑪ {사기/꿈}을 먹다 ⑫ 앙심을 먹다 ⑬ 욕을 먹다 ⑭ 겁을 먹다 ⑮ 마음을 먹다 ⑯ {기름/습기} 먹은 종이 ⑰ 풀 먹은 옷

'먹다'의 원형의미는 일반적으로 이빨을 사용해 음식을 씹어 삼키고 소화하는 일련의 과정을 바탕으로 윤곽이 부여된다. ②에서 '물', '술' 등은 액체이기 때문에 '먹다' 대신에 '마시다'라는 동사를 사용하는 것이 더 정확한 표현이 될 것이다. 하지만, '먹다'의 원형을 나타내는 도식이 '이빨을 사용해서 씹는 것'을 포함하지 않는다면 '물을 먹다', '술을 먹다'는 용인될 수 있다. (59)를 보면 갈증을 해소하기 위해서 물을 입에 통과시킨 경우가 아닐 때 오히려 '먹다'가 적절하게 사용됨을 알 수 있다.

(59) 철수는 수영장에 **빠져** 물을 먹었다.

따라서, '먹다'의 원형의미의 도식성의 수준을 좀 더 높게 잡아 ③의 '약을 먹다'와 나아가서는 ⑤ '{연기/가스}를 먹다'의 의미도 원형의미의 범주에 포함되는 맥락의미로 볼 수 있다.

그리고 '녹', '벌점', '꿈', '나이', '앙심', '욕', '겁' 등의 추상적 개념들은 은유적 영상으로 처리되므로 '먹다'의 원형의미는 보존될 수 있다. ⑯ '{기름/습기} 먹은 종이', ⑰ '풀 먹은 옷'과 같은 예들도 '담배', '기름/습기',

'풀'이 추상적 개념은 아니지만 역시 은유적인 표현에 속한다. 기름과 종이, 옷 등이 모두 구체적인 영상임에도 불구하고 '먹다'는 상상력을 통해 신체적인 동작을 하는 것으로 해석될 수 있다. 종이는 실제로 무언가를 먹지 않지만, 여기서는 종이가 기름이나 습기를 먹어서 그것을 몸속에 넣는다는 은유적인 사고가 엿보인다(〈그림 77〉).

한편, ④ '담배를 먹다'의 경우 이것이 은유적인 표현이라면 의사소통적 관점에서 어떤 의미 효과를 주기 위해 사용되었는지 별로 분명해 보이지 않는다. 어쩌면, 이 표현은 담배를 피우는 것이 먹는 것처럼 맛있게 느껴진다는 유사성을 전달하기 위해 발생했을지도 모르겠다. 만약 이 유사성에 대한 인식이 남아있다면, 여기서 '먹다'의 의미는 맥락의미(혹은 환유적 의미)에 포함될 것이다. 하지만, ④와 같은 '먹다'의 용법이 어떤 이유에선지 (예를 들면 군대에서 쓰는 상투적인 말투로) 무작정 많이 사용되어 '흡연하다'의 의미로 고착화된 것에 지나지 않는다면 동음이의어에 더 가까워질

〈그림 77〉 기름먹은 종이의 은유적 영상

4. 은유에 의한 의미 적용 영역의 확장 과정

것이다. 결국 은유에 의해 동사의 의미가 확장되는 경우는 존재하기 어렵다고 할 수 있는데, 이는 동사가 명사와 달리 애초에 유사성을 기반으로 하나의 추상적인 도식으로 존재하기 때문인 것으로 생각된다.

Chapter 05

시뮬레이션 의미론에 기초한 동사의 의미망

5.1. 동사의 확장의미가 발생하는 시뮬레이션 과정
5.2. 동사 의미망 분석의 실제
5.3. 의미망의 특성과 적용 가능성

이 장에서는 동사의 확장의미들이 이루는 의미망의 발생 원리를 제안하고 그 특성을 살펴보고자 한다. 지금까지는 시뮬레이션 의미론의 관점에서 동사의 원형의미와 맥락의미가 어떻게 발생하는지 알아보았다. 특히 3장에서는 은유적 표현에 사용된 동사의 의미도 원형의미의 정교화에 의해 발생하는 맥락의미에 포함된다는 것을 살펴보았다. 그렇다면, 동사의 확장의미는 어떻게 발생하는 것일까? 이 연구에서 수용한 Langacker(1987, 1990, 1999, 2000, 2002, 2008)의 제안대로 한 단어의 전체적인 의미구조는 특정한 의미망으로 나타내는 것이 가능하다. 하지만, 우리는 3장에서 Langacker의 분석 방식이 Tyler & Evans(2001, 2003)가 지적한 다의성 오류를 해결하지 못하고 있다는 것을 살펴보았고, 동사의 원형에 대한 정교화로 발생하는 의미는 대부분 맥락에 맞는 세상지식이 동원된 시뮬레이션을 통해 즉석에서 발생한다는 것을 살펴보았다. Tyler & Evans(2003, 2006)에 따르면 맥락의미는 '화용적 강화(pragmatic strengthening)'를 거쳐 맥락에 의존하지 않고도 접근할 수 있는 독립된 의미의 지위에 오르게 된다. 이것은 동사의 원형의미로부터 접근되지 않는 확장의미도 원래는 맥락적인 의미였다는 것을 뜻한다. 이 연구에서는 이렇게 원형으로부터 즉석에서 접근할 수 없는 맥락의미들이 시뮬레이션의 '연합(association)'에 속하는 특정한 환유로부터 발생한다고 제안한다. 5.1에서는 동사의 확장의미가 될 수 있는 맥락의미들이 어떤 원리에 의해서 발생하는지 살펴보는데, 이러한 의미 확장 원리의 타당성에 대한 최소한의 확인을 위해 5.2에서는 이 연구의 목적에 맞게 분류된 다양한 한국어의 고빈도 동사의 의미망을 직접 제시해 보았다. 또, 5.3에서는 이렇게 발생한 확장의미들이 형성하는 '역동적 의미망(dynamic semantic network)'의 특성과 적용 가능성을 살펴본다.

5.1. 동사의 확장의미가 발생하는 시뮬레이션 과정

Tyler & Evans(2003, 2006)에 따르면 독립된 의미마디를 이루는 개별의미는 즉석에서 발생하는 맥락의미와는 달리 고착화에 의해 발생하는 것이다. 동사의 의미 확장 과정을 살펴보기 전에 먼저 일반적인 동사의 맥락의미가 어떻게 발생하는지를 정리해 보도록 하자. Taylor(2003: 462)는 맥락에 따라 의미가 변동되는 현상을 다음과 같은 세 가지로 분류하였다.

 (ⅰ) '적응(accommodation)'. 예를 들어 '먹다'의 구체적인 의미는 밥을 먹을 때와 국수를 먹을 때, 그리고 아이스크림을 먹을 때 각각 다르게 조절된다. 밥을 먹을 때는 숟가락을 사용하지만, 국수를 먹을 때는 젓가락을 사용하고, 아이스크림을 먹을 때는 도구를 사용하지 않고 바로 입으로 녹여 먹는다. 또, '깎다'의 구체적인 과정은 손톱을 깎을 때와 연필을 깎을 때 다르다.

 (ⅱ) '활성역 현상(active zone phenomenon)'. 일반적으로 윤곽 부여된 실재의

어떤 국면만이 윤곽 부여된 관계(profiled relation)에 참여하게 된다. 예를 들어, '자동차를 닦는다.'고 할 때 자동차의 모든 부분을 닦는 것은 아니고, '칼을 간다.'고 할 때는 손잡이가 아닌 칼날이 활성화될 것이다. 마찬가지로 '피아노를 듣는다.'고 할 때는 피아노의 소리가 활성화된다.

(iii) '의미적 유연성(semantic flexibility)'. 대부분의 개념들은 복잡한 영역 모체(domain matrix)를 배경으로 이해된다. 주어진 맥락에서 일부 영역만이 두드러지게 되는데, '텔레비전을 수리하다'에서는 텔레비전이 전자 제품으로 해석되지만, '텔레비전을 많이 보다'에서는 수신된 내용으로 해석된다.

이 세 가지 중 (ⅰ)의 '적응(accommodation)'은 3장에서 살펴본 맥락과 세상지식에 기초한 시뮬레이션에 의해 발생하는 맥락의미에 속한다. '먹다'의 다양한 맥락의미들은 누가(사람이, 혹은 개가), 무엇을(국수를, 혹은 아이스크림을), 어떻게(숟가락, 젓가락, 혹은 그냥 손으로) 먹느냐에 따라, 그리고 그것에 대한 경험적인 지식에 기초하여 즉석에서 발생한다.

또, (iii) '의미적 유연성(semantic flexibility)'은 언어의 의미가 일반적인 인지와 구분된 독립된 언어능력에 의해 처리되는 것이 아니라, 일반적인 인지와 지식으로부터 떼어낼 수 없는 백과사전적 지식과 연결되어 있기 때문에 나타나는 현상이다. 하나의 표현은 그것이 불러일으키는 영역들의 집합, 즉 영역 모체를 가지고 있다. Langacker(2008: 47)의 접근에 의하면 음식을 담는 그릇의 경우 다음과 같은 영역들이 개념적 특징과 함께 떠오를 것이다.

1. 공간 [기본 영역].
2. 모양 [일반적으로 원통 모양에 한쪽이 막혀 있는]. 이 영역은 공간 영역을 전제로 하므로 기본 영역이 아니며, 공간 영역 안에서 모양의 개념이 펼쳐진다.

3. 공간에서의 전형적인 방향 [막혀있는 한 쪽이 바닥을 향하고 있다]. 공간, 모양, 수직성 등의 영역을 모두 포괄하고 있다.
4. 기능₁ [음식을 위한 용기]. 이것은 전형적인 방향, 음식의 개념, 용기의 개념 등을 전제로 하고 있는데, 용기의 개념은 다시 공간적 포괄, 잠재적인 이동, 힘, 상태 유지 등의 개념을 전제로 한다.
5. 기능₂ [음식을 먹는 과정에서]. 이것은 기능1을 포함할 뿐만 아니라 인간의 신체, 손의 사용, 소화 기능 등의 개념을 포함하고 있다.
6. 재질 [그릇의 재료]
7. 크기 [쉽게 손으로 들 수 있다]
8. 기타 [가격, 설거지, 저장, 떨어뜨림과 깨짐, 식탁에서의 위치, 함께 사용되는 것들, 공정 과정 등]

의미의 백과사전적 관점에서 한 개념의 잠재적인 관련 영역은 제한되어 있지 않다. 이와 같이 한 표현이 지시하는 실재와 그것이 불러일으키는 영역들이 이루는 영역 모체의 관계는 〈그림 78〉과 같이 나타낼 수 있다. 굵은 선으로 그려진 원은 윤곽 부여된 지시 대상(그릇)이고, 그것을 둘러싼 타원들은 그릇이 불러일으키는 관련된 영역을 표시한다. 이 영역들 중 어떤 것은 더 중심적이고 어떤 것은 더 주변적인 중요성을 가진다. 어떤 표현들은 지시 대상은 같지만 관련 영역들의 중요성이 다르다(예, '음식'과 '치아', '벌레'와 '곤충'의 경우). 이런 영역들은 맥락 요인에 의해 특별히 부각되는 경우가 많은데 이렇게 어떤 영역이 활성화될 가능성이 높을수록

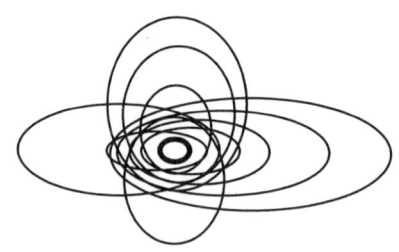

〈그림 78〉 지시 대상과 모체 영역(Langacker 2008: 48)

영역 모체에서의 중심성이 높아진다.

(60) a. 그는 그릇에서 한 숟갈을 떠먹었다.
 b. 이 골동품 그릇은 깨지기가 쉽다.
 c. 식탁 위의 그릇들이 잘 어울리지 않는다.
 d. 플라스틱 그릇은 설거지하기가 힘들다.

(60a)는 1~7까지의 모든 영역에 접근하지만, (60b)~(60d)는 각각 깨짐, 어울림, 설거지 등의 특별한 영역을 더 부각시키고 있다. 어떤 한 관련 영역이 부각되는 순간 더 중심적인 영역은 '배경(background)'이 되는 경향이 있다. 한 대상의 영역모체는 무한하기 때문에 우리의 제한된 인지능력은 맥락에 따라 그 영역모체의 관련된 영역에만 주의의 초점을 두게 된다 (Langacker 2008: 47-50).

한편, (ⅱ)의 '활성역 현상(active zone phenomenon)'은 '참조점 현상(reference point phenomenon)'의 일종인 환유에 의해 발생하는 것인데, 어떤 특정한 참조점과 목표(target)의 관계(뒤에서 설명되는 '비항상성 동반 관계')에서 발생하는 환유는 동사의 확장의미가 될 수 있는 맥락의미를 발생시키는 중요한 요인이 된다. 확장의미를 발생시키는 환유의 원리를 살펴보기 전에 먼저 일반적인 참조점 현상과 환유의 기본적인 특징을 살펴보도록 하자.

Langacker(1990: 30, 2000: 171-202, 2008: 82-85)에 의하면 환유는 '참조점(R: Reference Point)'을 통해 '목표(T: Target)'에 인지적으로 접근하는 참조점 현상의 일종인데, 그가 참조점 현상에 대해 밝히는 중요한 특성 중 하나는 그것이 '정신적인 주사(mental scanning)' 과정의 하나라는 것이다. 참조점 현상은 환유를 포함하는 더 일반적인 층위의 인지적 과정이다.

(61) 빨간 수영모가 1위를 했다.

(61)에서 빨간 수영모는 그것을 쓴 사람을 대신하고 있는데, 그것은 빨간 수영모가 그 사람을 다른 대상과 구별해주는 특징을 가진 참조점이기 때문이다. 이와 같이 참조점이 목표를 '대신하는(stand for)' 현상이 전통적인 환유의 의미에 부합하는데, Langacker가 말하는 참조점 현상은 (62)에서 볼 수 있는 더 일반성을 가진 정신적 과정에 속한다.

(62) a. 호수에 배가 한 대 보이죠? 그 옆에 오리 한 마리가 물고기를 잡고 있네요.
 b. 그 때 만났던 그 의사 기억나요? 그 사람 부인은 변호사래요.

(62a)에서 말하는 이가 듣는 이에게 보여주고 싶은 것은 어떤 특정한 오리이지만, 그 옆에 있는 배가 더 잘 보인다. 듣는 이는 먼저 그 배를 찾은 후에 그 주변에 있는 오리를 쉽게 찾을 수 있을 것이다. (62b)에서도 말하는 이는 어떤 사람의 부인에 대해 이야기를 하고 싶지만, 듣는 이는 그의 남편을 더 잘 기억할 수 있기 때문에 먼저 그 남편을 기억한 후에 그와의 관계를 통해서 그의 부인을 생각할 수 있게 된다. Langacker(2000: 171-187)에 의하면 참조점 관계는 기본적인 '소유 구문(possessor construction)'에 잘 나타난다.

(63) a. 소년의 신발, 영수의 삼촌, 고양이의 발톱, 아기의 기저귀, 영자의 직업, 그의 열정, 그것의 위치, 우리의 문제점, 일본의 파괴
 b. *신발의 소년, *발톱의 고양이, *위치의 그것

(63a)에서 볼 수 있듯이 소유 구문은 실제로 소유 관계만을 나타내는 것이 아니라 더 일반적인 참조점 관계를 나타낸다는 것을 알 수 있다. 더불어 (63b)와 같이 접근의 용이성으로 인한 참조점과 목표의 관계의 비대칭성도 확인할 수 있다.

참조점 현상은 목표를 향한 정신적인 접근 과정이라는 점에서 (5.5)를 이해할 때의 정신적인 주사 과정의 일종이라 할 수 있다.

(64) a. 언덕은 강둑으로부터 서서히 올라간다.
　　　b. 언덕은 강둑을 향해 서서히 내려간다.

윤곽 부여된 관계의 전체적인 개념을 구축할 때, 개념화 주체는 언덕의 영상을 (64a)처럼 아래에서 위로 훑어 올라가면서 구성할 수도 있고 (64b)처럼 위에서 아래로 시선을 이동하듯이 구성해나갈 수도 있다. 이와 같은 해석의 차이는 개념적 내용이 아닌 단지 그것을 정신적으로 주사하는 방법의 차이에 기인한다. 참조점 현상도 〈그림 79〉와 같이 R→T의 경로로 이루어지는 정신적 주사 과정인데, 이 때 주사의 방향은 접근의 용이성을 높이는 방향으로 결정된다. 환유는 R을 통해 T에 정신적으로 접근한다는 점에서 일반적인 참조점 현상과 공통점을 가지고 있으며, 참조점 현상은 정신적으로 목표에 접근해 가는 시뮬레이션 과정의 일종이다. 하지만, 환유는 R이 T를 대신한다는 점에서는 일반적인 참조점 현상과 구별된다. 또, R과 T의 관계에서 발생하는 환유가 모두 의미의 확장을 가져오는 것은 아

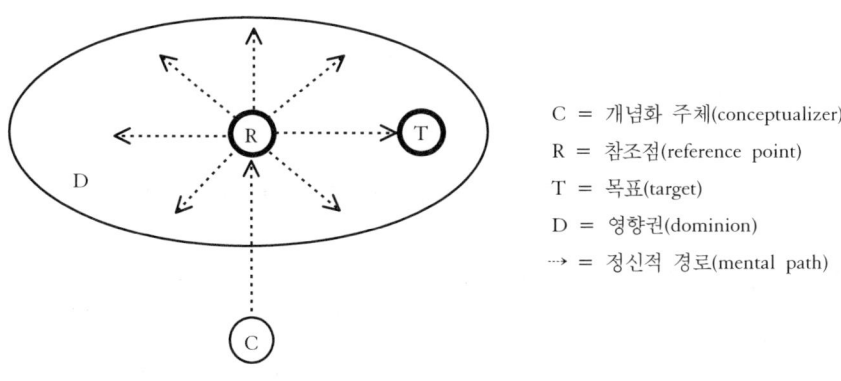

〈그림 79〉 참조점 현상

니며, 비항상성을 가진 R과 T의 관계에서 발생하는 환유만이 즉석에서 해석될 수 없는 확장의미를 발생시킬 가능성을 가진다. 그리고 이런 특정한 환유 역시 '연합(association)'이라는 시뮬레이션에 의해 설명된다.

5.1.1. 환유의 발생 조건: 경험적 동반 관계

여기서는 먼저 정병철(2007c)의 논의를 바탕으로 환유가 경험의 동반 관계를 바탕으로 발생하며, 그 '동반 경험(accompanied experience)'의 관계는 항상성 동반 관계와 비항상성 동반 관계로 나누어진다는 것을 살펴보겠다. 이 두 가지 동반 관계 중 후자는 맥락을 통해 즉석에서 해석하기 어려운 확장 의미를 발생시키는 주요인이 된다.

이 연구에서 동반 경험 관계를 환유의 타당한 발생조건으로 보는 이유는 환유가 어떤 R-T의 관계를 조건으로 발생하는지에 대한 기존의 논의들은 모두 환유가 발생하는 관계를 충분히 제약해주지 못한다는 문제점을 가지지만, 동반 경험 관계를 환유의 발생 조건으로 보면 이런 문제가 생기지 않기 때문이다. 일례로 Ullmann(1962: 218-219)은 다음 (ⅰ), (ⅱ)와 같이 환유적 전이가 공간적 관계와 시간적 관계에 바탕을 두고 있다고 하였다.

(ⅰ) 어떤 환유적 전이들은 공간적 관계에 토대를 두고 있는 한편, 또 다른 환유적 전이들은 시간적 관계에 토대를 두고 있다.[43]

(ⅱ) 환유는 **이미 서로 연관되어 있는 두 단어 사이**에서 발생한다.[44]

---

[43] 해당 원문은 다음과 같다. "some metonymic transfers are based on spatial relations, while another group of metonymies are based on temporal relations."
[44] 해당 원문은 다음과 같다. "metonymy […] arises between **words already related to each other**."

하지만, 그의 정의는 환유가 단어(words)의 층위에서 발생한다고 보았다는 부분과, 환유가 발생하는 R-T의 관계를 충분히 제약해주지 못한다는 점에서 문제가 있다. '이미 서로 연관되어 있는(words already related to each other)'이라는 부분에서 단어들의 연관성을 결정하는 어떤 기준도 제시되지 않았기 때문에 우리는 이 부분을 채워줄 다른 정의를 기대해야 한다.

Jakobson(1956) 이래 '인접성(contiguity)'은 환유의 발생 조건으로 가장 널리 받아들여져 왔는데, '인접성'은 Ullmann(1962)의 공간적 관계와 시간적 관계를 어느 정도 구체화시켜 주고 있기 때문이다. 이것은 모든 유형의 환유를 포함시킬 수 있기 때문에 가장 포괄적인 조건으로는 이해될 수 있다. 실제로 Blank(1999: 178-184)는 모든 유형의 환유들을 '공현성(co-presence)'과 '연속성(succession)' 두 영역으로 묶어 제시할 수 있다는 것을 보여주었다. 여기에서 Blank가 제시한 공현성과 연속성은 공간적 관계를 포함하는 영역과 시간적 관계를 포함하는 영역이라고도 할 수 있는데, 환유의 유형을 분류할 때 이 두 영역은 모든 환유 발생 관계를 포함시킬 수 있긴 하지만, Ullmann이나 Jakobson의 정의와 마찬가지로 두 영역 내에서 어떤 구체적인 관계가 맺어져야 환유가 발생하는지에 대해서는 일원화된 설명 원리를 제공하지 못한다. Blank(1999: 173)는 목표와 매체 개념은 고립된 것이 아니라 '틀(frame)', '장면(scene)', '시나리오(scenario)', 혹은 '영역(domain)'과 같은 더 큰 개념적인 망(Minsky 1975; Fillmore 1975, 1977, 1985; Croft 1993)의 부분으로 존재한다고 말하는데, 그 역시 환유의 발생 조건을 인간의 경험과 결부시킨다는 점에서 Lakoff의 접근 방법을 크게 벗어나지 않는다.[45] 틀 안에 존재하는 개념들은 개념적인 인접성에 의해 연결되어 있으

---

45) Lakoff(1987: 78)가 제시한 이동의 ICM도 Schank & Abelson(1977)이 제안한 스크립트의 구조화된 시나리오를 바탕으로 하고 있다는 점에서 이들 개념이 서로 호환 가능하다는 사실은 더욱 분명해진다.

며, 틀은 언어 외적인 지식의 귀납적인 일반화를 통해 형성되는데, 그는 틀 안에 존재하는 개념들이 그 속의 한 개념이 활성화될 때마다 함께 환기되는 현상이 환유라고 말한다.

〈그림 80〉은 영어의 아침식사(*breakfast*)와 점심식사(*lunch*)에 대해 Blank가 제시한 틀이다. 여기에서 두 개의 틀은 서로 연결되면서 복잡한 인접성의 망을 형성한다. 하지만, Blank가 스스로 인정하고 있듯이 틀의 모습만으로는 어떤 요소가 아침식사나 점심식사를 대신할 수 있는지(예를 들면, 토스트는 아침식사를 대신할 수 있지만 버터는 그렇지 않다.)를 예측할 수 없다.

Lakoff(1987)가 환유 발생의 토대로 보고 있는 'ICM(이상화된 인지 모형: Idealized Cognitive Model)' 역시 같은 문제점을 드러낸다. 먼저 ICM을 환유 발생의 토대로 보는 Lakoff(1987)의 설명이 기존의 설명에 비해 각광을 받았던 이유를 살펴보자. 이를테면 (65)에서 기존의 학자들이 주장한 '인접성'이나 '공간적 관계', '시간적 관계' 등은 그 개념의 상대성 때문에 환유의 발생을 완전하게 설명할 수 없는 것을 볼 수 있다.

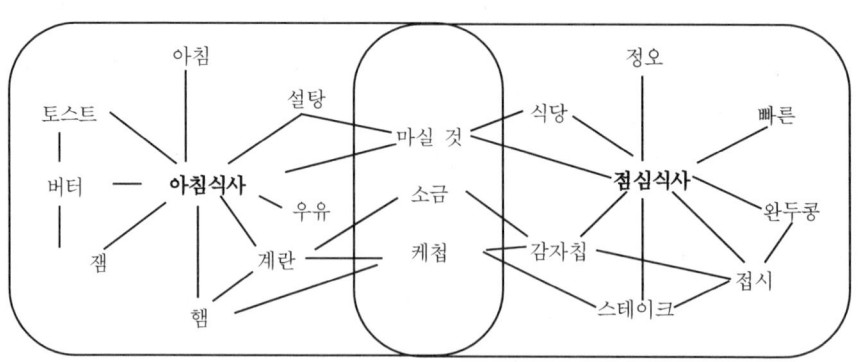

〈그림 80〉 아침식사와 점심식사의 틀(Blank 1999: 173)

(65) Q: 서울까지 어떻게 왔습니까?
갑: 시드니에서 배표를 끊었습니다.
을: 인천에서 환전을 했습니다.

시드니는 인천과 비교할 때 서울과의 인접성이 훨씬 약하다. 그러나 '갑'의 대답은 서울까지 도착한 전 과정에 대한 설명을 대신해 주는 반면, '을'의 대답은 그렇지 못하다. 시공간적인 인접성만이 환유가 발생할 수 있는 조건이라면, '갑'의 대답이 '을'의 대답보다 적절한 대답이 되는 이유는 설명되지 않는다. 하지만, ICM이 환유의 발생 조건이라는 Lakoff(1987)의 제안을 따른다면, 배표를 끊는 것은 배를 타고 목적지까지 가는 이동의 ICM 속에 포함되어 있지만 환전을 하는 것은 이동의 ICM에 들어 있지 않기 때문에 을의 대답은 적절하지 못하다는 설명을 얻을 수 있다.

ICM과 환유와의 관련성에 대한 Lakoff(1987: 78)의 발견은 환유가 단순한 시공간적 인접성이 아닌 경험된 세계의 구조와 관련되어 있다는 것을 일깨워준다. Lakoff(1987)는 환유의 경험적 기반을 지적함으로써 그 본질에 매우 가까이 갔다고 할 수 있다. 하지만, 환유의 ICM 이론에 문제가 없는 것은 아니다. 우선, 조금만 더 자세히 들여다보면 ICM에 포함된 요소들의 관계에는 환유가 발생하지 않는 부분들이 더 많다는 것을 발견하게 된다. 예를 들어 화요일은 7일을 주기로 하는 주일 제도의 ICM에 포함되어 있지만 화요일이 일주일을 대신하는 환유는 발생하지 않으며, 삼촌은 친족망이라는 ICM에 포함되어 있지만 삼촌이 친족 관계의 망을 대신하는 환유는 발생하지 않는다. 또한 Lakoff(1987: 78-79)가 자신의 주장을 뒷받침하기 위해 사용한 예 (66)-(68)에서도 사소한(하지만, 그 결과는 사소하지 않은) 오류가 발견된다. Lakoff는 영어 화자들은 (68)처럼 모든 구성 요소들이 전체 ICM을 대신할 수 있지만, Rhodes(1977)의 연구에 보고된 Ojibwa어 화자들은 주로 (67)과 같이 '탑승(Embarcation)'을 통해 전체

ICM을 환기시킨다는 것을 근거로 문화에 따라 환유를 발생시키는 ICM의 구조에 차이가 있다고 주장하였다.

(66) 선행조건: 당신은 교통수단을 가지고 있다.
탑승: 당신은 그것에 들어가 시동을 건다.
중심과정: 당신은 목적지까지 그것을 운전한다.
마지막: 당신은 주차를 하고 내린다.
끝: 당신은 목적지에 있다.

(67) 나는 출발했다.
나는 카누에 들어갔다.
나는 차에 탔다.

(68) 나는 차가 있다. (선행조건이 전체 ICM을 대신함)
동생 차를 빌렸다. (선행조건을 포함하고, 이것이 다시 전체 ICM을 대신함)
버스에 올라탔다. (탑승이 전체 ICM을 대신함)
나는 운전했다. (중심과정이 전체 ICM을 대신함)

하지만, 위와 같은 Lakoff(1987)의 주장이 타당하지 못한 이유는 이 예들을 환유 현상이라기보다는 화용적인 추론으로 보는 것이 더 적합하기 때문이다. 우리는 Grice(1975)의 협력의 원리를 통해 어떤 질문에 대한 엉뚱한 대답이 적절한 대답인 것으로 추론될 수 있다는 것을 알고 있다. 마찬가지로 (68)에서 '나는 차가 있다.'라는 대답이 목적지까지 오는 과정을 추론할 수 있게 해 주는 이유는 질문한 사람이 어떤 정보를 원하는지가 명백하기 때문이다. 하지만, 아무런 질문이 주어져 있지 않은 상황에서 이 문장은 (69)처럼 어떤 환유도 발생시키지 않는다.

(69) 갑: 나는 차가 있다.
을: …?

우리가 알고 있는 환유는 어떤 질문이 조건화 되어 있지 않은 상태에서도 언제나 발생할 수 있으며, 어떠한 환유의 유형도 특별한 질문이 있어야만 발생하는 것은 없다. Lakoff(1987)에 제시된 ICM은 환유가 아닌 담화 상의 추론에 일반적으로 이용되는 부분이라고 보는 것이 더 좋을 것이다. 환유는 무의식적으로 발생하는 인지 작용이지만, 추론은 좀 더 의식적인 과정이라는 점에서 구분될 수 있는데, 만약 모든 추론이 환유가 아니라면 (67)-(68)의 예들을 환유로 받아들이기 어렵다.

ICM과 같은 경험의 조직화된 구조가 환유의 발생조건이 설명할 수 있다는 생각은 일부 다른 인지언어학자들에게도 별다른 의심 없이 받아들여졌는데, 대표적으로 Radden과 Kövecses(1999)는 환유의 매체와 목표가 동일한 ICM안에서 선택된다는 Lakoff(1987)의 주장을 계승하여 더욱 정교화 하였다. 그들은 환유를 발생시키는 매체와 목표의 관계 유형들을 조사하였는데, 그 유형들은 (ⅰ) <u>전체 ICM과 그 부분들 간의 관계</u>와 (ⅱ) <u>한 ICM의 부분들 간의 관계</u>로 나뉜다. 이들은 기존의 어떤 연구보다 구체적인 수준으로 매체와 목표의 관계 유형들을 조사하였는데, 흥미로운 것은 그들의 연구 결과가 오히려 정병철(2007c)이 제안한 동반 경험 기반의 환유 모형을 지지하는 증거로 해석될 수 있다는 것이다.

환유의 발생 조건에 대한 기존의 학설들이 가진 문제점들을 살펴보았는데, 이 문제점들은 다음의 세 가지로 정리될 수 있다(정병철 2007c).

첫째, ICM이나 틀, 시나리오 등은 인간 경험의 축적된 구조이며, 이것은 '환유'만의 더 제약된 발생 조건을 보여주지 못하고 있다.

둘째, 기존의 논의는 환유가 매체와 목표라는 두 대상의 관계를 기반으로 발생한다는 중요한 요인을 충분히 고려하지 못했다. Langacker(1993: 30)에 의하면 환유는 인지적으로 접근이 용이한 개념적 실체를 통해 또 다른 개념적 실체에 접근하게 해주는 '참조점(reference point)' 현상의 하나이다. 다른 모든 환유의 정의들도 매체와 목표에 해당하는 두 대상의 관계에서 환유가 발생한다는 점을 중요시하고 있다. 하지만, 기존의 논의들은 정작 매체와 목표의 관계가 어떤 원리에 의해 형성되는지에 대해서는 별로 주의 깊게 다루지 않고 있다. 이것은 곧 환유의 매체와 목표의 관계는 두 대상의 직접적인 관계를 기반으로 형성되기 때문에, 환유의 발생 조건을 논의하기 위해 ICM이나 틀과 같은 복합적인 구조를 끌어들이는 대신 매체와 목표 관계의 형성 원리에 주목하는 것으로 충분할 수 있다는 것을 의미한다.

셋째, 기존의 논의들은 환유적 사상의 일방향성, 즉 매체와 목표 관계의 비가역성에 대해서 본질적인 설명을 제공하지 못한다. 만약에 환유가 ICM의 관계에서 발생한다면 원칙적으로 매체와 목표의 관계는 뒤바뀌는 것이 허용되어야 한다. 물론, Langacker(1993: 30)는 '인간 > 비인간, 전체 > 부분, 구체적 > 추상적, 가시적 > 비가시적'과 같은 상대적 현저성을 기준으로 매체가 선택되는 원리를 제안한 바 있는데, 이것은 더 인지적으로 접근하기 쉬운 실체를 통해 목표에 접근하는 환유의 발생 동기를 설명해 줄 뿐, 환유의 매체와 목표가 역전되지 않는 근본적인 이유는 아니다. 예를 들어, 금배지가 국회의원을 나타내는 경우나 주문한 음식이 주문한 사람을 나타내는('The ham sandwich is waiting for his check'과 같은) 경우는 일반적인 매체 선택 원리에 어긋난다. 이것은 의사소통의 목적과 관련성이 높은 부분이 선택적으로 매체로 선택될 수 있는 여지가 있다는 것을 말해 주는데, 그럼에도 불구하고 다른 상황에서 이 두 예의 매체와 목표의 관계가 바뀌는 경우는 발생하지 않는다. 이것은 매체와 목표의 관계가 역전되지 않는 더 근본적인 이유가 있다는 것을 의미하는데, 매체-목표 관계의 비가역성은 이제 설명될 매체-목표 관계의 형성 원리인 동반 관계의 특성과 관련되어 있다. 앞에서 논의한 바와 같이 환유가 발생하는 원리와 조건이 밝혀진다면 그것은 다음의 세 가지 요구를 충족시킬 수 있어야 한다.

첫째, 그 원리는 왜 어떤 R-T의 관계는 성립할 수 있지만 다른 R-T의 관계는 성립할 수 없는지를 설명할 수 있어야 한다.

둘째, 많은 경우에 R-T의 관계는 가역성이 없다. 환유의 R-T의 관계의 형성 원리가 밝혀진다면, 왜 어떤 R-T 관계는 가역성이 없는지도 설명해 줄 수 있어야 한다.

셋째, 환유는 같은 R이 맥락에 따라 다른 T를 환기하는 경우가 많다. 이렇게 환유가 맥락 의존적으로 해석되는 현상은 왜 발생하는가? (70)에 제시된 R-T 관계의 조건은 위에서 제시한 세 가지 요구를 모두 충족시키는 것으로 생각된다(정병철 2007c).

(70) 환유의 참조점(R)과 목표(T) 관계의 형성 조건

(i) 어떤 상황에서 X는 Y에 동반되는 특징적인 경험이다.
(ii) 어떤 상황에서 X에 Y가 동반되는 현상이 매우 인상적이었거나, 동일한 상황에서 X에 Y가 동반되는 현상이 반복되어 그 동반 관계가 일반화되었다.
(iii) (i)이 현재 지각되는 상황이라면, X는 바로 경험 Y(=T)를 불러일으키는 R이 될 수 있다. 한편, (i)이 현재 상황이 아니라면, 개념화자는 (ii)의 과정을 거쳐야만 X를 통해 Y(=T)에 정신적으로 접근할 수 있게 된다.

(70)에서 볼 수 있듯이 매체와 목표의 관계는 동반성에 대한 인식을 통해 형성될 수 있는데, 그 관계가 환유를 발생시킬 정도로 분명해지기 위해서는 그 현상이 현재 나타나고 있거나, 그 동반 경험이 너무나 인상적이어서 잘 기억되거나, 같은 현상이 일정한 패턴으로 경험되어 일반화되는 과정을 거쳐야 한다. 인상적인 경험인 경우 반복적 경험을 통한 일반화를 거치지 않고서도 환유를 발생시키는 관계가 형성될 수 있는데, 예를 들어 '*줄무늬 바지*가 또 나타났다.'에서 줄무늬 바지를 입었던 사람은 그 후로 계속 다른 옷만 입는다 해도, 한 번의 기억이 너무나 인상적이어서 지속적

으로 환유를 발생시키는 참조점(R)이 될 수도 있다. 한편, 일반화는 인간의 일반적인 학습뿐 아니라 언어 습득에 있어서도 가장 중요한 기제 중 하나인데(Goldberg 2006), 이런 보편적인 기제가 인간의 언어에 편재하고 있는 환유 현상에 개입하고 있다고 보는 것은 매우 자연스럽다. 만약 어떤 상황에서 한 대상이 다른 대상에 동반되는 패턴이 경험을 통해 일반화된다면, 다른 비슷한 상황에서도 경험의 일부만을 통해 나머지 동반 경험을 복원할 수 있게 될 것이다.

환유의 매체와 목표의 관계가 형성되는 과정을 제시한 (70)의 원리는 앞에서 제시한 세 가지 요구 사항을 충족시켜주는데, 먼저 어떤 R-T의 관계가 성립할 수 있는지에 대한 문제를 살펴보자. (70)의 원리를 통해 우리는 '화요일'이 왜 '주일'을 목표로 하는 매체가 될 수 없는지, 삼촌이 왜 친족관계망을 목표로 하는 R이 될 수 없는지 설명할 수 있다. '주일'이라는 추상적인 개념은 화요일에 동반되는 '경험'이 아니기 때문이다. 마찬가지로 '친족망' 역시 추상적인 개념이기 때문에 '삼촌'과 동반되는 경험이 될 수 없다. 하지만, 달력의 '빨간 날'은 경험적으로 동반되는 '쉬는 날'을 환기하는 R이 될 수 있다.

이번에는 R-T 관계의 비가역성에 대해 살펴보자. R-T 관계의 비가역성은 동반 관계의 비대칭성에서 비롯된다. 동반 관계의 비대칭성이란 A와 B가 서로에게 독립적인 존재인 경우, B가 A에 동반되는 것이 항상 A가 B에 동반되는 것을 의미하지는 않는다는 것을 의미한다. 이해를 돕기 위해 (71)의 예화를 보자.

(71) 철수는 친구가 영희밖에 없고, 일주일 중 하루만 학교에 나온다. 철수는 학교에 올 때마다 항상 영희하고만 같이 다닌다. 반면 영희는 일주일 내내 학교에 나오는데, 어떤 날은 수미와, 어떤 날은 진수와, 어떤 날은 영수와 함께 다닌다.

학교라는 배경에서 영희와 철수를 아는 다른 학생들에게 영희는 철수에게 동반되는 경험으로 일반화될 것이다. 철수가 유일하게 학교에 나오는 날에 영희는 항상 철수와 있기 때문이다. 그들이 만약 철수를 본다면 영희가 근처에 있을 거라고 생각하게 될 것이다. 그렇지만, 역으로 영희에게 있어서 철수는 각 요일에 함께 다니는 친구들 중 한 사람일 뿐이기 때문에 사람들은 영희만 보고 그녀가 누구를 동반하고 있을지 떠올리기 어려울 것이다.

세 번째 문제인 환유 해석의 맥락 의존성은 동반 경험이 그 배경이 되는 상황에 대한 경험과 함께 일반화되기 때문인 것으로 설명된다. 이번에도 이해를 돕기 비슷한 다른 예화를 살펴보자. (72)에서는 (71)과 달리 영희가 각각의 친구를 만나는 요일이 늘 일정하다.

(72) 철수는 친구가 영희밖에 없고, 일주일 중 하루인 월요일에만 학교에 나온다. 철수는 학교에 올 때마다 항상 영희하고만 같이 다닌다. 반면 영희는 월요일부터 목요일까지 매일 학교에 나오는데, 화요일에는 수미가, 수요일에는 진수가, 목요일에서 영수가 영희하고만 함께 다닌다. 하지만, 영희는 사교적이라 만나는 친구들이 일정하지 않다.

(72)의 상황을 관찰하는 사람들에게 경험의 대상과 배경의 관계도 함께 묶여 일반화 되므로, 영희의 인간관계에 관심이 많은 사람이라면 그날이 무슨 요일인지를 근거로 해서 그녀가 누구와 있을지를 떠올리게 된다. (71)과 (72)의 동반 관계를 형상화하면 각각 〈그림 81〉, 〈그림 82〉와 같은 연결망 구조로 나타낼 수 있다. 두 그림에서 점선으로 된 영역은 동반 관계가 발생하는 인지 영역을 나타낸다. 또, 두 대상 사이에 동반 관계가 실현된 경우 실선, 잠재적으로 가능한 경우는 점선으로 연결선을 그어 나타냈다. 〈그림 81〉에서 철수는 영희에게 일방향의 화살표로 연결되어 있는데, 그것은 동반 관계의 비대칭성으로 인해 R-T 관계가 비가역적이며 환유가 한 쪽 방향으로만 발생함을 나타낸다.

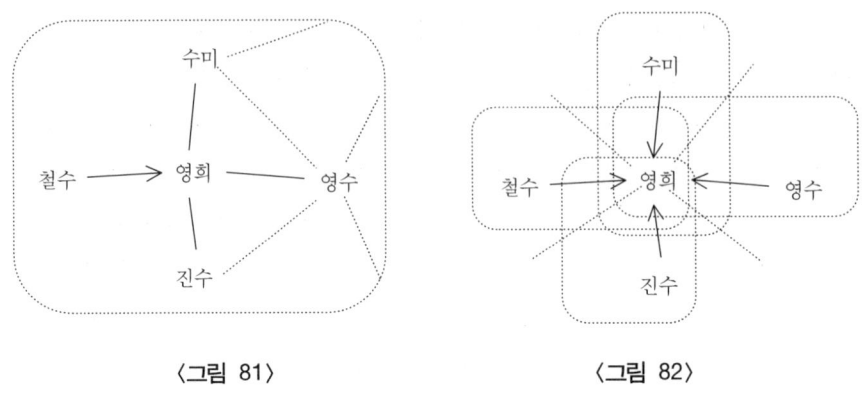

〈그림 81〉   〈그림 82〉

　철수는 대학교라는 공간으로 한정된 인지 영역 내에서 일정하게 영희를 동반하는 패턴을 보여주기 때문에 영희를 목표로 하는 매체의 자격이 주어진다. 철수와 영희를 제외한 다른 친구들은 또 누구를 동반하는지 알려져 있지 않기 때문에 점선으로 관계를 표시했으며, 결국 〈그림 81〉에서 확실한 R-T 관계는 철수와 영희 사이에만 형성된다. 이에 반해 〈그림 82〉의 월요일, 화요일, 수요일 등의 세부적인 인지 영역 속에서 각각의 친구들은 영희를 동반하는 관계가 형성되므로 R의 역할을 할 수 있게 된다. 영희는 어떤 한정된 인지 영역에서도 일정하게 누군가를 동반하지 않으므로 R의 자격이 주어지지 않는다. 주의할 것은 두 그림의 화살표로 표시된 관계가 실제로 환유를 발생시키지는 않는다는 것인데, 그 이유는 영희와 철수 같은 동질적인 대상들 사이에는 Langacker(1993)가 말한 상대적 현저성의 비대칭성이 없기 때문이다. 인지적으로 더 접근이 용이한 대상을 통해 다른 대상에 접근하려는 환유 발생의 동기가 존재하지 않는 것이다. 하지만, 이 관계가 현저성의 비대칭성이 있는 대상에 적용되면 환유가 발생할 것이다. 우리는 현저성의 비대칭성이 없는 예를 살펴봄으로써 R-T의 비가역성이 동반 관계의 비대칭성 때문에 발생하는 과정을 투명하게 관찰할 수 있었다.

한편, 동반 경험 모형을 형상화한 〈그림 81〉과 〈그림 82〉는 틀의 연결망을 나타낸 〈그림 80〉과 어느 정도 유사해 보일지도 모른다. 하지만, 〈그림 80〉에서 사용된 선은 일정한 동반 관계를 나타내는 것이 아니며, 어떤 두 대상의 비대칭적인 동반 관계를 나타낼 수도 없다. 이에 반해 동반 경험 모형은 동반 경험이 발생하는 인지영역만을 틀 속에 포함시키므로 환유가 발생하는 관계만을 포착하며 R-T의 관계를 결정짓는 동반 관계의 비대칭성도 나타낼 수 있다. 동반 관계 모형은 두 대상의 관계에 초점을 맞추고 있으며 관계성의 비대칭성을 통해 매체-목표 관계의 비가역성을 설명할 뿐만 아니라 ICM과 같이 환유에 이용되지 않는 잉여적인 부분을 포함시키지도 않는다. 그리고 2장에서 말했듯이, 동반 경험 모형을 적용하면 Blank가 제시한 아침식사와 점심식사의 틀이 가지고 있는 잉여성의 문제도 쉽게 해결될 수 있다. 〈그림 80〉의 아침식사에 토스트가 일정하게 동반되는 문화에서 토스트와 아침식사는 매체와 목표의 관계를 형성한다. 하지만, 우유나 설탕, 계란 등은 일정하게 아침식사에만 동반되지 않고 간식이나 다른 식사에도 동반되므로 아침식사와 R-T의 관계를 형성하지 않는다.

경험적 동반성 모형이 기존의 이론들이 설명하지 못했던 환유의 특징적인 양상들을 설명할 수 있다는 것을 살펴보았는데, 이제 실제 환유의 유형들이 동반 관계의 유형(항상성 동반 관계와 비항상성 동반관계)에 따라 구체적으로 실현되는 양상을 살펴보도록 하겠다.

5.1.2. 동반 관계 유형에 따른 환유의 분류

앞에서는 경험적인 동반 관계가 환유를 발생시키는 직접적인 조건이라고 주장했는데, 경험적인 동반 관계는 항상성을 가진 것과 항상성을 가지지 못한 것으로 다시 분류될 수 있다. 우리가 경험할 수 있는 모든 동반 관계는 잠재적으로 환유를 발생시킬 수 있는 R-T의 관계를 발생시키며, 기존에 연구되었던 환유 유형들은 모두 특정한 경험적 동반 관계에 포함될 수 있게 된다. (73)에서 임지룡(1997, 2006a)과 다른 대표적인 환유 연구자들이 제시한 유형의 목록들을 확인해 보면, 그 내용이 이 장에서 제시될 동반 경험 관계의 유형에 포함된다는 것을 알 수 있을 것이다.

(73) 매체-목표(R-T) 관계의 유형 목록들46)
    (a) Ullmann(1962: 218-20): 공간적 관계/시간적 관계/그릇-내용물/기원된 장소-음식물 및 음료/의복-사람/특징적 자질-사람 및 사물/행위-결과
    (b) Lakoff & Johnson(1980: 41): 생산자-생산품/물건-사용자/지배자-피지배자/기관-사람/장소-기관 및 사건
    (c) 임지룡(1997: 193-201): 한 특징-사람이나 사물/소유물-소유자/개체-유형/원인-결과/결과-원인/전체-부분/생산지나 생산자-생산품/장소나 건물이나 기관-거주자나 책임자/그릇-그릇의 내용물/시간-사건이나 행위

---

46) (5.17)에 제시된 목록들은 우리가 일상적으로 접할 수 있는 대부분의 환유 관계 유형들을 포함하고 있다. 한층 더 정밀한 수준으로 환유의 매체-목표 관계 유형을 조사한 Radden & Kövecses(1999)는 그 결과가 크게 (ⅰ) **전체 ICM과 그 부분들 간의 관계**와 (ⅱ) **한 ICM의 부분들 간의 관계**로 나뉜다는 것을 발견했는데, (ⅰ)은 주로 Langacker(1991)가 말하는 도식적인 의미에서의 사물(thing)과 그 부분들의 관계에 적용되고, (ⅱ)는 주로 사건(event)과 사건에 포함된 개체들(entities)에 적용된다고 하였다. 그들은 이런 양분법이 가능한 이유가 인간의 세상 지식 자체가 대상을 전체와 부분으로 인식하는 ICM의 구조로 조직화되기 때문이라고 설명했다. 하지만, 그들의 설명은 **한 ICM의 부분들 간의 관계**라는 조건이 너무나 포괄적이라는 문제를 여전히 남기며, 왜 (ⅱ), 곧 사건 ICM에 속하지 않는 사물과 사물의 관계는 항상 (ⅰ)과 같이 **전체와 부분의 관계로만** 환유를 발생시키는지를 제대로 답해주지 못할 것이다. 필자는 모든 매체-목표의 관계 유형이 (ⅰ)과 (ⅱ)의 두 가지로 묶일 수 있다는 사실은 오히려 경험적 동반성이 환유의 매체-목표 관계 형성의 원인이라는 이 연구의 주장을 지지해 주는 것이라고 생각한다. 그 이유는 두 경험이 부분과 전체의 관계가 아니라면 어떤 사건이 개입되어야만 동반되는 관계가 형성될 수 있기 때문이다.

두 경험은 같은 시간대에 동반될 수도 있고, 시간적인 간격을 두고 동반될 수도 있는데, 전자를 동시성 동반 경험, 후자를 시차성 동반 경험이라고 하자. 정병철(2007c)에 의하면 동시성 동반 관계는 다시 항상성이 있는 것과 특정한 상황에서 한시적으로 발생하는 것으로 나뉘며, 시차성 동반 관계도 항상성이 있는 것과 특정한 상황에서 발생하는 것으로 나뉠 수 있다. 이제 정병철(2007c)에서 항상성 동반 관계에서 발생하는 것과 비항상성 동반 관계에서 발생하는 것으로 분류된 환유의 발생 과정을 살펴보자.

(가) 항상성 동반 관계

동반 관계가 더 일정하게 경험될수록 매체-목표 관계가 형성될 가능성은 더 높아지기 때문에 항상성 동반 관계는 가장 쉽게 환유를 발생시키는 매체-목표 관계가 된다. 두 경험이 언제나 동반되는 관계로 가장 대표적인 것은 부분과 전체 관계이다. 한 실재의 부분과 전체는 관찰되는 시간이나 위치에 상관없이 언제나 서로에게 동반되기 때문이다. 부분과 전체의 동반 관계는 항상성이 있기 때문에 어떤 맥락에서도 환유를 발생시킬 수 있다.

(74) 대상의 전체가 부분을:
    a. *자동차*(=자동차의 연료통)에 기름을 넣었다.
    b. *머리*(=머리카락)를 감았다.
    c. *시계*(=시계바늘)가 자정을 가리켰다.

(75) 대상의 부분이 전체를:
    a. 그 대학에는 *우수한 두뇌*(=우수한 두뇌의 소유자)들이 많다.
    b. *마당발*(=마당발인 사람)은 군대에 안 가도 되나요?
    c. 여기는 *눈*(=눈으로 보는 사람들)이 너무 많으니, 조용한 데로 가자.

여기서 매체의 선택 원리는 sperber & wilson(1986)의 관련성 이론을 통해 파악될 수 있는데, 전체가 부분을 대신하는 경우는 목표 대상에 접근하는 인지적인 노력을 줄이기 위한 것이지만, 부분이 전체를 대신하는 경우는 선택된 부분이 담화 참여자에게 관련성이 높아 부각될 필요가 있기 때문이다. 한편, 물리적인 부분과 전체의 관계는 아니지만, 어떤 대상과 그것의 특징을 나타내는 영속적인 속성도 환유를 발생시키는 동반 경험이 될 수 있는데, (76)에서 상표나 생산지, 만든 사람 등은 그 대상이 존재하는 한 변하지 않는 항상성의 동반 관계에 있다.

(76) a. 상표가 생산품을:
악마는 *프라다*를 입는다.
b. 생산지가 생산품을:
전 세계에 *메이드 인 차이나*가 돌아다닌다.
c. 창작자가 작품을:
졸업 연주로 *리스트*를 연주할 생각이다.

(76)의 매체들 역시 목표를 동일한 유형의 다른 대상과 변별해 주려는 동기로 선택되어 발화 행위의 관련성을 높여준다. 한편, (77)처럼 어떤 현상과 그 현상에 대한 통념적인 이유도 항상성이 있는 동반 관계로 파악될 수 있다. 물론 이 이유는 과학적인 근거가 있는 것은 아니지만, 적어도 민간모형에서는 이 관계가 항상성이 있는 것으로 파악하는 것 같다. 이유가 현상에 포함된 속성 중 하나라고 본다면, 이유와 현상의 관계도 역시 부분과 전체의 관계에 포함시킬 수 있다.

(77) 이유가 현상을:
담이 작다(=겁이 많다). 목소리가 *크다*(=자기주장이 강하다).

(나) 비항상성 동반 관계

동시성 동반 관계에서 부분과 전체의 관계가 아닌 대부분의 환유들은 대부분 비항상성 동반 관계에 포함된다. 여기에서 매체와 목표는 본질적이고 영속성이 있는 동반 관계가 아닌, 어떤 특정한 상황에서만 동반되는 관계를 기반으로 발생한다. 물리적인 사물의 비항시성 동반 관계는 논리적으로 ①두 대상이 모두 능동적으로 참여하는 경우, ②두 대상 중 하나가 동반 관계를 능동적으로 주도하고 다른 한 대상은 수동적으로 참여하는 경우, 그리고 ③제 3의 힘에 의해서 동반 관계가 발생하는 경우로 나눌 수 있다. ①의 경우는 3장에서 논의한 예화들처럼 상대적 현저성의 차이가 없기 때문에 실제 환유가 발생하는 경우는 보이지 않는다. ②의 경우 능동적인 대상은 다른 대상들과도 일정하지 않은 동반 관계를 맺을 수 있으므로, 〈그림 81〉과 같은 동반 관계의 비대칭성이 형성되어 수동적인 대상에게 매체의 역할이 주어지게 된다. 바로 (78)과 (79)가 수동적인 대상이 매체가 되는 환유의 예들인데, 특히 (79)는 매체와 목표가 배경(ground)과 윤곽(figure)의 관계로 조직되어 있다.

(78) a. 착용물이 착용한 사람을:
   *줄무늬 바지*가 또 나타났다.
   b. 도구가 사용자를:
   *빗자루*는 왼쪽, *대걸레*는 오른쪽으로 모여라.
   c. 조종대상이 조종자를:
   졸음 운전한 *버스*가 가로수를 들이받았다.
   d. 음식이 주문한 사람을:
   The ham sandwich is waiting for his check
   e. 원천이 발생물을:
   *라디오*를 듣고 있다. I smell skunk.
   f. 자리가 앉은 사람을:
   *벤치*와 선수들이 이성을 잃고 흥분돼 있었다.
   g. 거주지가 거주자를:
   *301호*한테 방 빼라고 할까요?

(79) a. 시간이 그 시간에 발생한 사건을:
       *과거*를 뉘우쳐라.
    b. 시간이 그 시간에 먹는 음식을:
       *저녁*을 차리다.
    c. 장소가 그 장소에서 발생한 사건을:
       미국인들은 *진주만*을 잊지 않는다.
    d. 소속 기관이 그 기관의 책임자를:
       *캠브리지 출판사*는 이 책을 출판하지 않기로 결정했다.
    e. 소속 집단이 그 집단의 구성원을:
       선수단은 *대한민국*의 환영을 받으며 입국했다.

(78)에서 R과 T의 동반 관계는 한정된 상황을 배경으로 발생하는데, (78c)에서는 운전사가 버스를 운전하는 상황에서만 발생하고, (78d)는 음식점에서 주문을 때, (78f)에서 벤치와 코칭 스텝의 동반 관계는 경기장이라는 제약된 상황에서만 발생한다. 반면, (79)에서는 배경 자체에 R의 역할이 주어진다.

한편, ③의 예에 해당되는 (80)의 경우 제 3의 힘에 의해서 그릇과 내용물의 동반 관계가 발생하고 있기 때문에 동반 관계의 비대칭성이 생기지 않으며, R과 T의 뒤바뀜이 허용된다. (80)의 두 예에서는 각각 담화 상황에서 관련성이 높은 대상이 매체로 선택되어 있다.

(80) a. 그릇이 내용물을:
       *한 그릇*을 다 먹었다.
    b. 내용물이 그릇을:
       *찌개*는 여기에 놓아라.

물리적인 대상 외에 동반되는 것으로 인식되는 두 사건도 환유를 발생시키는 R과 T의 관계를 형성할 수 있다. (81)에서는 부속 사건과 주 사건의 관계에서 부속사건이 주 사건을 목표로 활성화시키는 참조점의 역할을 하고 있다.

  (81) a. 부속 사건이 주 사건을:
      막이 내렸다. 머리를 얹다. 면사포를 쓰다. 아기를 보다.

두 사건의 일정한 동반 관계는 한 사건이 다른 사건의 원인이고, 다른 사건은 그 사건의 결과일 때에도 빈번히 발생한다. 결과와 원인이 이루는 R-T의 관계는 비가역적인데, 원인이 동반 관계에서 능동적인 역할을 한다면 결과는 원인에 의해 결정되는 수동적인 역할을 하는 비대칭성이 있기 때문에 결과가 R의 역할을 하게 될 가능성이 높아진다. 임지룡(2006b)에는 감정 표현의 환유에 속하는 방대한 자료들이 실려 있는데, 그 대부분은 '얼굴이 빨개지다', '치를 떨다', '눈을 흘기다' 등과 같이 감정의 작용(원인)에 대한 몸의 반응(결과)이 매체로 선택되는 것들임을 확인할 수 있다. '손주를 보았다'는 것은 손주를 얻은 결과로 동반되는 경험이고, '태극마크를 달았다'는 국가대표 선수가 된 결과로 동반되는 사건인데, 각각 그 원인이 되는 사건을 환기하는 매체가 될 수 있다.

한편, 한 사건이 R일 경우, 잠재적으로 그 사건에 일정하게 동반될 수 있는 경험 T는 (82)처럼 조건, 원인, 부속 사건, 결과 등의 복합으로 구성될 수 있다.

  (82) 사건 '나는 찾아가서 그녀를 *보았다.*'의 동반 경험
      - 조건(상태): 그녀가 존재했다.
      - 원인(동기): 그녀에 대해서 알고 싶었다.
      - 부속 사건(행동): 그녀에 대한 정보를 모았다.
      - 결과(인지): 그녀에 대해 더 잘 알게 되었다.
      - 결과(결정): 그녀와 더 만나지 않기로 결정했다.

주의할 것은 (82)에 제시된 동반 경험의 구체적인 내용은 결정되어 있지 않다는 점인데, 예를 들어 '결정'의 요소는 그녀와 사귀기로 한 것일 수도 있고 다시 만나지 않기로 한 것일 수도 있으며, 또는 '결정' 요소 자체가 없는 경우도 있을 것이다. '보다'가 지시하는 시각적인 경험은 조건, 원인, 부속 사건, 결과 등의 경험 요소를 일정하게 동반하기 때문에, 이런 동반 관계에서 환유가 발생한다면 '보다'의 지시 경험이 다른 동반 경험들(조건, 원인, 부속사건, 결과 등)을 불러일으키게 된다. 한국어의 보조동사의 의미는 바로 (82)에 제시된 동반 경험의 관계에서 발생한 환유에서 비롯된 것이라 할 수 있는데, (83)의 보조동사 '보았다'의 의미는 (82에 제시된 경험 사건의 동반 경험과 일치함을 볼 수 있다. 물론 환유이기 때문에 시각장애를 가진 사람이 '아이를 보는 것'이 가능한 것과 마찬가지로 (83)의 '보았다'는 눈으로 보는 것으로 해석될 필요가 없다. 또, 그로 인해 보조동사는 자신의 논항을 요구하지 않고 환유적인 의미만을 덧붙여주는 기능을 할 수 있다.[47]

    (83) 동생이 만든 음식을 먹어 *보았다.*
       - 조건(상태): 음식이 존재했다.
       - 원인(동기): 음식에 대해서 알고 싶었다.
       - 부속 사건(행동): 음식에 대한 정보를 모았다.
       - 결과(인지): 음식은 내 입에 잘 안 맞았다.
       - 결과(결정): 앞으로는 이 음식을 안 먹기로 했다.

하지만, 어떤 사건을 참조점(R)으로 이렇게 많은 동반 경험들이 환유를 통해 활성화 될 수 있는 잠재적인 의미를 형성하게 되려면 매우 높은 수준의 사용빈도와 화용적 강화가 진행되어 있어야 한다. 그것이 바로 전체 보

---

[47] 보조동사의 환유적 의미에 대한 더 자세한 고찰은 정병철(2007a) 참고.

조동사가 확장 의미와 달리 적은 수로 일정하게 유지되고 있는 원인이라 할 수 있다.

5.1.3. 비항상성 동반 관계의 환유와 시뮬레이션의 연합

우리는 정병철(2007c)의 논의를 토대로 동반 경험을 기반으로 하는 환유의 모형은 기존의 학설들이 해결하지 못한 ① 환유의 발생 조건, ② 참조점(R)과 목표(T)의 비가역성, ③ 환유 발생의 상황 의존성이라는 세 가지 문제를 모두 타당하게 설명할 수 있다는 것을 확인했다. 또, 환유는 R과 T의 동반 관계의 유형에 따라 항상성 동반 관계에서 발생하는 것과 비항상성 동반 관계에서 발생하는 것으로 나누어지는 것도 확인했다. 이제 모든 의미가 정신적 경험의 재생과 창조적 혼성의 결과라는 시뮬레이션 의미론의 전제에 따라 환유가 어떤 시뮬레이션의 과정에 의해 처리되는지 살펴보도록 하겠다. 동사의 확장의미를 발생시키는 비항상성 동반 관계에 특별한 관심을 기울일 필요가 있다.

먼저 항상성 동반 관계에서 발생하는 환유는 〈그림 83〉과 같이 나타낼 수 있는데, 이 중 〈그림 83(a)〉는 부분이 참조점이 되고 전체가 목표가 되어 발생하는 환유이다. 여기에서 R과 T는 일반적인 참조점 현상과 달리 결속성이 강하기 때문에 R이 T자체를 '대신(stand for)'하는 관계를 활성화한다. 여기서 목표(T)의 부분인 모든 실재들은 T를 활성화 할 수 있는 잠재적인 참조점(R)들이다. 한편, 〈그림 83(b)〉는 전체가 참조점이 되고 부분이 목표가 되어 발생하는 환유를 나타내는데, 여기서 전체는 부분을 대신하며 어떤 부분도 전체(R)에 의해 활성화 될 수 있는 잠재적인 목표(T)로 존재한다. 이 두 환유 작용 역시 참조점을 통해 목표에 정신적으로 접근하는 시뮬레이션 과정의 하나다.

그러면 비항상성 동반 관계에서 발생하는 환유는 어떤 시뮬레이션 과정으로 설명될 수 있을까? 이 연구에서는 비항상성 동반 관계에서 발생하는

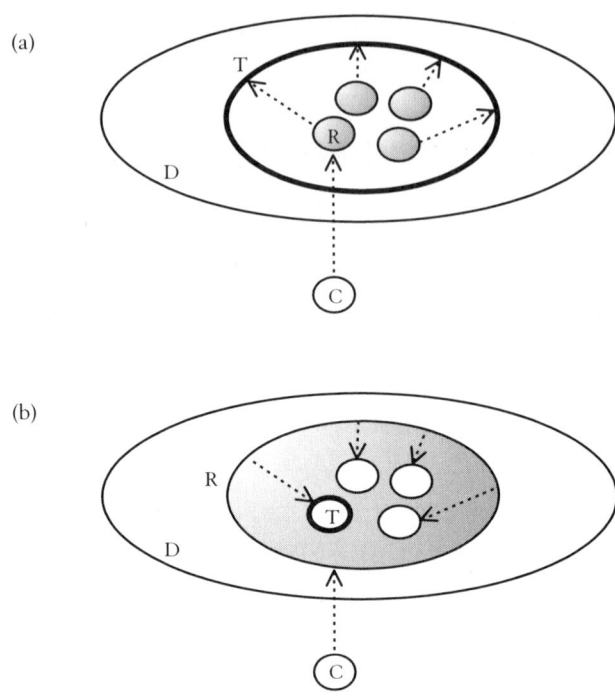

〈그림 83〉 항상성 동반 관계의 환유

환유가 시뮬레이션의 '연합(association)'에 의해 설명될 수 있다고 제안한다.

첫 번째 경우는 〈그림 84〉와 같이 목표(T)와 같은 영향권(D)내에 있는 참조점(R)이 T와 맺어진 상황의존적인 결속관계로 인해 R과 T가 서로 부분-전체의 관계에 있는 것처럼 개념화 될 때 발생한다(여기서 R과 T중 어느 것이 부분이고 어느 것이 전체인지는 중요하지 않으며 두 대상이 함께 하나의 전체로 인식된다는 것이 중요하다.). 이런 환유가 발생할 때 영향권(D)은 R과 T의 결속관계가 발생하는 특정한 상황 혹은 사건(E)이며, R과 T는 그 상황 혹은 사건 속에 참여하는 두 '사물(thing)'인 경우가 많다. 예를 들면 "졸음 운전한 버스가 가로수를 들이받았다."라는 문장이 지시하

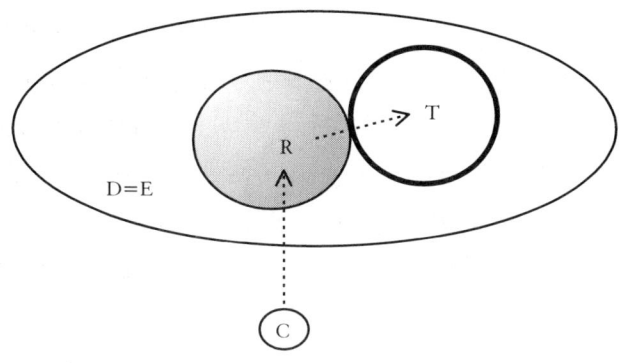

〈그림 84〉 비항상성 동반 관계의 환유(1)

는 사건은 버스와 버스기사가 참여하는 사건(E)이자 개념화의 영향권(D)이고, 이 영향권 내에서 결속관계가 맺어진 버스와 버스기사는 각각 환유의 참조점(R)과 목표(T)가 된다. 마찬가지로 "*빗자루*는 왼쪽, *대걸레*는 오른쪽으로 모여라."라는 문장이 지시하는 사건(E)은 청소 시간을 나타내고 있으며, 이 영향권 내에서 결속 관계가 맺어진 빗자루와 빗자루를 든 학생, 대걸레와 대걸레를 든 학생은 각각 환유의 참조점(R)과 목표(T)로 나타나고 있다.

시뮬레이션의 연합이 잘 나타나는 것은 두 번째 경우인데, 첫 번째 경우에서 참조점과 목표의 관계가 사물(thing)과 사물간의 결속을 통해 맺어지는 반면, 두 번째 경우에서 참조점과 목표의 관계는 상황과 상황, 혹은 사건과 사건간의 결속을 통해 맺어진다. 두 번째 시뮬레이션 연합의 모형은 〈그림 85〉와 같이 나타낼 수 있다. 이와 같은 환유는 환유의 참조점(R)도 사건이고 목표(T)도 사건인데, 이 때 R과 T의 관계가 형성되는 과정은 첫 번째 경우와 다르다. 첫 번째 경우는 R과 T가 모두 사물이며 이 둘이 결속되는 상황이나 사건이 영향권(D)이다. 하지만, 두 번째 경우는 하나의 사건이 개념화의 초기 영향권(D1)이며, 이 사건에 대한 시뮬레이션도 처음에는 D1을 개념적 내용으로 이루어진다. 첫 번째 경우 환유는 처음부터 어떤 상황에서 발견되는 동반관계를 토대로 발생한다. 하지만, 두 번째 경우 환유는 어떤 사건이 다른 사건과 동반되는 경험이 누적되면서 서서히 동반 관계가 형성된다. 환유의 목표(T)는 초기 영향권인 참조점(R) 사건을 반복적으로 경험하면서 자연스럽게 인지의 영향권(D) 안에 들어오는 다른 사건이나 상황으로 구성되며, 동반 경험에 기초한 환유가 발생할 때 개념화의 제 2영향권(D2)에 들어오게 되는 것이다. 이런 환유는 '막이 내렸다', '머리를 얹다', '면사포를 쓰다', '아기를 보다', '눈을 흘기다'와 같이 하나의 사건이 반복적으로 동반되어 경험되는 다른 사건의 부속 사건으로 개념화되면서 발생하게 된다. 이 과정에서 제 2영향권(D_2)의 사건에 참여하는 실재의 수는 초기 영향권(D_1)의 사건에 참여하는 실재의 수보다 많아질 수도 있다.

예를 들면 "나는 그 사람을 천하의 사기꾼으로 본다."의 경우 환유에 의해 '보다'의 영향권이 넓어짐으로 인해 의미가 '판단하다'로 확장되면서 논항의 수도 기본의미가 사용된 문장("나는 그 사람을 자세히 봤다."와 같은)보다 하나 더 늘어난 것을 볼 수 있다. 〈그림 85〉에서 D_1과 D_2에 걸쳐있

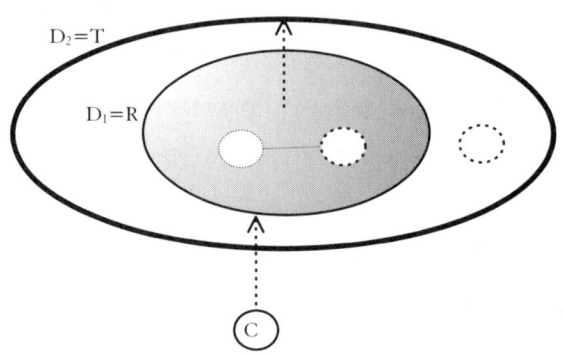

〈그림 85〉 비항상성 동반 관계의 환유(2)

는 작은 원들과 그 연결선은 사건에 참여하는 사물들과 그 관계를 나타낸다.

비항상성 동반 관계의 두 번째 경우에서 발생하는 환유는 한 사건에 대한 시뮬레이션과 그 사건에 자연스럽게 동반되는 경험에 대한 시뮬레이션이 연합되는 과정을 통해 가능해지며, 사물들이 참여하는 사건을 개념화하는 동사의 확장 의미가 발생하는 과정을 설명해준다.

5.2. 동사 의미망 분석의 실제

2.3에서는 신체화된 인지를 토대로 자발적인 몸의 작용을 나타내는 동사와 지각되는 대상의 움직임(혹은 변화)을 독립적으로 나타낼 수 있는 동사를 분류한 바 있다. 자발적인 신체의 움직임을 나타내는 동사는 '잡다', '쥐다', '차다'와 같은 동사들뿐만 아니라 지각동사인 '보다', '듣다'와 정신적인 움직임을 나타내는 '기억하다', '생각하다', '사랑하다', 그리고 신체의 움직임에 윤곽이 부여되지 않는 '대다', '오리다', 복잡한 사건 틀이 바탕이 되어있는 '놀다', '사다', '팔다', '예금하다' 등을 포함하는 도식적인 의미로 사용되며, 흔히 타동사로 불리는 목적어를 가진 동사들이 대부분 이런 동사에 해당된다. 지각되는 대상의 움직임을 독립적으로 나타낼 수 있는 동사에는 '가다', '오다' 등의 이동 동사나 움직임이나 형상의 변화를 나타내는 '기울다', '건들거리다', '깨지다', '터지다', 상태의 변화를 나타내는 '식다', '빨개지다', '뜨거워지다' 등 자동사나 동사의 수동형 등이 포함된다. 지각되는 대상의 움직임을 나타내는 동사들은 거울 신경 패턴의 활성화로 인해 자연히 신체의 움직임에 대한 시뮬레이션을 발생시킬 수 있으며, '깨지다', '터지다', '부서지다'와 같이 형상의 변화를 나타내는 동사들이 신체의 동작을 나타내는 동사들로부터 도출되는 것도 이런 현상의 반영이라고 할 수 있다. 5.1에서 내린 가정은 시뮬레이션 의미론의 관점에서 볼 때 동

사의 확장의미는 비항상성 동반경험의 환유에 의해 발생한다는 것이었는데, 과연 실제 모든 동사들의 의미망이 이 연구에서 제시한 의미 확장 원리에 의해 적절하게 설명될 수 있는지 알아볼 필요가 있다. 하지만, 모든 동사들의 예를 검증하기는 불가능하므로, 다양한 특징을 보이는 동사들을 자발적인 신체의 움직임을 나타내는 동사와 지각된 대상의 움직임을 독립적으로 나타낼 수 있는 동사로 나누어 시뮬레이션 의미론에 기초한 의미망 분석의 가능성을 살펴보기로 하겠다.[48]

한편, 〈그림 86〉은 선정된 동사들의 의미가 시뮬레이션 과정의 특성을 기준으로 어떻게 유형화되는지를 보여준다. 여기서 X축은 동사의 의미가 신체의 자발적인 동작과 분리된 지각 대상의 움직임으로 시뮬레이션 될 수 있는 가능성의 크기를 나타내고, Y축은 동사의 의미가 시뮬레이션 될 때 활성화되는 관련 신체 부위의 특정성 정도를 나타낸다. '보다'의 경우 인지주체가 직접 눈으로 보는 경험을 토대로 의미를 구성하므로 X는 최저치에 가깝고 Y는 최고치에 가깝다. '타다', '대다', '사다' 등은 신체의 직접적인 경험의 토대에 의존하는 정도가 높긴 하지만, '보다'와 달리 시뮬레이션 과정에서 신체의 어떤 특정한 부위와 관련된 신경 패턴이 활성화 될지 분명하지 않고 맥락에 따라 활성화 패턴이 달라질 가능성이 있다. '사다'도 상황에 대한 경험의 '틀(frame)'에 윤곽 부여되는 동사이기 때문에 신체의 부각 정도가 상대적으로 낮다. 한편, '가다', '나가다', '들어가다', '올라가다', '내려가다'등은 직접적으로 신체를 움직이는 경험에 의존하지 않고 지각되는 대상의 움직임에 대한 경험만으로 의미를 구성할 수 있기 때문에

---

[48] 분석에 사용된 언어 자료는 이미 오랜 기간 동안 구축된 말뭉치를 기반으로 만들어진 《연세 한국어사전》과 《표준국어대사전》을 중심으로 취합되었고, 필요에 따라 다른 자료들도 포함되었다. 기존의 대형 사전들이 이미 정밀하게 구획된 뜻풀이 항목들을 제시하고 있기 때문에 별도의 말뭉치 자료를 구축하지는 않았고, 여기에서는 이미 정밀하게 구획된 뜻풀이 항목들이 의미망의 체계에 따라 어떻게 배열될 수 있는지에 초점을 맞추었다.

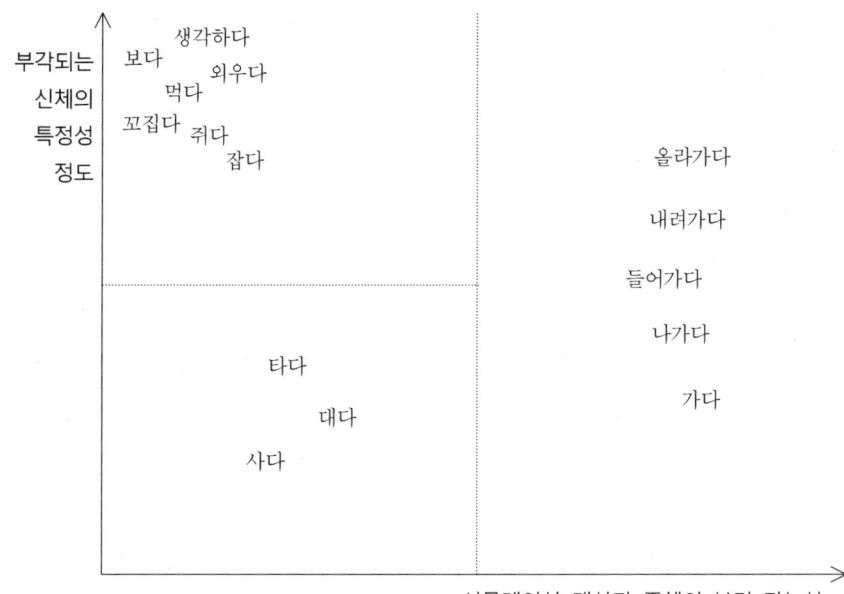

〈그림 86〉 동사의 유형별 분포

X의 값이 높은 유형으로 분류되었다. X축의 오른쪽에 분포하는 동사들은 이미 언급한 바와 같이 거울 신경 패턴의 활성화로 인해 직접적인 신체의 움직임에 대한 경험을 시뮬레이션 할 수 있게 된다. 이 때 이 동사들의 특정한 신체부위의 움직임이 부각되어 거울 신경 패턴이 활성화 되지 않을 때보다 더 풍부한 해석이 발생하게 된다. 5.2.3에서 밝혀지는 바와 같이 이런 동사들은 거울 신경 패턴이 활성화 되지 않았을 때와 활성화 되었을 때 시뮬레이션 되는 두 가지 의미를 각각 원형의미로 하여 두 다발의 의미망을 발달시키게 된다. 분석될 단어들은 이와 같은 시뮬레이션 과정의 유형적 특성을 잘 드러냄과 동시에 사용빈도가 높은 것으로 선택되었다.[49] 이

---

[49] 김광해(2003)의 계량적 방법에 따른 어휘 등급 목록을 참고하면, 선택된 분석 대상 어휘들 중 '쥐다'만이 2등급에 속하고, 나머지는 모두 1등급에 속한다.

론적으로 사용 빈도가 높을수록 의미망을 이루는 확장의미가 발생할 가능성도 더 커지기 때문이다.

5.2.1. 동사 의미망의 체계와 분석 원리

정병철(2007b, 2007d)에서는 동사 '보다'와 '잡다'의 예를 중심으로 환유에 의해 발생한 동사의 확장의미와 의미망을 분석한 바 있으나, 이 연구의 논의를 바탕으로 동사의 원형의미에서 확장의미가 발생하는 과정을 다시 검토해보도록 하겠다. '보다'의 원형의미를 발생시키는 신체화에 근거한 원형장면은 〈그림 87〉로 나타낼 수 있는데, 이 과정에는 지각된 대상의 정보를 처리하고 지각 활동을 지시하는 뇌와 뇌에 시각적 영상에 대한 신호를 전달하고 뇌의 명령대로 시각적 영상을 수용하는 눈, 그리고 지각의 대상인 사물이나 상황 등 최소한 두 요소(신체기관인 뇌와 눈, 그리고 외부 대상인 사물이나 사건)가 참여하게 된다. 〈그림 87〉에서 뇌는 어떤 대상을 보아야 할지 명령을 내리기도 하고, 눈에서 수용된 신경 신호를 처리하기도 하므로 두 개의 화살선은 뇌와 눈의 상호작용을 표시한다. 일반적으로 눈이 뇌의 명령을 받아 대상을 보는 것은 능동적인 작용으로 생각된다. 하지만, 눈이 어떤 대상에 초점을 맞추고 주의를 집중하는 과정 이전에 그 대상은 먼저 지각 영역의 '윤곽(figure)'에서 벗어난 '바탕(ground)'에 존재하고 있어야 한다. 또, 지각 대상은 자신의 위치에서 특정한 파동의 빛을 반사함으로써 눈의 주의를 끌 수 있는 일차적인 자극을 보낸다. 〈그림 87〉에서 눈과 지각 대상의 상호작용을 나타내는 두 개의 화살선 중 눈에서 지각 대상을 향한 화살선에 더 뚜렷한 윤곽이 부여되어 있는 이유는 '보다'가 '보이다'에 비해 특히 눈의 능동적인 지각 활동을 범주화하고 있기 때문이다. 2, 3장에서 논의한 것과 같이 '보다'의 원형의미는 도식성을 가지고 있기 때문에 눈으로 볼 수 있는 모든 실재(사물, 사건, 혹은 은유적 영상까지)는 지각의 대상으로 참여할 수 있다. 또 원형 장면에서 지각의 주

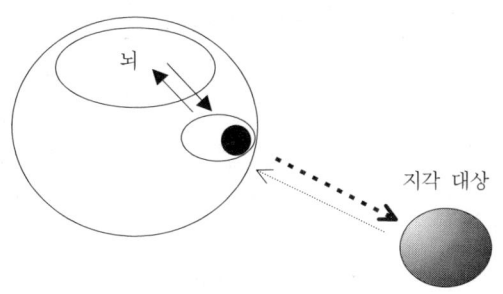

〈그림 87〉 '보다'의 원형 장면

체는 분명히 사람이지만, 거울 신경 패턴의 활동에 의해 다른 동물이나 로봇, 혹은 의인화된 대상들도 원형의미에서 움직임의 주체가 될 수 있다.

이제 5.1의 논의를 바탕으로 '보다'의 확장의미는 어떤 과정을 통해 발생하는지 구체적으로 살펴보자. 우리가 어떤 대상을 눈으로 지각할 때 자연스럽게 동반되는 경험 중의 하나는 그 대상을 이해하고 파악하게 된다는 것이다. 이런 동반경험을 기초로 '맛을 보다', '인물을 보다', '품질을 보다', '수질을 보다' 등에 사용되는 환유적 의미가 발생한다. 이 때 눈으로 대상을 지각하는 최초의 경험은 개념화의 첫 영향권(D_1)이며, 대상을 이해하고 파악하는 동반경험은 개념화의 첫 번째 영향권(D_1)이 참조점(R)이 되면서 발생하는 제 2영향권(D_2)이자 환유의 목표(T)가 된다. 이 전체적인 과정은 비항상성 동반경험에 기초하여 발생하는 환유의 과정과 일치하며, 〈그림 88〉과 같이 나타낼 수 있다. 이렇게 동반경험에 기초한 환유의 활성화가 빈번해지면서, 그 의미는 고착화되어 원형의미와 구분되는 확장의미가 되고 그 동사가 사용된 패턴도 고착화된 '구문(construction)'을 형성하게 된다.

'보다'는 한국어에서 가장 높은 빈도로 사용되는 동사로(서종학, 김주필 1999), 원형의미와 동반되는 다양한 경험(혹은 상황)들을 토대로 비교적

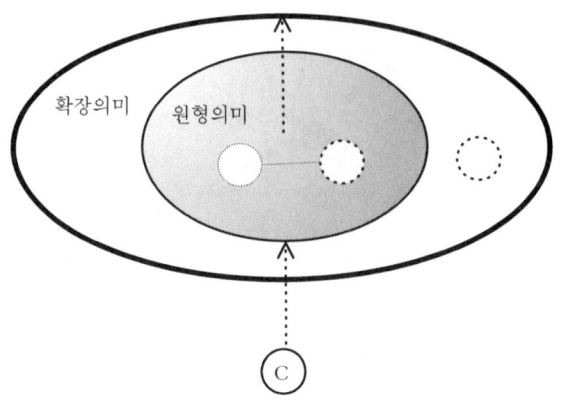

〈그림 88〉 동사의 의미 확장과 구문 변동 과정

많은 수의 확장의미를 발생시킨다. 예를 들어 어떤 대상을 눈으로 보는 것은 그 대상을 가지고 어떤 작업을 하거나, 혹은 그 대상을 기다리다가 얻게 되거나, 그 대상에 대해 기대를 품거나, 그 대상을 돌보거나, 그 대상에 대해 어떤 것을 추측하는 등의 경험(혹은 상황)을 동반할 때가 많으며, 한국어에서 '보다'의 원형의미는 이런 동반 경험들을 환유의 목표(T)로 활성화시키는 참조점(R)의 역할을 하게 되었다. 〈표 3〉은 이렇게 동반 경험에 기초하여 발생하는 '보다'의 확장의미와 해당 예문들을 제시한 것인데, 여기에서 각각의 확장의미가 취하는 논항들이 일정한 상황적인 특성에 의해 허용되는 것을 볼 수 있다.

〈❶ 파악하다〉의 경우 땅, 맛, 행동, 장맛, 기회 등과 같이 좋고 나쁨의 가치 평가가 가능한 대상들이 목적어, 즉 '대상(theme)'이나 '수용체(patient)'의 논항에 참여하고 있으며, 예문에 나타나지 않은 성격, 품질, 태도와 관련된 대상도 얼마든지 논항의 참여자가 될 수 있다. 이와 같은 논항의 의미 제약은 Pustejovsky(1995)의 생성어휘론에서 주목되는 부분이기도 하다. 하지만, 여기에 제시된 기본적인 제약은 상황에 종속적인 것으로,

확장의미(동반경험)	해당 예문들
❶ 파악하다	땅의 지세를 보다 / 맛을 보다 / 너의 행동을 장난으로 볼 수 없다. / 장맛을 보면 그 집의 음식 솜씨를 알 수 있다. / 기회를 봐서 부모님께 말씀 드리는 게 좋겠다.
❷ 처리하다	업무를 보다 / 심판을 보다 / 타협을 보다 / 주례를 보다 / 사회를 보다 / 소변을 보다 / 집강소 일을 보느라
❸ 얻다	며느리를 보다 / 동생을 보다 / 타협을 보다 / 끝장을 보다 / 결말을 보다 / 합의를 보다 / 시앗을 보다 / 샛서방을 보다 / 손해를 보다
❹ 기대하다	자식 하나 보고 살다 / 재산을 보고 결혼하다 / 얼굴만 보고 사람을 사귀면 안 된다. / 그 사람 성품 하나 보고 뽑았다네. / 이 기업의 미래를 보시고 투자해 주시기 바랍니다.
❺ 돌보다, 지키다	아기를 보다 / 빈 집을 보다 / 가게를 봐 주다 / 제 가방 좀 봐 주세요 / 이 짐 좀 봐 주세요 / 제 차 좀 봐 주세요
❻ 준비하다	진짓상을 보다 / 술상을 보다 / 제사상을 보다 / 손님 주무실 자리를 보다 / *햄버거 세트를 보다 / ?아기가 잘 자리를 보다
❼ 참작하다	이번 한 번만 좀 봐 주세요 / 옛 정을 봐서 좀 도와줄까? / 이번엔 봐 주지 않겠다. / 너를 봐서 내가 참아야지.
❽ 추측하다	영수가 학교에 안 온 걸 보니, 많이 아픈가 보다. / 기분이 좋은 걸 보니 시험을 잘 봤나 보네.
❾ 발견하다	남의 단점을 보기는 쉬우나 자기의 단점을 보기는 어렵다. / 그는 아들의 재능을 보고 겁을 집어먹었다. / 다른 사람의 흉을 보다[50]

〈표 3〉 '보다'의 확장의미

---

50) '흉을 보다'와 같은 경우는 [발견하다]의 의미에서 다시 [들추어내다]의 의미가 발생한 이중 환유의 예로 볼 수 있기 때문에 ❾에서 발생한 또 다른 개별의미로 볼 수도 있다.

전형적이지 않은 상황이 발생할 때 그 제약은 얼마든지 사라질 수 있다. 예를 들어 "텔레비전을 보다."의 '보다'는 일반적으로 감상하거나 시청하다는 맥락의미를 활성화시킨다. 하지만, 텔레비전이 고장 나서 수리를 맡긴 상황에서 기술자가 '텔레비전을 보는 것'은 〈❶ 파악하다〉의 의미로 해석될 수 있다. 따라서 특정한 개별의미에서만 나타나는 논항 참여자의 특질을 설명하기 위해 참여자 자체의 특질 제약을 설명하는 것보다는 상황적인 제약에 더 초점을 맞출 필요가 있다.

〈❷ 처리하다〉에는 업무, 심판, 타협, 주례, 사회, 일 등과 같이 모두 눈으로 보면서 작업해야만 하는 성격이 있는 과제들이 논항에 참여하는 것을 볼 수 있다. 여기에서도 〈❶ 파악하다〉와 마찬가지로 상황에 따라 논항참여자의 허용 가능성은 더 넓어진다. 예컨대 철수가 저녁을 먹으러 나오라는 어머니에게 "그림 좀 더 보고 나갈게요."라고 대답을 했다면, 이 발화는 전형적으로 어떤 그림을 감상하겠다는 의미로 해석될 것이다. 하지만, 만약 그 그림이 다음 날 영수가 학교에 과제물로 제출할 작품이라면 그 과제를 좀 더 처리하겠다는 의미로 해석될 수도 있다.

〈❸ 얻다〉는 며느리, 동생, 끝장, 시앗, 샛서방 등과 같이 기다린 결과 눈으로 보게 되는 대상들이 목적어의 논항에 참여하는 것을 볼 수 있다. 또, 추상적인 개념인 타협, 끝장, 결말, 합의, 손해 등은 4장에서 논의한 바와 같이 은유적인 영상으로 논항에 참여하여 시뮬레이션 될 수 있다.

마찬가지로 〈❹ 기대하다〉는 자식, 재산, 얼굴 등과 같이 뭔가를 기대하면서 바라볼 수 있는 대상이나 기대하는 대상들이 논항에 참여한다. 물론, 다른 개별의미들과 마찬가지로 상황적 요인에 따라 언제든 논항의 새로운 참여자는 허용될 수 있다.

〈❺ 돌보다, 지키다〉를 보자. 여기서는 아기, 빈 집, 가게, 가방, 짐 등 원래의 소유자가 없는 동안 안전하게 감시해야 하는 대상들이 논항으로 참여하고 있다. "제 차 좀 봐주세요."를 보자. 이 발화는 차 주인이 화장실을 다녀오는 동안 차를 지켜달라는 의미일수도 있지만, 그보다는 차에 이상이 있는지 파악해달라는 의미로 더 자주 사용된다. 이처럼 각 확장의미의 논항으로 참여하는 대상은 그 자체의 속성과 함께 상황 요인에 의해서도 허용이 결정된다.

〈❻ 준비하다〉는 세심하게 눈으로 확인하면서 준비해야 할 대상들이 논항으로 참여하고 있다. '진짓상', '술상', '주무실 자리' 등은 모두 높임말이며, 손님이나 웃어른을 모시기 위해 각별한 주의를 기울여야 한다는 상황적 제약을 충족시키기 때문에 허용될 수 있다. "?아기가 잘 자리를 보다."의 경우, 아기가 높임의 대상은 아니지만, 세심하게 주의를 기울여야 할 대상이기는 하므로 사람에 따라 이런 표현의 적합성 판단은 달라질 수 있다. 물론, 이와 같은 범주 경계의 불분명성은 원형이론에 의해 자연스럽게 예상되는 현상이다.

지금까지 살펴본 것과 같이 각각의 확장의미가 취할 수 있는 논항의 참여자가 특정한 제약을 받는 이유는 확장의미의 발생과정 자체가 특정한 (다른 말로 비항상성의) 동반경험에서 발생했다는 사실과 관련되어 있다. 〈그림 85〉와 〈그림 88〉과 같이 동사의 의미 확장은 특정한(비항상성인) 경험의 동반관계에서 발생한다. 이 때 확장의미를 발생시키는 환유의 참조점(R)은 원형의미이고 원형의미가 가리키는 사건에 동반되는 경험(혹은 상황)은 환유의 목표(T)로 활성화되고 그 자체로서 확장의미로 고착화된다. 그리고 의미는 용법과 함께 고착화되므로 현재와 같은 논항 참여자에 대한 상황적 제약은 계속 유지된다.

〈그림 85〉를 다시 기억해 본다면, 각각의 확장의미가 취하는 논항과 맥락의 제약은 확장의미가 발생한 동반경험 상황인 $D_2(=T)$ 부분에 의해 형성된 것임을 알 수 있다. 결국 모든 확장의미의 제약과 용법은 그것이 발생한 동반경험에 토대를 두고 있다는 원리적인 설명이 가능한 것이다. 각 확장의미가 취하는 논항의 성격을 제한하는 상황적 제약은 곧 그 확장의

미를 발생시킨 동반경험의 상황과 동일한 것이다. '보다'의 논항 선택에서 발견되는 제약과 동반경험의 관계는 〈표 4〉와 같이 정리된다. 한편, 동사의 의미와 통사적 구조의 대응은 자율적인 규칙에 의해 결정되는 것이 아니라 시뮬레이션의 영역이 동사의 원형의미 R(=D$_1$)에서 T(D$_2$)로 확장되면서 자연스럽게 발생하는 참여자 관계의 변화로 설명되는데, 이 부분에 대한 더 구체적인 논의는 5.3.2에서 계속된다.

Pustejovsky(1995)의 생성어휘부 이론은 통사적 규칙에 관여하는 의미의 제약을 중시했지만, 방금 본 것과 같이 근본적으로는 논항의 참여자를 허용하는 상황적 요인이 더 중요시 되어야 한다. Pustejovsky(1995)의 형식주의적인 기술 방법이 전산언어학에 안겨주는 이점도 있겠지만, 언어 사용의 주체는 인간이기 때문에 인간의 실제적인 언어처리과정에 기초한 분석이 인간의 언어 현상을 더 사실적으로 담아낼 수 있을 것은 자명하다. 이런 취지에 입각하여 동사의 확장의미가 발생하고 해석되는 과정을 시뮬레이

	목적어 논항의 허용 자질	동반 경험(D2) 상황의 특성
❶	+가치판단이 가능한	눈으로 보면서 대상의 가치 파악
❷	+눈으로 보면서 처리하는	눈으로 보면서 과제를 처리함
❸	+기다려서 볼 수 있는	기다리다가 마침내 눈으로 보게 됨
❹	+기대되거나 기대를 채워줄 수 있는	기대의 대상이나 그 원천을 바라봄
❺	+돌보거나 지켜야 하는	돌보고 지키기 위해 눈으로 봄
❻	+조심스럽게 준비해야 하는	준비가 잘 되었는지 눈으로 확인함
❼	+행위주의 호의가 필요한	호의를 베풀어야 할 이유를 눈으로 봄
❽	+추측되는	보고 있는 대상에 대해 추측함
❾	+처음에는 몰랐던	눈으로 보고 무언가를 발견함

〈표 4〉 확장의미의 논항 허용 자질과 동반 경험의 연관성

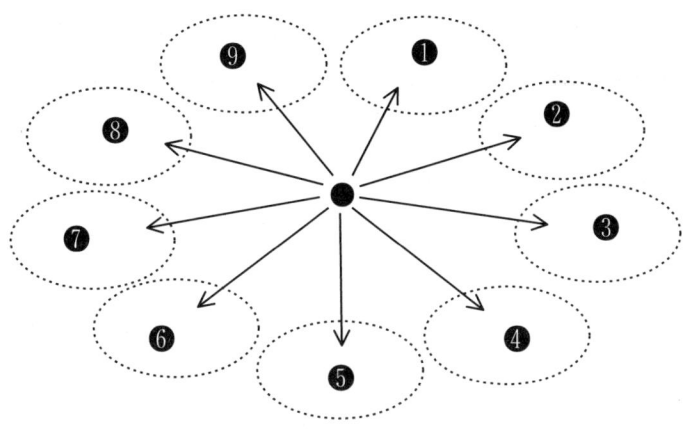

〈그림 89〉 '보다'의 의미망

션 모형으로 설명한 결과, 한 동사에 나타나는 확장의미와 논항 참여자의 허용 조건, 그리고 동사의 의미와 논항구조의 대응에 대한 사실적이면서도 원리적인 설명을 얻을 수 있었다.

이렇게 발생한 확장의미들과 원형의미들의 전체적인 관계는 〈그림 89〉와 같은 의미망으로 나타낼 수 있다. 중앙의 까만 원은 동사의 원형의미를 나타내고 점선으로 그려진 타원들은 원형의미가 나타내는 움직임과 동반되는 경험이 발생하는 상황, 혹은 동반 경험 그 자체를 나타낸다. 그 안에 들어있는 원문자들은 각각의 동반경험에서 발생한 확장의미들을 서로 구분하기 위해 사용된다. 원형의미와 확장의미 사이의 화살선은 의미 확장 과정에 개입되는 환유의 참조점(R)과 목표(T)의 발생적 관계를 나타내며, 이상적인 경우에 R과 T의 거리는 동반경험이 얼마나 빈번히 발생하는지에 따라 더 짧게 나타낼 수 있다. 하지만, 동반경험의 빈도를 측정할 수 있는 방법은 아직 없기 때문에 이 연구에서 화살선의 길이나 개별의미의 차이는 고려되지 않는다.

물론 우리의 경험에 의존하여 어떤 확장의미가 더 빈도 높은 동반 경험에 기초하여 발생한 것인지 어느 정도 짐작해 볼 수는 있다. 예를 들어 '보다'의 확장의미 〈❶ 파악하다〉은 원형의미가 나타내는 지각 활동에 자연스럽게 따라오는 항상성에 가까운 동반경험이다. 이런 식으로, 적어도 각 의미망을 구성하는 첫 번째 확장의미는 가장 밀접한 동반경험에서 발생한 것으로 받아들일 수 있을 것이다. 원형의미와 확장의미의 거리가 멀수록 환유가 발생할 가능성이 낮으며, 그만큼 확장의미는 더 고착화되어 있어야 독립적인 의미의 단위로 존재할 수 있게 된다. 물론 원형의미와의 거리가 가깝다고 해서 확장의미의 독립성이 낮다고는 단정할 수는 없지만, 그 확장의미의 독립성이 높은 상태로 유지되어야 할 필요성은 약해진다. 맥락의미는 빈번한 동반경험의 누적을 통해 발생하는 것이 아니라 각종 담화 상황에서 얻을 수 있는 정보를 토대로 하여 실시간으로 발생하기 때문에 확장의미에 비해 원형의미와의 거리가 더 가까운 것으로 표시되고 있다(3장 참조).

　화살선의 방향은 환유의 참조점으로부터 목표를 향하고 있는데, 5.1에서 논의한 것처럼 비항상성 동반관계에서 발생하는 환유의 참조점과 목표의 관계는 일반적으로 역전되지 않는 경우가 많기 때문에 화살선의 방향이 확장의미에서 원형의미를 향하는 경우는 예상하기 어렵다. 화살선의 방향은 또 한편으로는 개별의미의 발생 순서를 알 수 있게 해준다. 예를 들어, '보다'의 경우 〈❶ 파악하다〉의 의미가 먼저고, 이 의미에서 원형의미로 파악된 〈●〉가 발생되었을 가능성은 생각하기 어렵다. 앞에서 논의한 바와 같이 동사의 의미 확장에 관여하는 환유는 비대칭적인 동반 관계에서 발생하기 때문에, 하나의 원형의미를 중심으로 여러 확장의미들이 방사상으로 대응하게 된다.

　한편, 각각의 확장의미들은 원형의미와 달라진 의미로 인해 원형의미와 다른 논항 참여자와 문법적 구조를 가질 수도 있는데, 이 때 반복되는 문장의 패턴들은 일종의 고착화된 '구문(construction)'을 형성하게 된다. ❶

의 '~로 보다', ❽의 '~가 보다'와 같은 문형의 패턴은 각각의 확장의미에 잘 동반되는 구문들로 고착화된다. 여기에서 '보다'가 동사의 종결형인 '본다'로 끝나지 않은 이유는 무엇일까? 그것은 추측을 나타내는 보조형용사 '~싶다'와 같은 의미를 띠면서 동사의 상(aspect)을 나타내는 형태소인 'ㄴ'도 변화를 입은 것으로 생각된다.51) 비슷한 예로 "너를 보고 하는 말이 아니야."에서의 '~를 보고'는 '~한테'의 의미를 가지는 문법적인 구성으로 고착화된다. 앞서 말했듯이 이 연구에서 문법화와 관련된 자료는 다루어지지 않지만, 문법화의 일부는 분명히 의미망이 다루는 동일한 영역을 다른 측면에서 접근하고 있다.

여기서 제시되는 의미망에는 한 가지 제약이 있는데, 그것은 특정 연어 관계가 하나의 단어처럼 처리되는 고착화된 관용적 구문은 다루지 않는다는 것이다. 예를 들어 '환자를 보다'는 [[진찰하다]/[환자를 보다]]의 상징적 구조를 보이며, 두 개 이상의 단어가 함께 하나의 의미 단위에 대응되는 구문으로 고착화된 것이다. 의미망에 포함된 확장의미들은 다양한 연어 관계에서 비교적 자유롭게 나타나지만, 관용적 구문인 [[진찰하다]/[환자를 보다]]는 '환자'가 아닌 다른 논항을 허용하지 않으며 위에서 본 확장의미들보다 (다른 무엇이 아닌 환자를 본다는) 더 정교화된 의미로 구문의 단위를 구성한다. 이런 의미에서 관용구에 해당되는 예들로는 '손을 보다(혼을 내주다)', 'ㅇㅇ신문을 보다(구독하다)', '선을 보다', '시험을 보다', '장을 보다', '점을 보다' 등을 들 수 있다.

4장에서 논의한 바와 같이 은유적인 영상이나 은유적인 표현이 동사의 의미의 확장시키는 것이 아니라 의미 적용 영역을 확장시킨다는 것을 받아들인다면, 동사의 확장의미가 발생하는 기본적인 요인은 일단 환유밖에 없음을 가정을 할 수 있다. 이 가정이 맞는다면 우리는 동사의 원형의미를

---

51) 동사의 의미망과 구문의 관계에 대한 자세한 논의는 Langacker(1987, 2003, 2008), Goldberg(1995, 2006), 정병철(2007b, 2007d) 등을 참고.

참조점(R)으로 하고 동반경험을 목표(T)로 발생하는 환유를 토대로 한 동사의 다의적 체계를 완전하게 설명할 수 있게 될 것이다. (84)는 마음속, 말, 진리 등의 추상적인 개념에 대한 정신적인 활동이 은유적 영상으로 표현되어 있지만, 동사 '보다'의 의미 자체는 〈❶ 파악하다〉라는 원래 개별 의미에서 벗어나지 않는다.

(84) a. 그녀의 마음속을 한번만 들어가서 볼 수 있으면 좋겠다.
b. 그 쪽에서 하는 말들을 보면, 도저히 이해할 수 없는 것들이 많다.
c. 우리에겐 진리를 볼 수 있는 눈이 필요하다.

(84a)는 추상적인 개념인 마음을 은유적인 영상으로 처리함으로써 그 안에 들어가기도 하고 그 속을 눈으로 보기도 하는 시뮬레이션을 통해 해석된다. 또, (84b)에서는 '말'을, (84c)에서는 '진리'를 눈으로 볼 수 있는 은

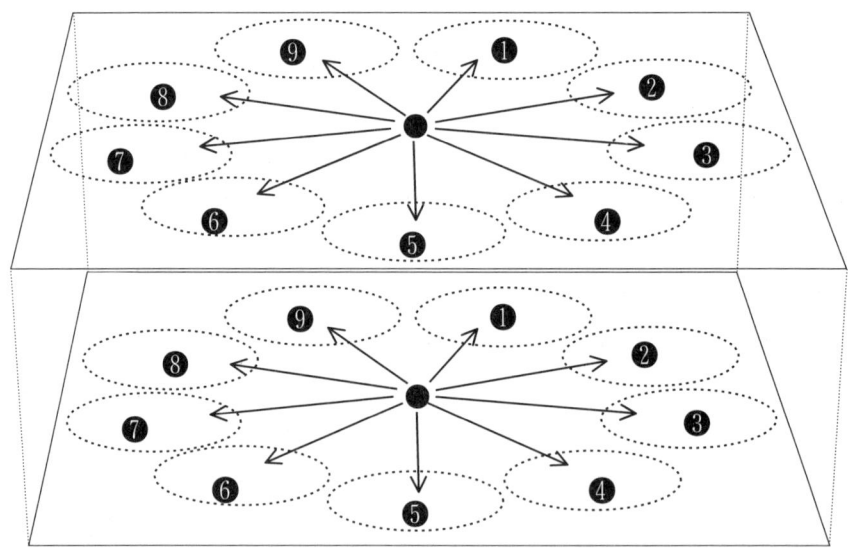

〈그림 90〉 적용 영역이 확장된 의미망

유적인 영상으로 처리하고 있다. 기본적으로 은유적 영상이나 은유가 사용된 경우 동사의 의미는 확장되는 것이 아니라 의미의 적용 영역이 확장되는 것이기 때문에 의미망의 구조는 영향을 입지 않는다. 만약 은유적 영상이나 은유에 의한 의미 적용 영역의 확장도 나타내고자 한다면 〈그림 90〉과 같은 입체적인 표현 방법이 필요할 것이다.

〈그림 90〉처럼 한 동사의 개별의미는 다른 적용 영역에서 원래의 도식 구조를 유지한 채 사용될 수 있다. 동사의 의미가 적용될 수 있는 영역의 수는 제한되어 있지 않다. 동사 '보다'의 경우 '대상(theme)' 논항의 기본적인 영역은 구체적인 공간이지만, 같은 공간 영역 속에서도 '지세'와 같은 형상성의 영역이 있고, 더 나아가 '맛'과 같은 미각 영역, '행동'과 같은 복합적인 영역, 그리고 '업무', '타협', '합의', '손해', '성품', '미래', '정', '단점' 등 수많은 다양한 영역들이 존재할 수 있다. 또 '대상(theme)' 논항이 아닌

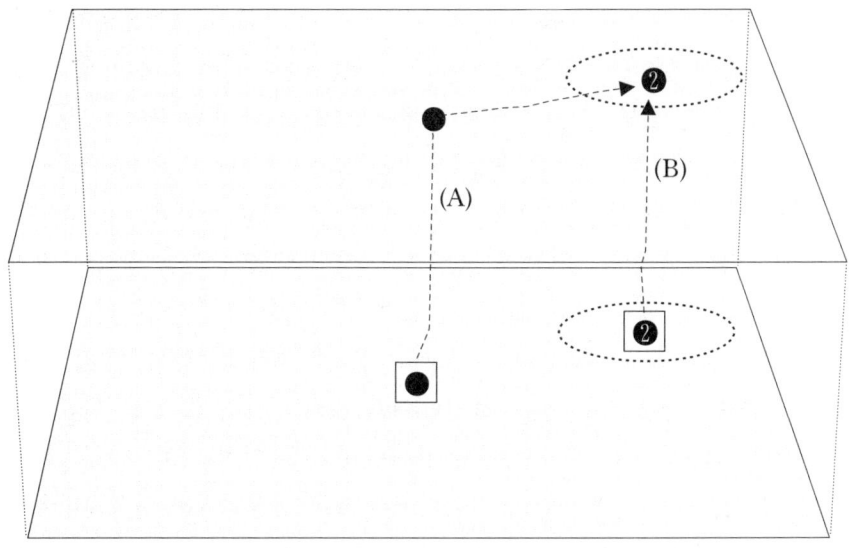

〈그림 91〉 은유적 영상이 참여한 동사 의미의 시뮬레이션 과정

다른 논항의 참여자도 다양한 영역에 존재할 수 있다. 중요한 것은 4장에서 논의한 바와 같이 어떤 영역에 동사의 의미가 적용된다 할지라도 동사의 의미망을 이루는 개별의미들은 달라지지 않는다는 것이다. 어쨌든 이런 경우 동사의 최종적 의미는 다양한 추상적 개념의 논항 참여자들이 은유를 통해 구체적인 영상으로 시뮬레이션되어 목표(T)의 환유적 의미를 발생시키거나 처음부터 확장된 개별의미로 직접 접근되는 방식으로 실현된다. 〈그림 91〉의 화살선 (A)와 (B)는 각각 이 두 가지 시뮬레이션 과정에 의해 '보다'의 개별의미 〈❷ 처리하다〉가 실현되는 과정을 예시한 것이다.

이를테면 '타협을 보다'를 해석하는 경우, (A)는 추상적 개념인 '타협'에 영상이 부여되어 시뮬레이션 되고 그 결과 환유의 목표(T) 의미인 〈❷ 처리하다〉가 활성화되는 과정을 나타내는데, 이 과정은 이미 4장에서 자세히 살펴본 바 있다. 한편 (B)는 추상적 영역에 적용된 동사의 의미가 은유적 영상을 시뮬레이션하는 경로 없이 곧바로 〈❷ 처리하다〉로 해석되는 과정을 나타내는데, 이것은 〈❷ 처리하다〉의 의미가 충분히 고착화되어 있기 때문에 가능한 것이다. 한 언어 사용자는 목표 의미를 얻기 위해 이 두 과정을 모두 사용할 수도 있는데, 만약 그에게 (B)를 통한 최종 해석이 가능하다면 (A)를 통해 같은 해석에 이르는 것도 가능하다. 그러므로 이어지는 분석에서 동사의 의미망들은 입체가 아닌 평면적인 모습으로 제시될 것이다.

여기서 살펴본 동사 의미망의 단순한 방사상 구조는 언어 해석의 경제성을 고려해 볼 때 최적의 효율성을 보여준다고 할 수 있다. 어떤 학자들은 원형의미와 확장의미가 하나 이상의 마디를 통해 이어지는 복잡한 의미망 구조를 제시하기도 한다. 하지만, 복잡하게 이어진 의미의 마디를 건너다니며 목표 의미를 찾아 헤매야 한다면 충분한 언어 처리 속도가 유지되기 어려울 것이다. 방사상의 의미망에서 모든 확장의미는 원형의미에서 직접적으로 활성화될 수 있는 거리에 있다. 또, 그 활성화는 원형의미를 시뮬레이션 할 때 자동적으로 연합되어 나오는 동반경험의 시뮬레이션을 통해 이루어지며 이 과정은 자동화나 연합과 같은 일반적인 인지능력에 의해 원활하게 진행될 수 있다.

이제 본 연구에서 제시한 의미망 분석 방법이 다양한 동사에 일반적으로 적용될 수 있다는 것을 살펴보고자 한다. 한 동사가 사용될 수 있는 모든 용례를 제시하는 것은 가능하지도 않지만 이 연구에서 추구하고 있는 바도 아니다. 그러나 적어도 《표준국어대사전》에 제시된 대부분의 용례들을 모두 포함시킬 수 있는 수준의 정교성을 가진 의미망을 제시하고자 노력했다. 물론, 사전이 모든 용례를 포함시키고 있는 것도 아니며, 사전이 너무 적은 뜻풀이 항목을 설정하는 경우도 발견된다(예를 들면 '생각하다'의 경우). 어쨌든, 하나의 개별의미에 해당하는 모든 예들이 제시되지는 않아도, 제시된 의미망의 분석 원리를 통해 어떤 용례에 사용된 동사의 의미가 어떤 개별의미에 포함되는지 알아내는 것은 어렵지 않을 것이다.

5.2.2. 신체의 움직임을 나타내는 동사의 의미망

5.2.1에서 분석 과정을 제시한 한국어의 동사 '보다'도 넓은 의미로 볼 때 신체의 움직임을 나타내는 동사에 포함된다. 여기서는 더 다양한 신체의 움직임을 나타내는 고빈도 동사들의 의미망을 분석해보도록 하겠다. 정병철(2007d)에서는 《표준국어대사전》에 올라있는 동사 '잡다'의 뜻풀이 항목과 용례들을 환유에 의해 발생한 의미망에 기초하여 재구성할 수 있다는 것을 보인 바 있다. '잡다'의 원형의미는 어떤 대상을 손으로 고정시키는 움직임의 시뮬레이션을 통해 해석되며, 시뮬레이션 영상은 〈그림 92〉와 같이 제시되었다.

〈표 5〉에는 '잡다'의 원형의미를 참조점(R)으로 발생하는 환유의 목표(T), 혹은 '잡다'의 확장의미와 해당 예문들이 간략히 제시되어 있다. 또, '잡다'의 원형의미와 확장의미들 간의 관계는 〈그림 93〉과 같은 의미망으로 나타낼 수 있다.

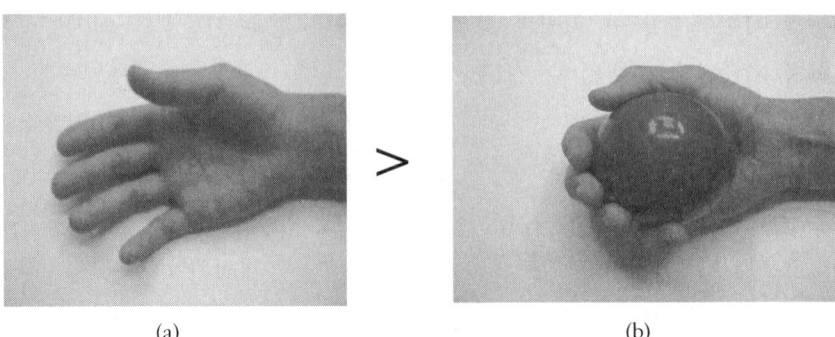

(a)   (b)

〈그림 92〉 '잡다'의 시뮬레이션 영상

확장의미(동반경험)	해당 예문들
❶ 포획하다	고기를 잡는 어부 / 도둑을 잡다 / 나는 개구리를 잡아다가 닭에게 먹였다. / 동생은 매미를 잡으러 나무에 올라갔다.
❷ 복종시키다	치솟는 물가를 잡았다 / 산불이 난 지 10시간 만에 겨우 불길을 잡았다 / 형은 마음을 잡고 열심히 살았다. / <u>일의 기강을 잡다</u>
❸ 도축하다	그는 개를 잡아 개장국을 끓였다 / 할아버지는 돼지를 잡아 잔치를 베푸셨다. / 아침부터 김 영감은 닭을 잡고 있었다. / 네가 나를 잡으려고 작정을 했구나. / *철수가 호랑이를 잡았다.
❹ ~의 소유권을 얻다	주도권을 잡다 / 세력을 잡다 / 정권을 잡다 / 한밑천을 잡다 / 장땡을 잡다 / 따라지를 잡다
❺ 포착하다	사건의 단서를 잡다 / 경찰이 범행 현장을 잡았다 / 그는 카메라로 아기의 웃는 모습을 잘 잡았다 / 가락을 잘 잡다 / 음을 잘 잡다 / 말꼬리를 잡다 / 실마리를 잡다 / 말머리를 잡다
❻ 유지하다	몸의 균형을 잡다 / 남자는 중심을 잘 잡고 살아야 한다. / 여행 방향을 남쪽으로 잡았다. / 일의 균형을 잡았다 / <u>일의 기강을 잡다</u> / <u>포즈를 잡다</u> / 멋진 자세를 잡다
❼ 정하다	토지를 담보물로 잡았다. / 요즘 계획의 초안을 잡고 있다 / 가족 여행의 일정을 10월로 잡았다 / 이 물건의 가치를 적게 잡아도 100만원은 넘을 것이다. / 수험 준비 기간을 세 달로 잡은 계획은 내가 보기에는 무리이다 / 우리 학교 남자의 수를 100으로 잡았을 때 여자의 수는 112이다. / <u>포즈를 잡다</u> / 멋진 자세를 잡다

〈표 5〉 '잡다'의 확장의미

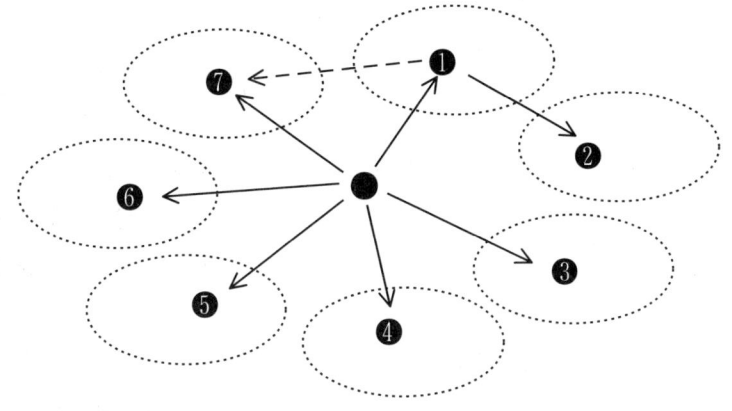

〈그림 93〉 '잡다'의 의미망

표에 제시되지 않은 "어머니는 내 손을 꼭 잡으셨다."나 "떠나려는 손님을 잡다.", "바지에 주름을 잡다.", "이마에 주름을 잡고 인상을 썼다."등에는 '잡다'의 원형의미가 정교화된 맥락의미가 나타난다. 바지의 주름을 손으로 잡거나 이마의 살을 잡으면 주름이 생기게 되는데, 이것은 3장에서 살펴본 은유적인 사고방식에 의해 발생한 맥락의미에 포함된다. 한편, 이 의미망의 〈❶ 포획〉에서 〈❷ 복종시킴〉을 이어주는 화살선은 ❷의 의미가 원형의미가 아닌 다른 개별 의미 ❶을 환유의 참조점으로 해서 발생했다는 것을 알게 해준다. 만약에 어떤 동물을 포획했다면, 그 동물은 더 이상 마음대로 움직이지 못하며 잡은 사람의 의도에 복종하게 된다. 이렇게 〈❷ 복종시킴〉이 〈❶ 포획하다〉를 거쳐 발생하는 경험이라고 해서 이중 환유를 발생시키는 것으로 설명될 수도 있다. 하지만, 이미 ❶은 고착화가 많이 된 개별 의미이기 때문에 원형의미 ●를 통하지 않고 활성화되는 것도 가능하다. 어쨌든, 그 결과 〈❷ 복종시킴〉은 이미 〈❶ 포획하다〉의 의미까지 포함하고 있다. 그러면, 〈❸ 도축하다〉는 〈❶ 포획하다〉이 아닌 원형의미 ●에서 발생한 것임을 어떻게 확인할 수 있는 것일까? ❸의 예문들을 보면 개, 돼지, 닭 등 이미 포획되어 있는 대상들임을 알 수 있다. "철수는 호랑이를 잡았다."를 보면 호랑이는 아직 포획이 되지 않은 경우를 충분히 생각할 수 있기 때문에 "철수가 닭을 잡았다."와 달리 일반적으로 도축이 아닌 포획의 의미로 해석됨을 알 수 있다(물론 집에서 기르는 애완용 호랑이라면 이야기가 달라질 수 있겠지만). 따라서 ❸의 의미가 발생하기 위해 '포획'의 동반경험은 필요하지 않으며 ❸은 원형의미 ●에서 직접 발생한 확장의미임을 알 수 있다. 한편, 밑줄 친 '일의 기강을 잡다'에 사용된 '잡다'의 의미는 ❷와 ❻에 모두 포함될 수 있고, '(사진기 앞에서) 포즈를 잡다', '멋진 자세를 잡다'에서 '잡다'의 의미는 ❻과 ❼에 동시에 포함될 수 있다. 이처럼 동반경험들이 배타적인 것이 아니고 중첩될 수 있기 때문에 동시에 두 개 이상의 확장의미가 동시에 나타나는 예가 발견되는 것은 이상한 일이 아니다.

'잡다'의 대상(theme)이 되는 논항은 고기나 도둑처럼 구체적인 사물일 수도 있지만, 추상적인 대상이 참여할 수도 있다. 동사 '보다'에서 설명한 것과 마찬가지로 '잡다'의 목적어로 사용된 '물가', '마음', '단서', '(음의) 가락', '계획', '기간' 등의 추상적인 개념들은 은유적인 영상으로 시뮬레이션 되거나 동사의 고착화된 확장의미와 바로 합성되어 해석될 수 있으므로 동사 '잡다'의 의미망을 구성하는 개별의미들의 도식적 구조는 유지될 수 있다. 또한, '개구리'나 '매미'처럼 손이나 잠자리채 같은 구체적인 도구를 이용해서 잡는 것도 있지만, '주도권'이나 '세력' 등의 추상적인 대상들은 사회적인 계약 체계와 같은 추상적인 도구를, '가치', '기간' 등은 정신적인 활동을 통해서 잡는다. 이처럼 논항에 어떤 추상적인 개념이 참여하는 경우라도 동사의 의미가 확장되는 것이 아니라 단지 은유를 통해 의미의 적용 영역이 확장되는 것으로 이해될 수 있다.

'쥐다'의 원형의미는 '주먹을 쥐다', '멱살을 쥐다', '말고삐를 쥐다'의 예에서 찾을 수 있으며 손에 잡은 대상에 압력을 가하는 손의 움직임에 대한

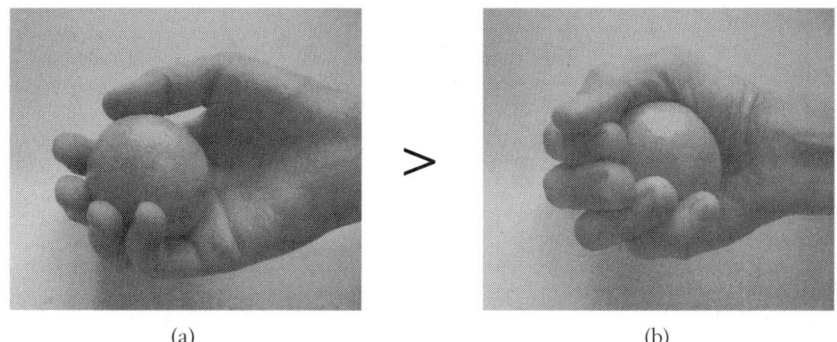

〈그림 94〉 '쥐다'의 시뮬레이션 영상

확장의미(동반경험)	해당 예문들
❶ ~의 소유권을 얻다	밥줄을 쥐다. / 최고 권력을 손에 쥐다.
❷ 조종하다	밥줄을 쥐다. / 최고 권력을 손에 쥐다. / 쥐고 흔들다 / 쥐었다 폈다 하다. / 나라를 쥐고 흔들다 / 남편을 쥐고 흔들다.

〈표 6〉 '쥐다'의 확장의미

시뮬레이션으로 해석되는데, 그 시뮬레이션 영상은 〈그림 94〉로 나타낼 수 있고 확장의미와 예문은 〈표 6〉에 제시되어 있다.

'쥐다'의 의미망은 〈그림 95〉과 같이 제시되었는데, 화살선을 보면 알 수 있듯이 확장의미 〈❷ 조종하다〉는 다른 확장의미 ❶에서 발생한 것일 수도 있고, 원형의미로부터 직접 발생한 것일 수도 있다. 유의어인 '잡다'와 '쥐다'의 의미 확장 양상의 차이는 원형 장면의 차이에서 비롯된다. '잡다'는 손의 모양으로 볼 때 움직이고 있는 대상에 사용될 수 있기 때문에 '쥐다'와는 달리 포획, 복종시킴, 도축, 포착, 선택 등의 경험과 동반될 수 있는 반면, '쥐다'는 손에 잡고 있는 정지되어 있는 사물에 대한 움직임을 나타내기 때문에 '잡다'에 비해 동반될 수 있는 경험의 폭이 더 제약된다.

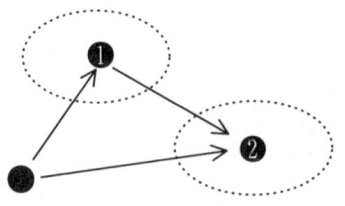

〈그림 95〉 '쥐다'의 의미망

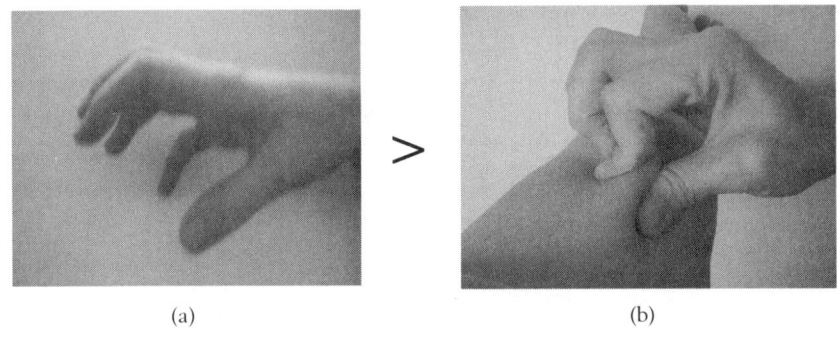

〈그림 96〉 '꼬집다'의 원형장면

'잡다', '쥐다'와 마찬가지로 '꼬집다'의 의미 해석도 손의 특징적인 움직임을 시뮬레이션 하여 이루어지는데, 〈그림 96〉은 이와 같은 시뮬레이션의 발생을 가능하게 하는 '꼬집다'의 시뮬레이션 영상이다.

'꼬집다'의 원형의미는 꼬집히는 대상이 아픔을 느낄 수 있는 생명체라는 점에서 '잡다'나 '쥐다'보다 더 정교한 도식을 가지고 있다. 예컨대, '공을 잡다'와 '공을 쥐다'는 자연스럽지만 '?공을 꼬집다'는 일반적인 상황에서 어색하게 느껴진다. 〈그림 96〉의 시뮬레이션 영상에서 꼬집히는 대상이 사람으로 설정된 것은 꼬집히는 대상이 아픔을 느낀다는 특징을 나타내기 위함이다.

확장의미(동반경험)	해당 예문들
❶ (잘못, 약점 등을) 지적하다	'연의 황우' 뭐라고 딱 꼬집을 수 없는 어중간함 / 남의 약점을 딱 꼬집어서 놀리는 것은 옳지 못하다.
❷ 밝히어 드러내다	달라졌는데 딱 꼬집을 수 없는 쁘띠 성형 / 뭐가 문제인지 분명하게 꼬집을 순 없지만 / 오래된 병의 원인을 꼬집을 수 없는 이유 / 남의 약점을 딱 꼬집어서 놀리는 것은 옳지 못하다. / 이런 자리에서 꼭 그렇게 아픈 데를 꼬집어야겠니?
❸ 고통스럽게 하다	이런 자리에서 꼭 그렇게 아픈 데를 꼬집어야겠니?

〈표 7〉 '꼬집다'의 확장의미

  '꼬집다'는 대략 〈표 7〉과 같은 확장의미를 가지는 것으로 분석된다. 꼬집는 행동은 주로 어떤 상황에서 누군가의 잘못을 지적하는 것을 목적으로 이루어지기 때문에 〈❶ (잘못이나 약점 등을) 지적하다〉는 첫 번째 확장의미로 지정되었다. 또, 무언가를 지적하기 위해서는 먼저 그것을 발견하는 과정이 필요하고, 지적된 특징은 더 잘 인식되게 된다. 이런 동반 경험을 기반으로 확장의미 〈❷ 밝히어 드러내다〉가 발생함을 확인할 수 있다. '꼬집다' 역시 동시에 여러 개의 개별의미가 연동될 수 있다. 잘못을 발견하거나 그것을 지적하면서 꼬집고 고통을 주는 경험들은 자연스럽게 연쇄적으로 동반될 수 있으며, 그 결과 ❶과 ❷, ❷와 ❸의 의미를 동시에 나타내는 예(〈표 7〉)들이 나타난다.
  '잡다', '쥐다'와 마찬가지로 '꼬집다'의 의미 해석도 손의 특징적인 움직임을 시뮬레이션 하여 이루어지는데, 〈그림 96〉은 이와 같은 시뮬레이션의 발생을 가능하게 하는 '꼬집다'의 시뮬레이션 영상이다.
  지금까지 설명된 원형의미와 확장의미들이 이루는 의미망은 〈그림 97〉과 같이 나타낼 수 있다. 여기서 ❶→❷, ❶→❸, ❷→❸에 나타난 경험적 동반성은 여러 동반 경험들의 연쇄적인 관계를 나타내고 있다. 확장의미

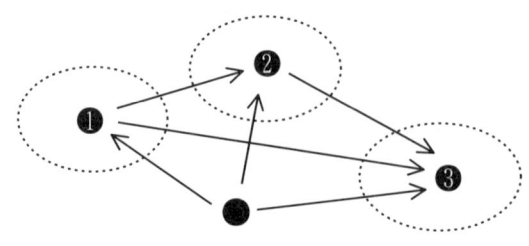

〈그림 97〉 동사 '꼬집다'의 의미망

❸에 나타난 고통을 야기한 원인은 육체적인 것(●)일 수도 있지만, 심리적인 것(❶)일 수도 있고, 혹은 사회적인 비난(❸)일 수도 있다.

동사 '먹다'의 원형의미는 〈그림 98(a)〉와 같이 대상을 입에 넣어 식도를 통해 넘기는 과정을 나타낸다. 이 때 원형의미는 도식성을 가지고 있기 때문에 먹는 대상이 음식이어야만 한다는 제약은 없으며, 먹는 방법에서도 꼭 이빨로 씹어야 한다거나 혹은 수저를 사용해야 한다는 제약은 없다. 이것은 '이쑤시개를 먹는 사람', '밥을 씹지 않고 먹는다.' 등의 표현이 어색하지 않은 것을 보면 알 수 있다. 또 '먹다'의 원형장면은 〈그림 98(b)〉와 같

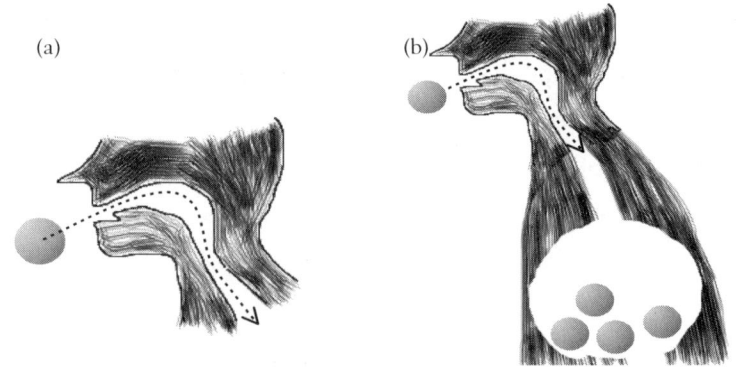

〈그림 98〉 '먹다'의 원형장면과 동반경험의 시뮬레이션 영상

은 동반경험의 영상과 연결되는데, 원형과 바로 직결되는 동반경험은 '먹다'의 확장의미가 발생하는 데 중요한 토대가 된다.

〈표 8〉에는 '먹다'의 동반경험을 토대로 발생한 확장의미들이 해당 예문과 함께 제시되어 있다. 확장의미 〈❶ 속으로 들여보내다〉와 〈❺ 흡수하다〉의 발생은 〈그림 98(b)〉에 나타난 동반경험을 기초로 발생한 것이라 할 수 있다. 우리가 무엇을 먹으면 그것은 우리의 몸 안으로 들어가게 되고, 또 그것이 '소화'라는 흡수 과정을 거치면 그 일부가 몸의 구성성분으로 동화되거나 저장된다. 이 두 단계의 연속적인 동반 경험들은 각각 〈❶ 속으로 들여보내다〉와 〈❺ 흡수하다〉의 확장의미가 발생하는 토대가 된다. 이 두 경험은 결속성이 강하기 때문에 ❶과 ❺의 확장의미는 동시에 발현되는 경우가 많다. 〈❷ 자기 몫으로 차지하다〉와 〈❸ 욕심을 채우다〉가 동시에 발현되는 이유도 역시 동반경험의 높은 결속성에 기인한 것으로 설명될 수 있다.

'먹다'의 확장의미가 나타난 예문들 중 여러 개의 확장의미를 동시에 가진 것들은 밑줄을 그어 표시했다. '센 주먹을 한 방 먹었다'의 경우 ❶과 ❹의 의미를 동시에 활성화하고, 〈❸ 욕심을 채우다〉의 의미를 가진 동사들은 모두 〈❷ 자기 몫으로 차지하다〉의 의미도 함께 활성화 된다. '실리카겔은 습기를 먹으면 도화색으로 변색된다.', '그녀의 피부에는 화장이 잘 안 먹었다.', '그는 풀이 잘 먹은 바리를 입었다.' 등에서 '먹다'는 ❶과 ❺의 확장의미가 함께 활성화된다. 또, '아이들은 사랑을 먹으며 자라났다', '신호 위반으로 벌점을 먹었다.', '그녀는 어머님의 입원 소식에 쇼크를 먹었다.', '겁을 잔뜩 먹었다.', '시위 가담으로 구류를 먹었다.'에서 '먹다'는 ❹와 ❺의 의미를 동시에 활성화한다. 이렇게 동사가 지시하는 사건이 복합적인 동반경험으로 인해 여러 개의 확장의미에 모두 포함되는 현상은 드물지 않지만, '먹다'에서는 매우 두드러지게 나타난다. 뒤에서 볼 '올라가다'와 '내려가다'의 확장의미에서도 이런 현상이 잘 관찰되는데, 이것은 환유가 동반경험에 기초하여 발생하기 때문에 나타나는 자연스러운 현상이다.

확장의미(동반경험)	해당 예문들
❶ 속으로 들여보내다	연탄가스를 먹었다. / 실리카겔은 습기를 먹으면 도화색으로 변색된다. / 그녀의 피부에는 화장이 잘 안 먹었다. / 그는 풀이 잘 먹은 바지를 입었다. / 고기가 너무 딱딱해서 칼날이 잘 먹지 않는다.[52] / 대패가 잘 먹어 일이 한결 쉽구나. / 감에 벌레가 먹었다. / 또 한 골 먹었다. / 센 주먹을 한 방 먹었다.
❷ 자기 몫으로 차지하다	엄마도 여학교 때 교내 콩쿠르에서 일등 먹었잖아요. / 황영조가 마라톤에서 1등을 먹었을 때 / 숙희는 남편이 벌어 놓은 돈을 모두 먹고 달아났다. / 사장이 그 여자 가수를 먹어버리겠다고 말했다. / 공무원이 뇌물을 먹고 주택 개발 정보를 흘렸다.
❸ 욕심을 채우다	숙희는 남편이 벌어 놓은 돈을 모두 먹고 달아났다. / 사장이 그 여자 가수를 먹어버리겠다고 말했다. / 공무원이 뇌물을 먹고 주택 개발 정보를 흘렸다.
❹ 경험하다	그는 책을 베끼다가 욕을 먹었다. / 핀잔을 먹다. / 아이들은 사랑을 먹으며 자랐다. / 신호 위반으로 벌점을 먹었다. / 그녀는 어머님의 입원 소식에 쇼크를 먹었다. / 겁을 잔뜩 먹었다. / 시위 가담으로 구류를 먹었다. / 센 주먹을 한 방 먹었다.
❺ 흡수하다 (흡수된 대상은 주체의 일부로 동화되거나 내재됨)	그는 앙심을 먹고 그녀를 해하려 했다. / 그녀는 그와 헤어지기로 마음을 먹었다. / 나이를 한 살 더 먹었다. / 실리카겔은 습기를 먹으면 도화색으로 변색된다. / 그녀의 피부에는 화장이 잘 안 먹었다. / 그는 풀이 잘 먹은 바지를 입었다. / 비가 와서인지 이부자리가 물을 먹은 듯 척척하다. / 땀 먹은 유니폼 / 아이들은 사랑을 먹으며 자랐다. / 신호 위반으로 벌점을 먹었다. / 그녀는 어머님의 입원 소식에 쇼크를 먹었다. / 겁을 잔뜩 먹었다. / 시위 가담으로 구류를 먹었다.

〈표 8〉 '먹었다'의 확장의미

---

52) 다른 예문들의 문형과 비교하면 '칼날이 잘 먹는다'가 아닌 '칼날을 잘 먹는다'가 되어야겠지만, 이런 문형 패턴은 목적어가 문장 내에서 가장 높은 주의의 초점을 받으면서 문장 구성에서도 주어의 지위가 주어진 것이라 생각된다. '옷이 몸에 잘 들어가다', '화장이 잘 먹는다', '풀이 잘 먹는다' 등에서도 이런 현상이 관찰된다.

4장에서 논의한 바와 같이 은유적 영상이나 은유적 표현들도 모두 환유에 의해 발생한 의미에 포함된다는 것에 유의할 필요가 있는데, '사랑을 먹다'나 '마음을 먹다', '나이를 먹다'에서 추상적인 개념인 '사랑', '마음', '나이' 등이 은유적 영상으로 처리된다 할지라도 이들에 대한 적절한 해석은 환유를 통해 발생한 의미를 근거로 추론되어야 한다. 예를 들어 '사랑을 먹다'는 몸에 흡수되어 좋은 영양분을 공급해주는 음식에 대한 경험을 불러일으킬 수 있어야 적절하게 해석될 수 있다.

한편, '타다'는 신체의 일부가 아닌 몸 전체가 다른 이동할 수 있는 사물에 올라가는 것을 원형의미로 가지는 동사이다. '타다'의 원형의미의 영상은 〈그림 99〉의 명암이 있는 부분이고, 유일한 확장의미를 발생시키는 동반경험의 영상은 〈그림 99〉의 나머지 부분을 포함한다.

'버스를 타다', '스케이트를 타다', '말을 타다' 등은 모두 '원형의미'의 실례들이다. 〈그림 99〉에서 A는 어떤 방향으로 이동하는 B의 위에 올라감으로써 자신의 힘으로 이동하는 것보다 더 쉽게 목적지를 향해 갈 수 있게 된다. 이런 동반경험에서 발생한 환유는 〈표 9〉와 같은 확장의미를 발생시킨다.

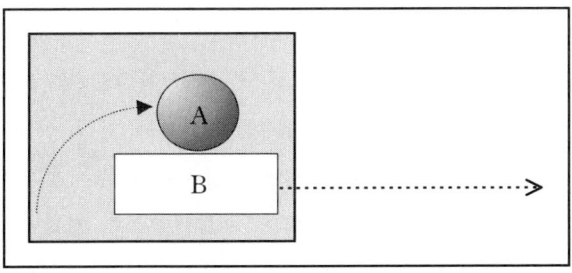

〈그림 99〉 '타다'의 원형 도식과 동반경험의 영상

확장의미(동반경험)	해당 예문들
❶ ~을 이용해 목적에 더 쉽게 도달하게 되다	허술한 틈을 타서 적을 공격했다. / 새벽 시간을 타서 왔다. / 이번 기회를 잘 타서 꼭 성공하기 바랍니다. / 서쪽으로 뻗은 능선을 탔다. / 등산가는 바위를 타서 산을 금방 내려왔다.

<표 9> '타다'의 확장의미

앞의 다른 동사들과 마찬가지로 '기회를 타다', '시간을 타다', '틈을 타다'와 같이 추상적 개념이 논항에 참여한 경우 은유적 영상으로 시뮬레이션 되면서 확장의미를 활성화시키거나 곧바로 확장의미를 활성화시킨다. 무언가를 타면 목적지에 더 쉽고 빠르게 도달할 수 있기 때문에 자신의 노력한 것보다 더 큰 이익을 얻게 되며, 이와 같은 동반경험은 시뮬레이션의 연합을 통해 목표 의미로 활성화될 수 있게 된다.

지금까지 신체의 일부가 움직임의 과정에 직접적으로 개입하는 동사들을 살펴보았다. 하지만, 신체의 움직임이 부각되지 않고 바탕으로만 존재하는 동사라고 해서 환유에 의한 확장의미가 발생하지 않는 것은 아니다. 그런 예로, 동사 '대다'와 '사다'가 있다. '대다'는 어떤 사물 A를 다른 사물 B에 접촉시킨 후에 그 상태를 유지하는 움직임을 나타내며, 그 과정에서 신체의 특정한 부위가 명시적으로 드러나지는 않는다. 우리는 손으로 A를 B에 댈 수도 있지만, 발이나 막대기, 자석, 바람 등 다양한 힘의 전달 매체를 사용할 수 있다. 하지만, 손은 '대다'의 움직임에 가장 쉽게 연상되는 신체 부위이고, 이 동사가 지각되는 대상의 움직임과 구분되는 신체의 움직임을 나타내는 동사의 부류에 속한다는 것을 나타낼 필요가 있기 때문에, '대다'의 시뮬레이션 영상인 <그림 100>에는 움직임을 조종하는 손의 그림을 넣었다. 만약 손 그림이 없다면 이 움직임은 '가다'나 '오다'같은 지각되는 대상의 움직임에 대한 시뮬레이션 영상과 구분되기 어렵기 때문이다.

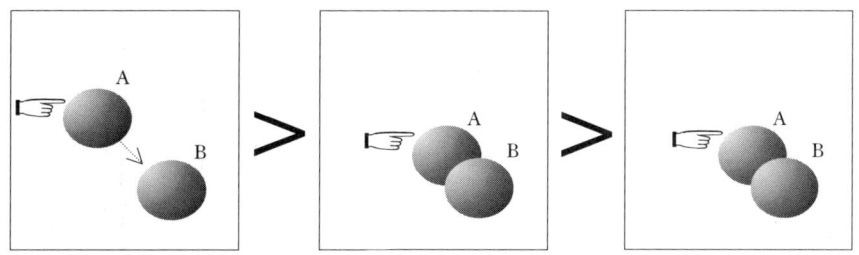

〈그림 100〉 동사 '대다'의 시뮬레이션 영상

우리는 A의 크기를 B와 비교하고 싶을 때 A를 B에 대곤 한다. 또, 트럭에 가득 든 물건을 가게에 공급하려면, 트럭을 가게에 가까이 대고 물건을 나를 것이다. 배를 항구에 연결하고 교류를 하기 위해서는 배를 항구에 대고 밧줄로 묶어야 한다. 이런 다양한 동반 경험들을 바탕으로 발생한 환유에 의해 '대다'는 〈표 10〉과 같은 확장의미를 형성한다.

확장의미(동반경험)	해당 예문들
❶ 비교하다	나야 그의 솜씨에 댈 바가 아니다. / 이 수박은 그것에 대면 아주 큰 편이다.
❷ 공급하다	공급이 부족해지자, 단골집에만 물건을 댔다. / 벼논에 물을 대다. / 수술비를 대다.
❸ 연결하다	거상들과 줄을 대기 위해 송도에 머물렀다. / 김 선생 좀 대주세요.
❹ 맞추다	약속시간에 대어 오느라고 혼났다. / 회의 시간에 댈 수 있도록 지름길로 차를 몰았다.
❺ 향하다	문밖에 대고 소리를 질렀다. / 그는 뒷간 벽에 대고 오줌을 누었다. / 하늘에 대고 하소연을 했다. / 나무에 대고 돌을 던졌다.
❻ 제시하다	공모한 사람의 이름을 대라고 협박했다. / 고문을 해도 독립군이 명단을 댈 수 없었다. / 친구에게 핑계를 대고 싶지 않다.
❼ 정지시키다	항구에 배를 대다. / 집 앞에 차를 대다가 접촉 사고를 냈다.

〈표 10〉 '대다'의 확장의미

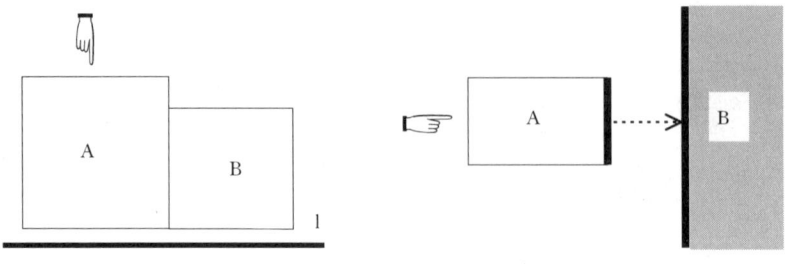

〈그림 101〉 ❹의 동반 경험 영상   〈그림 102〉 ❺의 동반 경험 영상

　〈그림 101〉은 '대다'의 확장의미 〈❹ 맞추다〉를 발생시킨 동반경험의 영상이다. A와 B를 잘 비교하거나 연결하기 위해서는 A와 B를 어떤 기준선(=l)을 설정하여 잘 맞추어야 한다. 무엇보다 A와 B를 연결하기 위해서는 A와 B의 접합면을 잘 맞추어주어야 한다. 따라서 〈❹ 맞추다〉는 〈❸ 연결하다〉를 참조점(R)으로 발생한 환유일 가능성이 제일 높으며 이 과정에는 〈❶ 비교하다〉의 경험도 개입되어 있다.
　또, 〈그림 102〉는 확장의미 〈❺ 향하다〉를 발생시킨 동반경험인데, A의 한쪽 면을 B의 마주보는 면에 맞추어 대기 위해서는 A가 움직이는 각도가 정확히 B를 향하고 있어야 한다.
　그러면 〈❻ 제시하다〉는 어떻게 발생한 것일까? 만약 다른 사람에게 무엇을 보여주거나 들려주려 한다면 〈그림 102〉의 A와 같이 보여줄 사물이나 소리가 그 사람을 정확하게 향하고 있을수록 효과적일 것이다. 이와 같은 인과관계를 고려한다면, 확장의미 〈❻ 제시하다〉는 확장의미 〈❺ 향하다〉를 참조점(R)으로 하는 환유에서 발생한 것임을 추론할 수 있다.
　또, 〈그림 102〉에서 A를 B에 대면 그 결과 A의 이동은 정지하게 되는데, 이런 동반경험을 바탕으로 확장의미 〈❼ 정지시키다〉가 발생하는 것을 볼 수 있다. '대다'의 의미망은 〈그림 103〉과 같다.

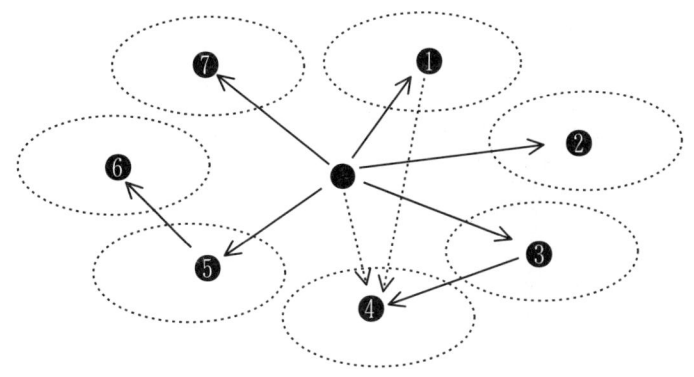

〈그림 103〉 동사 '대다'의 의미망

이번에는 신체의 움직임을 나타내는 동사이지만, 관련된 신체 부위보다 복잡한 상황의 틀에 더 윤곽이 부여되는 '사다'의 의미망을 분석해보자. '사다'는 상거래와 관련된 복잡한 사건 틀(Fillmore 1975, 1982, 1985)이 동사의 개념적 내용을 구성하는 동사라는 점에서 고도로 도식적인 의미에서만 신체의 움직임을 나타내는 동사에 포함된다. 예를 들어 물건을 살 때, 우리는 손으로 돈을 주고 구매한 물건을 다시 손으로 받는다. 이와 같은 일련의 신체적 움직임이 '사다'의 의미를 해석할 때 시뮬레이션 될 수도 있지만, 인터넷으로 물건을 구매하는 경우에 이야기는 또 달라진다. 오히려 '사다'의 중심적인 개념적 내용은 신체의 동작이 아닌 사건 틀을 구성하는 판매자, 구매자, 돈, 상품 등의 요소들 사이에 발생하는 관계의 변화로 이루어진다.

'사다'처럼 사건 틀에 윤곽 부여된 동사들의 시뮬레이션 영상을 제시하기는 쉽지 않다. 그것은 구매자, 판매자와 같은 백과사전적인 배경지식과 연관된 개념들이 지시 사건의 참여자로 등극하기 때문이다. '사다'의 시뮬레이션 영상을 〈그림 104〉와 같이 시도하는 것은 가능하지만, 이 그림은 엄밀하게 따져서 영상적인 요소로만 구성된 것이 아니라 '구매자'와 '판매

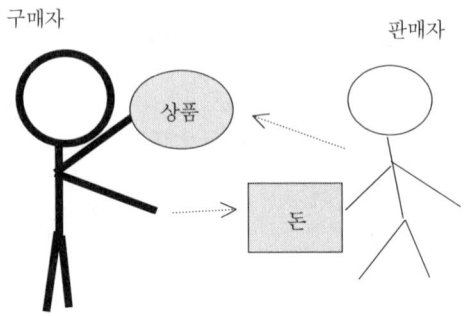

〈그림 104〉 '사다'의 시뮬레이션 영상

자', '돈'과 '상품' 같은 비영상적인 영역까지 포함하는 반칙을 범한다. 하지만, 시뮬레이션 의미론의 기본 가정은 시뮬레이션이 모든 의미 해석을 가능케 한다는 것이므로, 영상으로 표현되기 어렵다는 것이 곧 시뮬레이션의 불능을 의미하는 것은 아니다. 또, 실제로는 '사다'가 지시하는 사건에 참여한 추상적인 개념들이 정말 〈그림 104〉처럼 같은 은유적 영상이 부여되어 시뮬레이션 될지도 모른다.

사건 틀이 중심이 된 동사 역시 환유에 의해 확장의미가 발생한다는 점에서는 차이가 없다. 구매자는 상품의 가치가 있다고 판단될 때 그것을 사야겠다는 결정을 내리므로 어떤 대상이 '가치가 있다고 판단하는 것'이 곧 동반 경험이 된다. 또, 어떤 것을 살 때는 그것에 대한 대가를 지불해야 하므로, 어떤 것을 얻기 위해 희생을 감수하거나 적극적인 태도로 그것을 가지려 하는 것도 또 다른 동반경험을 이룬다. 〈표 11〉에는 이런 동반경험을 토대로 발생한 '사다'의 세 가지 확장의미가 제시되어 있다.

확장의미(동반경험)	해당 예문들
❶ ~의 가치가 높다고 평가하다	나는 그 친구의 성실함을 높이 산다. / 우리는 이 제품의 창의성을 높이 삽니다.
❷ 적극적으로 얻다	판매원을 고객들의 환심을 사기 위해 애썼다. / 그에게서 호감을 사기 위해 그녀는 별의별 노력을 다 했다.
❸ 자진하여 ~을 받다	남한테서 의심을 살 만한 일은 하지 마라. / 새로 부임한 사또는 폭정으로 백성들로부터 원한을 샀다.

〈표 11〉 '사다'의 확장의미

지금까지 신체의 움직임을 나타내는 다양한 유형의 동사들의 의미망이 비항상성 동반관계의 환유에 의해 형성되는 것으로 파악될 수 있음을 살펴보았다. 여기에서 유의할 것은 신체의 움직임을 나타내는 동사의 유형은 정신적인 수행을 나타내는 동사들도 포함한다는 것이다. 특별히 '심리동사'라는 유형으로 구분되기도 하는 정신적인 움직임을 나타내는 동사로 '깨닫다', '놀라다', '반기다', '사랑하다', '생각하다', '알다', '외우다' 등을 들 수 있다(이익환, 이민행 2005). 2장에서는 동사를 신체가 수행하는 움직임이나 신체가 지각하는 움직임을 나타내는 것으로 정의한 바 있는데, 인간의 두뇌 역시 중요한 신체의 일부이기 때문에 뇌신경의 움직임에 의해 발생하는 정신적인 수행도 결국은 일반적인 신체의 움직임에 무난히 포함시킬 수 있다. 소위 심리동사의 의미망 역시 앞에서 살펴본 동사들과 마찬가지로 설명되지만, 가시적인 신체의 움직임을 나타내는 동사들에 비하면 매우 빈약하다. 그 이유는 정신적인 움직임은 외부로 관찰되지 않기 때문에 환유의 참조점이 될 수 있는 동기가 약하다는 것으로 설명될 수 있다. 따라서 반대로 '머리를 싸매다(→열심히 생각하다)'같은 환유나 '마음에 품다', '머릿속에 집어넣다', '마음을 정리하다'등의 은유적인 표현들이 정신적인 과정을 수월하게 나타내는 대체적인 수단으로 활발히 도입된다.

정신적인 움직임을 나타내는 동사들의 예로 '생각하다'와 '외우다'의 경우를 잠시 살펴보자. '생각하다'의 의미는 추리('사고의 원인을 생각하다.'), 회상('어린 시절을 생각하다.'), 계획('그는 이미 사퇴를 생각하고 있다.'), 예상('미처 생각하지도 못했던 일이 일어났다.') 등 다양한 이성적인 사고 과정을 포괄한다. 어쩌면 '생각하다'가 나타내는 신체적인 움직임은 '시뮬레이션(simulation)'의 과정 그 자체라 할 수도 있다. 우리가 의사소통하고 생각하는 모든 과정은 시뮬레이션에 의해 처리되기 때문이다.

'생각하다', '외우다'와 같은 동사들은 머릿속에서 이루어지는 움직임을 나타내기 때문에 시뮬레이션 영상이 사실적으로 표현되기는 어렵다. 하지만, 이와 같은 비가시적인 움직임을 대신할 수 있는 은유적 영상을 활용할 수는 있을 것이다. '마음에 품다', '마음을 정리하다'와 같은 수많은 은유적 표현들의 존재는 정신적인 움직임에 은유적인 영상을 부여하는 인지적 책략이 유용하게 사용되고 있음을 보여준다. '머리를 굴리다', '머리가 잘 돌아가다'와 같은 은유적 표현들을 참고하면, '생각하다'의 시뮬레이션 영상은 〈그림 105〉와 같이 제시할 수 있다. 단, [머리는 기계]라는 은유가 모든 문화권에서 통용되리라는 보장은 없다.

〈그림 105〉 '생각하다'의 시뮬레이션 영상

확장의미(동반경험)	해당 예문들
❶ 관심을 쏟다, 위하다	이웃을 생각하다 / 자신만을 생각하다 / 건강을 생각하다 / 네 아버지를 생각해서 한 번 용서해 주마. / 고생하시는 어머니를 생각해라.
❷ 대비하다	우리 부부는 노후를 생각해서 보험을 들었다. / 만약의 사태를 생각해서 비상식량을 숨겨두었다.

〈표 12〉'생각하다'의 확장의미

'생각하다'의 용례를 검색해 보면 대략 〈표 12〉와 같은 확장의미들이 발견된다. 어떤 대상에 관심을 가지고 잘 대해주고자 노력한다면 그 대상에 대해 집중적으로 생각하지 않을 수 없을 것이다. 〈❶ 관심을 쏟다, 위하다〉는 바로 이런 동반경험에 기초해서 발생한 확장의미이다. 애초에 '사랑하다'의 의미가 "思"와 "愛"의 양의를 가지고 있다가 "思"의 의미가 소실되는 과정을 겪었다는 것은 주지의 사실이지만(홍사만 2003), 우리는 '생각하다'에서 확장의미 〈❶ 관심을 쏟다, 위하다〉가 발생하여 "思"와 "愛"의 양의가 공존하게 되는 과정을 다시 관찰하게 된 것이다. 같은 방식으로 〈❷ 대비하다〉의 발생 과정이 어떤 동반 경험을 바탕으로 발생했는지도 쉽게 추론할 수 있을 것이다. '생각하다'의 의미망은 생략한다.

이제 인간의 정보 저장 과정에 관련된 정신적인 수행을 나타내는 동사인 '외우다'를 살펴보자. '외우다'에 대응되는 '머릿속에 집어넣다'와 같은 은유적 표현에는 머리가 어떤 저장고의 역할을 하고 그 속에 정보를 물건처럼 보관한다는 은유적인 사고가 반영되어 있다. 또한, '단기 기억', '장기 기억', '머릿속에 입력하다' 등의 표현에서 볼 수 있듯이 인간의 정보 저장 과정은 컴퓨터에 비유되기도 한다. 비교적 단순한 은유를 참고하면, '외우다'의 시뮬레이션 영상은 〈그림 106〉과 같이 나타낼 수 있다.

또, '외우다'의 원형의미는 두뇌에 정보를 저장하는 과정을 나타내며,

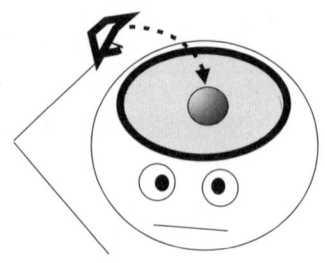

〈그림 106〉 '외우다'의 시뮬레이션 영상

확장의미(동반경험)	해당 예문들
❶ 기억한 것을 그대로 말하다	시를 외우다 / 천자문을 외우다 / 사서삼경을 외우다 / 알파벳을 외우다
○ 이하 북한어 ○	
❷ 입버릇처럼 자주 말하다	옛 전우의 이야기를 뜨문히 외운다. / 지난날의 생활을 옛말로 외웠다.
❸ 소리 내어 또는 속으로 말하다	사람들은 백두산이란 이름만 외워도 숭엄한 감정에 휩싸인다.
❹ 전해주다	남의 말을 외우다

〈표 13〉 '외우다'의 확장의미

〈표 13〉과 같은 확장의미들이 관찰된다.

확장의미 〈❶ 기억한 것을 그대로 말하다〉는 무언가를 그대로 말하기 위해 그것을 외우는 동반 경험에서 발생한다. 나머지 ❷~❹는 모두 북한어에서 발견되는 예들인데, 이 확장의미들의 발생 과정 역시 동일한 원리에 의해 설명될 수 있다. 입버릇처럼 자주 말하거나(❷) 혼자서 중얼거리면서 혹은 속으로 말하는 것(❸)은 무언가를 외우기 위해서 자연스럽게 동반되는 행동들이다. 또, 다른 사람에게 어떤 말을 전하려면 그 말을 머릿속에 외워야 하는 경우가 있는데, 〈❹ 전해주다〉는 이런 동반경험을 기반으로 발생한 것으로 설명될 수 있다.

모든 동사의 의미를 시뮬레이션 영상으로 나타내기는 어렵다. 예컨대 정신적인 수행을 나타내는 동사의 의미를 머릿속을 찍은 MRI 영상으로 나타내는 것이 효과적이라고 생각되지는 않는다. 시뮬레이션 영상은 주로 눈으로 지각할 수 있는 영역에 대한 효과적인 표현 방법이 될 수 있다. 전술한 바와 같이 시뮬레이션 의미론의 핵심은 신체화에 있다. 하지만, 영상은 신체화된 인지가 외부의 세계를 받아들이는 방식만을 포함한다. 외부의 세계로부터 가려져 있는 인간의 내면적인 정신적인 경험들 역시 시뮬레이션의 영역에 포함되는데, 은유적 영상은 이러한 보이지 않는 내적 세계를 표현할 수 있는 제한적인 수단을 제공해준다. 시뮬레이션 의미론은 영상적인 영역만을 다루지 않는다. 다시 말해, 영상으로 표현될 수 없는 정신적인 경험이라 할지라도 시뮬레이션에 의해 발생하며, 그것이 영상으로 표현되기 어렵다는 것 자체가 시뮬레이션 의미론의 설명력을 제한하지는 않는다. 특정한 영상으로 표현되기 어려운 '사다', '생각하다', '외우다' 등의 원형의미나 영상으로 표현되기 어려운 어떤 확장의미라 해도 시뮬레이션에 의해 해석되는 영역에서 벗어나지는 않는다. 그리고 어떤 원형의미와 확장의미의 관계라 할지라도 시뮬레이션 의미론에 기초한 의미망 발생 원리를 벗어나 형성되지는 않는다.

5.2.3. 지각되는 대상의 움직임을 나타내는 동사의 의미망

지각되는 대상의 움직임을 나타내는 동사의 원형도식은 객관적으로 관찰되는 움직임에 대한 시뮬레이션과 거울 신경 패턴에 의해 활성화되는 시뮬레이션 두 가지를 모두 발생시킨다.

동사 '가다'의 원형의미도 기본적으로 두 개의 연관된 시뮬레이션을 발생시키는데, 〈그림 107(a)〉는 지각되는 대상 자체에 대한 시뮬레이션 영상

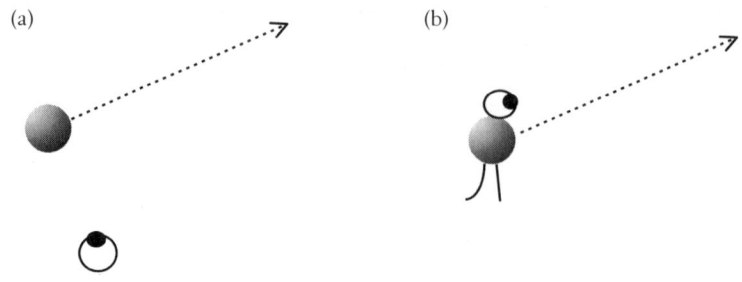

<그림 107> '가다'의 시뮬레이션 영상

이고, 〈그림 107(b)〉는 거울 신경 패턴에 의해 활성화되는 시뮬레이션을 나타내는 영상이다.

먼저 〈그림 107(a)〉에 동반되는 경험에서 발생하는 확장의미들을 살펴보자. '가다'의 원형의미는 〈그림 108(a)〉와 같이 주의의 초점을 받는 대상이 어떤 영역에 가까이 접근하는 경우나 〈그림 108(b)〉처럼 그 대상이 어떤 영역에서 멀어지는 경우로 정교화 될 수 있다.

이동하는 지각 대상(A)가 어떤 특정한 영역(B)에 가까워지는 경우 ① A가 B에 도달함 ② A가 B의 영향권에 들어감 ③ A가 B에 영향을 미침 ④ A가 B에 요구됨 ⑤ B에 A가 나타남 ⑥ A가 B에 소속됨 등과 같은 동반경

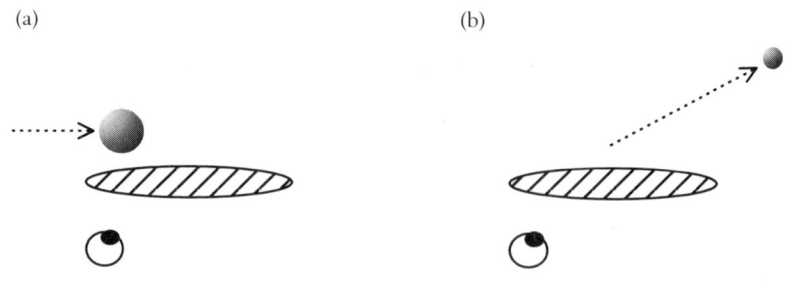

<그림 108> '가다'의 정교화 시뮬레이션 영상

험을 토대로 〈표 14〉의 ❶~❻의 확장의미를 발생시킨다. 이에 반해 A가 B에서 멀어질 경우 A가 B에서 사라진다는 동반경험에 의해 확장의미 ❼을 발생시킨다.

확장의미(동반경험)	해당 예문들
❶ ~에 미치다	너에게 신호가 가면 직접 슛을 해. / 어떻게 그 친구 집으로 소식이 갔는지 / 검사 결과는 내일에 가서야 나온대. / 대충 짐작이 간다. / 딱한 처지에 동정이 간다. / 그 설명은 수긍이 간다.
❷ ~의 영향권에 들어가다	얘들에게 가면 남아나는 물건이 없다니까.
❸ 영향을 미치다	이 그림에는 붓이 가지 않은 데가 많아. / 그의 손이 가야 일이 제대로 된다.
❹ 요구되다	조그만 조각품에는 손이 많이 간다. / 농사일에는 품이 많이 간다.
❺ 생기다	자기에게 손해가 가는 장사를 누가 하겠어? / 옷에 주름이 가다 / 벽에 금이 가다
❻ 귀속되다	철수에게 과자가 하나 더 갔다. / 그 그림이 누구에게 갔는지 수수께끼다.
❼ 사라지다	책상 위에 있던 돈이 어디에 갔지? / 좋은 시절 다 갔다. / 젊은 나이에 가다니. / 그는 완전히 맛이 갔다 / 고작 소주 몇 잔에 가 버리다니.

〈표 14〉 '가다'의 확장의미(◐)[53]

---

53) 거울 신경 패턴에 의해 발생하는 두 개의 의미망을 각각 (◐)과 (◑)로 표시하여 구분하였다.

한편, 거울 신경 패턴에 의해 활성화되는 '가다'의 의미(〈그림 107(b)〉)는 개념화자가 목적지를 향해 직접 이동하는 신체적인 경험에 기초하여 발생되므로 ① 목표를 달성함 ② 과업을 진행함[54] ③ 지속함[55] ④ ~에 도달함 ⑤ ~을 하러 감 ⑥ 어떤 경로를 통과함 등의 동반경험을 토대로 〈표 15〉의 확장의미들을 발생시킨다.

확장의미 〈❺ ~을 하러 가다〉는 많은 경우 장소의 이동이 어떤 목적한 일을 수행하는 것과 동반되기 때문에 발생하는 것으로 볼 수 있으며, '나 가다'에서도 동일한 유형의 확장의미가 발생하는 것이 확인된다. 이 때, 의미의 확장이 실현되는 문법적 형태를 변화시키는 것을 목격할 수 있는데,

확장의미(동반경험)	해당 예문들
❶ 목표를 달성하다	복지 국가로 가는 길은 아직 멀고 험하다. / 아직 결론까지 가려면 멀었다. / 서로를 이해하는 데까지 가지 못했다.
❷ 과업을 진행하다	이런 식으로 가면 우리의 승리가 확실하다. / 회의가 엉뚱한 쪽으로 간다.
❸ 지속되다	감기가 오래 가는구나. / 재물은 삼대를 가기 어렵다. / 평화는 얼마 가지 못했다. / 작심삼일이라고 며칠이나 가겠니? / 새 신발이 한 달을 못 가다니.
❹ ~에 도달하다	말이나 않으면 중간이나 가지. / 그런 점에서는 오위영이 으뜸가는 위치에 있었다. / 이런 집은 시가가 얼마나 갈까? / 이 부분에 가서는 특히 현악기의 선율에 주의해야 한다.
❺ ~을 하러 가다	소풍을 가다 / 산책을 가다 / 여행을 가다 / 문병을 가다
❻ ~을 통과하다	길을 가다 / 바다를 가다 / 밤길을 가다

〈표 15〉 '가다'의 확장의미(❶)

---

54) 목적지를 향해 가기 위해 시간과 에너지가 투입되는 과정으로, '회의가 엉뚱한 쪽으로 간다.'와 같이 방향이 잘못되면 과업 진행의 효율이 낮아지게 된다.
55) 목적지를 향해 가는 것에 소요되는 시간은 움직임의 양에 비례해 지속된다.

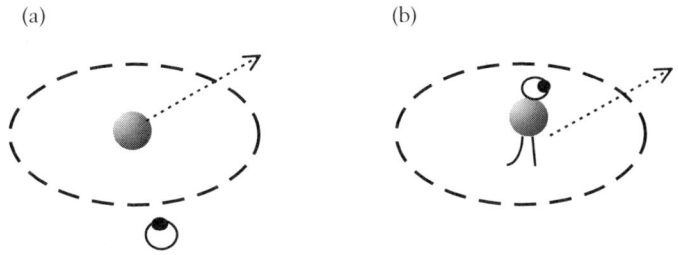

⟨그림 109⟩ '나가다'의 시뮬레이션 영상

이동 표현이 일반적으로 조사 '~에'를 요구하는 것과 달리 '소풍을 가다', '산책을 가다', '여행을 가다' 등은 조사 '~을'을 통해 확장된 의미인 '~을 하러 가다'와 같은 문형으로 실현되고 있다. 동사의 의미 확장에 대응되는 통사구조의 변화는 시뮬레이션 의미론에 기초한 동사의 의미망이 확보한 설명력의 한 단면을 보여주는 것이다. 뒤에서 분석될 '나가다'의 경우와 ⟨❻ ~을 통과하다⟩의 의미가 실현된 '길을 가다', '밤길을 가다'에서도 확장의미에 대응되는 문형의 변화를 관찰할 수 있다.

동사 '나가다'의 원형의미는 ⟨그림 109(a)⟩와 같이 주의의 초점을 받는 사물이 어떤 영역의 안에서 밖으로 이동하는 영상으로도 나타낼 수 있는데, '가다'와 마찬가지로 거울 신경 패턴의 활동에 의해 ⟨그림 109(b)⟩의 시뮬레이션도 활성화된다. ⟨그림 109⟩의 두 그림은 사실상 동사 '나가다'의 두 가지 원형도식이라고 할 수 있다.

《표준국어대사전》에는 표제어 '나가다'에 '앞쪽으로 움직이다.'라는 뜻풀이 항목이 포함되어 있는데, 사실 모든 위치 이동은 구체적인 방향에 상관없이 과거에 머물렀던 영역에서 벗어나는 것이기 때문에 '나가는 것'으로 개념화될 수 있는 가능성이 있다. (85)를 보면 옆으로 움직이는 것(a), 차선이나 경기장 밖으로 이동하는 것(b, d)이나 안으로 이동하는 것(c, e) 모두 '나가는 것'으로 개념화되고 있음을 알 수 있다. 벤치를 안으로 인식하면 경기장이 밖이 되고, 경기장을 안으로 인식하면 벤치를 밖으로 개념화하게 되는 것이다.

(85) a. 안 보여요, 옆으로 좀 나와 보세요.
　　 b. 갓길에 있던 차가 2차선으로 나갔다.
　　 c. 2차선에 있던 차가 갓길로 나갔다.
　　 d. 이 영표 선수는 몸을 풀고 경기장으로 나갔다.
　　 e. 이 영표 선수는 선수 교체로 경기장 밖으로 나갔다.

또 (86)의 표현들을 보면 시장, 문예계, 경기(혹은 경기장), 선거 등이 사람들에게 공개되고 드러난다는 의미에서 밖으로 개념화되기 때문에 '나가다'가 적절하게 사용되고 있음을 알 수 있다.

(86) a. 새 제품이 시장에 나갔다.
　　 b. 5월호가 시중에 나갔다.
　　 c. 그는 이번에 새로 문단에 나가게 되었다.
　　 d. 그는 전국 체전에 대표로 나갔다.
　　 e. 그는 이번에도 시의원 선거를 나갔다.

그러면, 먼저 '나가다'의 첫 번째 원형(〈그림 109(a)〉)에서 발생하는 확장의미들을 알아보자. 어떤 영역의 안에서 밖으로 무언가가 빠져나갔을 때, 그 영역의 원래 구성에 결원이 생기고 원래의 기능을 잃어버리게 되는 경우가 많다. 예를 들면, 기계에서 부품이 빠져나갔거나 축구팀에서 잘 하는 선수가 나갔을 때, 또는 관현악에서 악기 하나가 빠졌을 때 이런 문제가 생긴다. 여기에서 〈표 16〉의 확장의미 〈❶ 결함이 생기다〉가 발생한다. 또, 어떤 일에 비용이 많이 지출되었을 때도 우리는 이런 문제의식을 느낀다. 사실 돈을 지출하면 그 반대급부를 얻기 때문에 손해라고만은 볼 수 없지만, 금전이 빠져나갔다는 동반경험이 부각된 결과 확장의미 〈❷ 지출되다〉가 발생한다. 또, 다른 사람에게 물건을 판 경우나 지급된 경우에도 물건이 빠져나갔다는 동반경험이 참조점이 되어 확장의미 〈❸ 팔리다〉와 〈❹ 지급되다〉가 발생했다.

만약 어떤 폐쇄된 공간의 안에 있던 물체가 외부로 나온다면, 공공의 사람들에게 공개되어 그것에 관심을 가진 이들의 접근이 가능해진다. 이런 과정을 통해 그 대상은 사람들에게 유통되고 확산될 수 있게 되는데, 이와 같은 동반경험에서 확장의미 〈❺ 외부로 유통되다〉가 발생된다.

확장의미(동반경험)	해당 예문들
❶ 결함이 생기다	자동차 범퍼가 나갔다. / 축구를 했더니 구두가 다 나갔다. / 스타킹이 나갔다. / 갈비뼈가 두 대나 나갔다. / 앞니가 모두 나갔다. / 정신이 나갔다. / 전기가 나갔다. / 넋 나간 사람처럼 서 있었다.
❷ 지출되다	월급의 반이 아이들에게 나간다. / 인건비가 많이 나간다. / 물가가 올라 생활비가 많이 나간다. / 수입의 대부분이 책값으로 많이 나갔다.
❸ 팔리다	이 잡지가 요즘 많이 나갑니다. / 상인들은 경기가 나빠 물건이 잘 안 나간다고 엄살을 부렸다. / 요새는 전세보다 사글세가 더 잘 나간다.
❹ 지급되다	미국에서는 65세 이상 된 노인들에게는 구제금이 나간다. / 쌍암리에 특별 배급이 나간 것처럼 내준단 말이야.
❺ 외부로 유통되다	이들을 통해 소비지에 나가는 농산물은 대부분 중개인을 거쳐야 한다. / 신형 자동차가 곧 시장에 나갑니다. / 광고가 나간 다음날 50여 명의 교포 구직자가 몰려왔다. / 기사가 방송에 나가다
❻ ~까지 미치다	삼촌은 체중이 100kg이나 나간다. / 이 그림은 무려 3천만 원이나 나간다. / 무게가 얼마나 나가나 달아보자. / 여기 땅값이 얼마나 나가?

〈표 16〉 '나가다'의 확장의미(◐)

그런데, 확장의미 〈❹ ~까지 미치다〉는 어떤 동반경험에서 발생한 것일까? 우리는 '총알이 나가다', '화살이 나가다' 같은 표현을 사용하는데, 총이나 화살의 성능은 총알이나 화살이 얼마나 멀리 나가는지에 의해 가늠되기도 한다. 확장의미 〈❻ ~까지 미치다〉는 바로 이와 같은 동반경험에서 발생된다.

거울 신경 패턴에 의해 활성화되는 '나가다'의 두 번째 원형의미(〈그림 109(b)〉)는 〈표 17〉과 같은 확장의미를 형성하는 것으로 분석된다. 일반적으로 집이나 외부 세계와 차단해 주는 어떤 구조물의 내부는 안전하며 편하게 쉴 수 있지만, 밖으로 나가면 위험한 동물을 만나거나 사람들과 마주치고 경쟁할 일이 생기고 여러 가지 난관과 예기치 못한 어려움을 만날 수 있다. 그럼에도 불구하고 이런 위험을 감수하고 밖에 나가야만 사냥을 하거나 사업을 통해 여러 가지 필요한 이익을 얻을 수 있다. 이런 동반경험에 의해 '나가다'는 확장의미 〈❶ 도전적인 과제를 수행하다〉를 발생시키게 된다. 또, '나가다'는 '가다'와 마찬가지로 목적지향적인 이동 과정이기 때문에 확장의미 〈❷ 과업을 진행하다〉를 발생시킨다. 또, 어떤 소속된 기관을 떠나는 경험은 그곳을 물리적으로 떠나는 경험과 동반되므로 확장의미 〈❸ 떠나다〉가 발생되고, 어떤 소속된 기관에 소속되어 출석을 하려면 집이나 숙소에서 밖으로 나가야 하므로 이런 동반경험은 확장의미 〈❹ 다니다〉를 발생시킨다.

장소 이동은 어떤 목적한 일을 수행하기 위해 이루어지는 경우가 많은데, 이와 같은 동반경험에 의해 '나가다'에는 확장의미 〈❺ ~을 하러 가다〉가 발생한다. '가다'의 경우에도 이와 동일한 확장의미가 형성된 것을 확인할 수 있다. 여기서 잠시 구문의 형태적인 측면을 살펴보자. 만약 '나가다'가 원형의미대로 사용되었다면 조사 '~에'가 사용되어 '밭에 나가다'와 같은 문형으로 실현될 것이다. 하지만, 〈❺ ~을 하러 가다〉로 의미가 확장된 결과 문형도 '~을 하다'에 대응하는 '일을 나가다'로 실현됨을 볼

확장의미(동반경험)	해당 예문들
❶ 도전적인 과제를 수행하다	너무 배짱으로 나가면 좋지 않다. / 모든 일을 혼자서 다 처리할 수 있는 것처럼 나간다. / 상황이 아무리 어렵더라도 나는 내 계획대로 나가겠다. / 여기서 이긴 두 팀은 세계 본선에 나가게 된다.
❷ 과업을 진행하다	공사는 이미 반 이상을 나간 상태이다. / 영어는 3과까지 나갔다. / 내일은 이 부분부터 나갈 거니까 예습을 해 오세요. / 진도가 나간 데까지에서만 출제토록 범위를 제한했다.
❸ 떠나다	그 아이는 고아원을 나간 지 5년도 넘었습니다. / 아이가 집을 나간 지 한 달이 넘었다. / 경영이 악화되어 회사에서 나가게 된 사람들이 늘어났다. / <u>가능한 한 빨리 딴 살림을 나가는 수밖에 다른 방법이 없었다.</u>
❹ 다니다	자네 요즘은 어느 회사에 나가나? / 그는 20년 넘게 한 직장을 나간다.
❺ ~을 하러 가다	그들은 밭에 일도 나가고 산으로 나무들도 베러 다녔다. / 여름철이 되면 나는 자주 그 어머니를 따라 풀베기를 나갔다. / 진료를 나가다 / <u>가능한 한 빨리 딴 살림을 나가는 수밖에 다른 방법이 없었다.</u>

〈표 17〉 '나가다'의 확장의미(❶)

수 있다. 이런 현상들은 동사 '가다'에서도 확인한 바 있으며, 동사의 의미 확장이 구문의 문법적인 구조 변화에 대응되는 원인이 됨을 더 분명히 확인시켜준다.

 밑줄 친 '가능한 한 빨리 딴 살림을 나가는 수밖에 다른 방법이 없었다.'에서 '나가다'는 확장의미 〈❸ 떠나다〉와 〈❺ ~을 하러 가다〉를 모두 활성화시키는데, 그것은 원래의 집에서 떠나는 것인 동시에 독립적인 살림을 하러 가는 것이기도 하다. 이 경우도 조사 '~을'을 통해 실현된 문형을 확인할 수 있다. 동사의 확장 의미와 구문 구조의 대응에 대한 설명은 5.3.2에서 더 자세하게 이어진다.

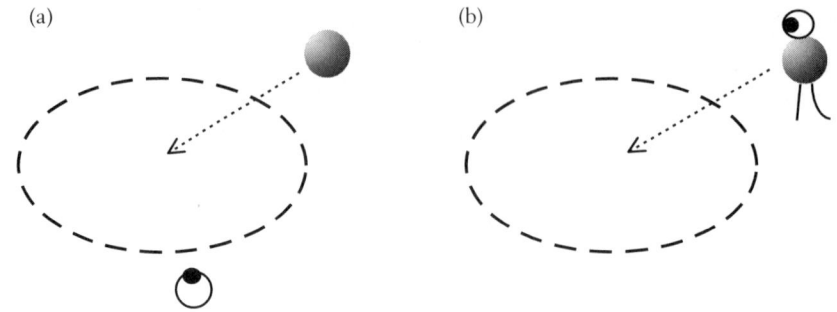

〈그림 110〉 '들어가다'의 시뮬레이션 영상

한편, '왜 이렇게 줄이 안 나가!'나 '나뭇결이 고와 대패가 잘 나간다.'의 경우 동사의 의미가 확장된 예가 아닌 관용적 표현으로 분석되는 것이 더 적절해 보이는데, 그 이유는 전술한 바와 같이 이 표현들이 '줄'이나 '대패' 같은 특정한 도구를 사용하는 특정한 상황에서 고착화된 의미를 발생시키기 때문이다. 여기에서 환유를 통해 발생하는 확장의미는 [줄이 잘 나가다], [대패가 잘 나가다]와 같은 연어적 구성에 대응되는 정도가 더 강하기 때문에, 동사가 독립적으로 확장의미에 대응되는 현상과 구분할 필요가 있다.

동사 '나가다'의 반의어인 '들어가다'의 원형의미는 〈그림 110(a)〉와 같이 주의의 초점을 받는 사물이 어떤 영역의 밖에서 안으로 이동하는 영상으로 나타낼 수 있는데, 이 때 다른 동사들과 마찬가지로 거울 신경 활동에 의해 〈그림 110(b)〉의 영상도 활성화된다.

사실 생각하기에 따라 모든 위치 이동은 과거에 머물렀던 영역에서 또 다른 새로운 영역의 안으로 이동하는 것이기 때문에 '들어가는 것'으로 개념화될 수 있는 가능성이 있다. (87)을 보면 옆으로 움직이는 것(a), 차선이나 경기장 밖으로 이동하는 것(b, d)이나 안으로 이동하는 것(c, e) 모두 '들어가는 것'으로 개념화될 수 있음을 알 수 있다.

(87) a. 안 보여요, 옆으로 좀 들어가세요.
　　b. 갓길에 있던 차가 2차선으로 들어갔다.
　　c. 2차선에 있던 차가 갓길로 들어갔다.
　　d. 이 영표 선수는 몸을 풀고 경기장으로 들어갔다.
　　e. 이 영표 선수는 선수 교체로 벤치로 들어갔다.

'들어가다'의 첫 번째 원형(〈그림 110(a)〉)에서 발생하는 확장의미들은 〈표 18〉에 제시되어 있다. 한 가족의 구성원은 가족에 포함되며, 가족의 무리 속에 들어가 함께 산다. 동양에는 유유상종이라는 격언이 있으며, 자연계에서도 꽃, 물고기의 알, 나무, 코끼리나 가젤의 무리에서 볼 수 있듯이 어떤 종의 개체는 그 무리들 속에서 발견된다. 어떤 종류에 포함되는 것이 그들의 무리 속에 들어있다는 동반경험은 확장의미 〈❶ 포함되다〉를 발생시킨다. 또, 어떤 영역의 밖에서 안으로 무언가가 들어갈 때, 그 영역에 부족했던 부분이 보충되고 새로운 기능이 생김으로 인해 만족도가 높아지는 경우가 있다. 예를 들면, 기계에 부품이 끼워지거나, 축구팀에서 잘하는 선수가 들어왔을 때, 또는 관현악에서 결원이었던 악기 하나가 메워졌을 때 이런 일이 발생한다. 여기에서 〈표 18〉의 확장의미 〈❷ 결함이

확장의미(동반경험)	해당 예문들
❶ 포함되다	고전에 들어가는 작품 / 고래는 포유류에 들어간다. / 문어체와 구어체의 문제는 문체론에 들어갈 것이다.
❷ 결함이 보충되다	이 마을에 수도가 들어갈 계획이다. / 요즘은 아주 깊은 산골 마을로도 전기가 들어간다. / 아직도 전화가 들어가지 않은 마을이 있다.
❸ 잠잠해지다	요즘은 행정수도 이전 논의가 들어가 버렸다. / 요즘은 대운하에 대한 논의가 들어가 버렸다.

〈표 18〉 '들어가다'의 확장의미(❶)

보충되다〉가 발생한다. 그리고 어떤 지각되는 대상이 다른 물체의 속으로 들어갔을 때 눈에 보이지 않거나 더 이상 지각되기 어렵다는 경험적인 토대에서 확장의미 〈❸ 잠잠해지다〉가 발생하게 된다.

거울 신경 패턴에 의해 활성화되는 '들어가다'의 두 번째 원형의미(〈그림 110(b)〉)는 〈표 19〉와 같은 확장의미를 형성하는 것으로 분석된다. '나가다'와 반대로 '들어가다'가 나타내는 밖에서 안으로의 이동은 모험과 불확실성, 그리고 경쟁과 도전이 감소되는 경험과 동반된다. 여기에서 확장의미 〈❶ 정해진 소극적인 과제를 수행하다〉가 발생하는데, 이 확장의미는 '나가다'의 확장의미 〈❶ 도전적인 과제를 수행하다〉와 뚜렷하게 대조된다. 또, 우리가 어떤 구조의 내부로 들어가면 당연히 구조의 밖에서는 얻을 수 없는 그 대상의 새로운 측면을 더 많이 알게 되는데, 이런 동반경험에서 확장의미 〈❷ 깊이 인식하다〉가 발생한다. 또, 앞에서 말했듯이 어떤 부류의 구성원은 그 모임의 내부에서 발견되는 경향이 있으며, 자발적으로 어떤 조직의 구성원이 되는 것도 같은 종류의 동반경험에 기초하여 확장의미 〈❸ ~의 구성원이 되다〉을 발생시킨다.

확장의미(동반경험)	해당 예문들
❶ 정해진 과제를 수행하다	동면기에 들어가다 / 협상에 들어가다 / 내일부터 새 학기에 들어간다. / 이 공장은 내년부터 가동에 들어간다.
❷ 깊이 인식하다	이 분야는 들어가면 들어갈수록 점점 어려워진다. / 그는 더 이상 동양 철학에 깊이 들어가고 싶지 않았다.
❸ ~의 구성원이 되다	회사에 들어가다 / 군대에 들어가다 / 학교에 들어갈 나이가 되다 / 그 당시 많은 청년이 군대를 들어갔다.
❹ ~을 하러 가다	작업을 들어가다 / 본선을 들어가다 / 심사를 들어가다 / 군대를 들어가다

〈표 19〉 '나가다'의 확장의미(❶)

그리고《표준국어대사전》에는 제시되지 않았지만, '들어가다'의 의미망에는 '가다'나 '나가다'와 마찬가지로 〈❹ ~을 하러 가다〉라는 확장의미가 형성되어 있으며, 의미의 확장에 따른 문법 형태의 변화도 관찰된다. '작업을 들어가다', '본선을 들어가다', '심사를 들어가다', '군대를 들어가다' 등은 그 의미가 '~을 (수행)하다'로 확장되면서 그 의미에 대응되는 문법 형태로 실현된 것이다. 이 예문들 중 '군대를 들어가다'에서는 '군대'가 어떤 수행의 대상은 아니지만, 환유적으로 군대에서 수행하는 일들을 의미하고 있다.

이제 '올라가다'와 '내려가다'의 의미망을 분석해보자. 〈그림 111〉과 〈그림 112〉는 각각 '올라가다'와 '내려가다'의 원형과 거울 신경에 의해 활성화되는 영상을 나타낸다. '올라가다'는 신체보다 높은 곳으로의 이동, '내려가다'는 신체보다 낮은 곳으로의 이동을 나타내는데, 중력의 영향으로 인해 높은 곳으로 이동하는 과정은 어렵고, 낮은 곳으로 이동하는 과정은 비교적 수월하다.

'올라가다'의 원형의미(〈그림 111(a)〉)는 다음과 같은 동반경험을 기반으로 〈표 20〉에 제시된 확장의미들을 발생시킨다. ① 현대인들이 자주 이용하는 그래프에서 상승하는 선으로 표시되는 변화들은 모두 '상승 이동'의 동반경험이 된다. 집값의 상승, 물가나 주가의 상승, 기온이나 습도의 상승, 압력의 상승 등은 현재 문명에서 그래프의 상승선으로 표시된다. 반대로 낮아지는 수치로 표시되는 변화들은 모두 '하강 이동'의 동반경험이 된다. 이러한 표시 방법 자체도 양적 증가와 높이의 증가의 동반관계에서 발생한 환유에 의해 발생했지만, 다시 상승 이동이 다양한 변화들을 목표(T)로 활성화시키는 환유의 참조점(R)이 되는 것을 강화해 주어 확장의미 〈❶ 상승으로 표시되는 변화가 발생하다〉가 발생한다. ② 지도에서 북쪽은 항상 위쪽에 있고 남쪽은 아래쪽에 표시되기 때문에 남쪽에서 북쪽으로의 이동은 지도를 똑바로 놓고 볼 때 올라가는 것으로 이해되며, 이런 동반경험에서 확장의미 〈❷ 북쪽으로 가다〉의 의미를 발생시킨다.

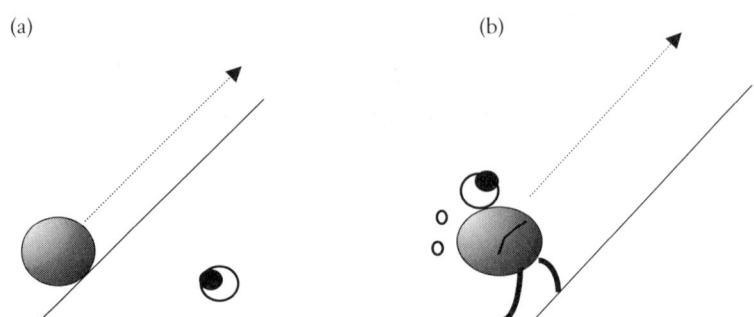

〈그림 111〉 '올라가다'의 시뮬레이션 영상

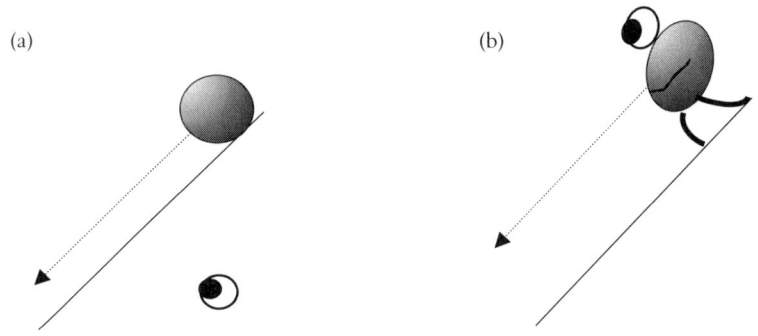

〈그림 112〉 '내려가다'의 시뮬레이션 영상

확장의미(동반경험)	해당 예문들
❶ 상승으로 표시되는 변화가 발생하다	집값이 자꾸 올라가서 큰 걱정이다. / 기온과 습도가 올라가는 장마철에는 특히 건강에 유의해야 한다. / 압력이 너무 많이 올라가면 폭발할 위험이 있다. / 성적이 올라가다.
❷ 남쪽에서 북쪽으로의 이동	우리나라에 있던 태풍이 북상하여 만주에 올라가 있다. / 할아버지는 독립운동을 하러 만주로 올라가셨다.

〈표 20〉 '올라가다'의 확장의미(◐)

거울 신경 패턴의 활성화로 인해 발생하는 두 번째 원형의미(〈그림 111(b)〉)는 〈표 21〉에 제시된 확장의미를 형성하는데, 그 확장의미들은 다음과 같은 동반 경험들을 기반으로 발생하는 것으로 추정된다. 산이나 비탈길, 오르막을 오르는 것은 평지를 이동하는 것보다 힘들며, 또 이것은 목적지향적인 과정이다. 이와 같은 동반경험에서 〈❶ 어려움을 극복하고 목표에 가까이 가다〉라는 확장의미가 발생한다. 또, 예로부터 왕이나 고을의 원(사또)등은 일반인보다 더 높은 곳에서 업무를 보았고, 중국에서 황제를 알현하기 위해서는 수많은 계단을 올라야 했다. 지금도 올림픽에서 금메달을 딴 사람은 가장 높은 단상 위에 올라간다. 이와 같은 동반경험에서 〈❷ 신분이 높아지다〉나 〈❸ 상급 기관으로 올라가다〉 같은 확장의미가 발생하게 된다.

〈표 21〉에서 밑줄 친 '벼슬이 올라가다', '높은 자리에 올라갔다.', '본사로 올라가다', '급수가 올라가다'등은 ❶과 ❷의 의미에 모두 포함된다. 높은 위치에 올라가는 것은 목적이 달성되는 경험과 동반되며, 또 목적이 달성되는 경험은 신분이 상승하는 경험과 동반되는 일이 많다. 또, 목적이 달성되거나 신분이 상승되는 일을 경험하는 사람의 기분은 좋아진다. 여기에서 확장의미 〈❹ 좋아지다〉가 발생한다. 그리고 높은 곳을 올라가는 경험에는 자연의 법칙인 중력에 순응하지 않고 역행하는 고된 경험이 동반되므로, 여기에서 일반적이고 자연적인 흐름에 반대되는 변화를 나타내는 확장의미 〈❺ 역행하다〉가 발생한다.

〈표 21〉에서 예문의 밑줄 표시는 예문에 사용된 동사의 의미가 동시에 두 개 이상의 확장의미에 포함되기 때문에 해당 예문을 다른 확장의미에서도 찾을 수 있다는 것을 의미한다. 이런 현상은 근본적으로 여러 가지 경험(상승 이동, 목표 성취, 긍정적인 결과 등)이 서로 배타적으로 동반되는 것이 아니라 연쇄적으로 동시에 동반되는 것이 가능하기 때문에 발생하는 것으로 설명될 수 있다.

확장의미(동반경험)	해당 예문들
❶ 어려운 과정을 통해 목표에 가까이 가다	학생들 수준이 올라가다 / 실력이 올라가다 / 성적이 올라가다 / <u>벼슬이 올라가다</u> / <u>높은 자리에 올라갔다</u> / <u>이번에 영업국에서 본사로 올라가게 되었다.</u> / <u>바둑 급수가 6급에서 7급으로 올라가다.</u>
❷ 신분이 높아지다	<u>벼슬이 올라가다</u> / <u>높은 자리에 올라갔다</u> / <u>이번에 영업국에서 본사로 올라가게 되었다.</u> / <u>바둑 급수가 6급에서 7급으로 올라가다</u>
❸ 상급 (기관, 지역 등)으로 이동하다	연일 상소가 올라갔다. / 피해가 크다는 보고가 본부에 올라갔다. / 서울로 발령을 받아 올라갔다. / 우리 가문은 후대에서 선대로 올라갈수록 훌륭한 인물이 많아진다.
❹ 좋아지다	병사들의 사기가 올라갔다. / 술기운이 올라가면서 술자리의 분위기가 고조되었다.
❺ 역행하다	그들은 강을 따라 올라가기 시작했다. / 윗대 조상으로 올라가면 그 집안도 꽤 전통이 있는 집안이다. / 동 생산의 역사는 17세기 말로 올라간다.

〈표 21〉 '올라가다'의 확장의미(❶)

'내려가다'의 확장의미들은 대부분 '올라가다'의 확장의미에 반대되는 의미로 대응된다. 〈표 22〉는 '내려가다'의 첫 번째 원형의미(〈그림 112(a)〉)를 통해 발생한 확장의미를, 〈표 23〉은 거울 신경 패턴에 의해 활성화되는 두 번째 원형의미(〈그림 112(b)〉)를 통해 발생한 확장의미를 제시한 것이다.

〈표 23〉에서는 하나 이상의 확장의미에 포함되는 밑줄 친 예문들을 많이 볼 수 있는데, 이 역시 하강 이동, 목표로부터의 이탈, 부정적인 결과 등에 대한 경험이 동시에 연쇄적으로 동반될 수 있기 때문에 나타나는 자연스러운 현상이다.

확장의미(동반경험)	해당 예문들
❶ 하강으로 표시되는 변화가 발생하다	집값이 자꾸 내려가서 큰 걱정이다. / 기온이 내려가다 / 습도가 내려가다 / 압력이 내려가다 / 빈도가 내려가다 / 신용등급이 내려가다 / 물가가 내려가다
❷ 북쪽에서 남쪽으로의 이동	북상했던 장마전선이 남부 지방으로 내려갔다. / 따뜻한 남쪽 지방에 내려가서 살고 싶다. / 남한으로 내려오는 탈북자들이 늘어나고 있다.

〈표 22〉 '내려가다'의 확장의미(◐)

확장의미(동반경험)	해당 예문들
❶ 목표에서 멀어지다	학생들 수준이 내려갔다. / 실력이 내려가다 / 성적이 내려갔다. / 디워의 흥행순위가 6위로 내려갔다. / 하급기관에 내려가게 되었다. 본사에서 근무하다가 지방 지점으로 내려가게 되었다.
❷ 신분이 낮아지다	하급기관에 내려가게 되었다. / 본사에서 근무하다가 지방 지점으로 내려가게 되었다.
❸ 하급 (기관, 지역, 계보 등)으로 이동하다	학생들을 시위에 참가시키지 말라는 공문이 일선학교로 내려왔다. / 아이를 낳으러 시골로 내려갔다. / 각 지부로 지령이 내려갔다. / 우리 가문은 후대로 내려갈수록 훌륭한 인물이 적어진다.
❹ 나빠지다	병사들의 사기가 내려갔다. / 성적이 내려갔다. / 디워의 흥행순위가 6위로 내려갔다.
❺ 순행하다	우리 가문은 후대로 내려갈수록 훌륭한 인물이 적어진다. / 그런 전설이 전해 내려오고 있다. / 냇물을 따라 내려가면서 노래를 불렀다.
❻ 소화되다	점심 먹은 것이 아직 내려가지도 않았는데 벌써 저녁을 먹게 되었다.

〈표 23〉 '내려가다'의 확장의미(◑)

지금까지 동사의 의미 확장이 은유가 아닌 환유에 의해 발생하며, 환유에 의해 발생한 의미가 고착화되어 동사의 다의적 구조가 체계적으로 형성된다는 것을 실제 의미망 분석을 통해 확인해 보았다. 또 이 과정에서 Lakoff(1987)가 주장하는 방향적 은유, 혹은 기초적 은유로 설명되곤 하는 '올라가다'와 '내려가다' 등의 의미 역시 환유에 의해 발생하는 확장의미의 일종이라는 것을 알 수 있었다. 동사의 의미는 은유에 의해 '확장'되는 것이 아니라 단지 '적용 영역'이 확장된다. 은유에 의한 의미 확장의 예로 자주 사용되는 '떠날 시간이 왔다.'와 같은 예는 '오다'의 의미 자체가 확장된 것이 아니라 '시간'이라는 추상적인 개념이 '오다'에 의해 서술될 수 있는 영상으로 바뀌어 이해되는 과정을 통해 발생한다. 전적으로 환유에 의해 형성된 동사의 의미망은 은유에 의한 적용 영역의 확장을 거쳐야 비로소 가능한 모든 용법들을 포함할 수 있게 된다.

5.3. 의미망의 특성과 적용 가능성

여기서는 우리가 5.2에서 분석의 예를 제시한 시뮬레이션 의미론에 기초한 동사의 의미망이 어떤 특성을 가지고 있는지 살펴보고, 그 의미망 분석을 다양한 관련 분야에 응용하여 적용할 수 있는 가능성을 살펴보기로 한다. 이 연구의 주된 목적은 심리적 실제성, 곧 심리학적 타당성을 가진 의미망의 분석 방법을 제시하는 것인데, 이러한 연구의 취지는 현실 세계에 지배력을 행사하고 있는 실용주의적 관점에서 볼 때 무용한 것으로 오해될 소지가 있다. 하지만, 우리가 진실을 추구하며 그것을 알기 원하는 이유 중 하나는 설사 어려운 과정을 겪게 된다 하더라도 결국은 진실이 실제적으로 우리에게 좋은 결과를 가져다 줄 것을 기대하고 있기 때문일 것이다. 때문에 우리는 시뮬레이션 과정을 고려한 동사의 의미망이 가진 특성과 함께, 이런 의미망의 분석이 사전 편찬이나 언어교육과 같은 실제적인 영역과 다른 관련 연구 분야에 효과적으로 응용될 수 있다는 것을 살펴보고자 한다.

5.3.1. 의미망의 역동성과 가변성

그런데, 과연 이 연구의 가정대로 모든 동사의 다의적 체계가 환유에 의해 발생한 의미만으로 설명이 될 수 있을까? 만약 동음이의어를 다의어와 적절히 구분할 수 있다면 그것은 가능하다고 생각된다. 예를 들어 동사 '치다'는 충격을 가한다는 의미 외에도 '그물을 치다', '진을 치다', '거미줄을 치다'와 같이 구조물을 만든다는 의미나, '돼지를 치다'처럼 새끼를 낳는다는 의미로도 사용된다. 물론 한 의미에서 다른 의미가 환유를 통해 발생하는 과정을 추측해 보는 것은 가능하지만[56], 현재의 한국어 사용자들에게 이런 연관성에 대한 인식이 남아있을지는 의문이다. 이 연구는 이 물음에 분명히 답할 수 있을 정도로 많은 자료들에 대한 분석을 제시하지는 못했다. 그럼에도 불구하고 앞에서 이루어진 복잡한 다의적 체계를 가진 고빈도 동사들에 대한 분석 결과는 매우 고무적인 것이라 생각된다. 또, 이론적인 차원에서 동사의 원형의미가 새로운 의미를 끌어들이는 방법은 참조점 현상을 통해 목표를 대신 활성화시키는 환유 외에는 알려진 것이 없으며, 다른 모든 맥락의미는 상황에 대한 인식과 세상 지식을 통해 즉석에서 발생한다는 것은 이미 2장과 3장에 걸쳐 논의된 바 있다.

환유에 의해 발생한 동사의 확장의미들은 현실적으로 다음의 세 가지 과정 중 하나에 의해서 처리될 수 있다.

---

[56] 예를 들어 〈구조물을 만든다〉는 '치다'의 의미는 천막을 만들 때 못을 친다거나, 커튼을 칠 때 손으로 치는 동반경험에서 발생했을 가능성을 생각해 볼 수 있다. 또, 〈새끼를 낳다〉의 의미는 가지의 순을 쳐서 나무 가지가 더 많아지는 동반경험에서 발생했을지도 모른다.

(A) 하향식 모형: 다의 동사의 확장된 개별 의미가 사용자에게 충분히 고착화 되어 독립적인 의미 단위로 확정된 경우, 언어사용자는 원형의미의 정교화 과정을 거치지 않고 곧바로 맥락에 맞는 동사의 확장의미에 접근하게 된다. 이런 경우 사실상 의미의 처리 과정은 동음이의어의 처리 과정에 가깝다.

(B) 상향식 모형: (A)의 경우와 같이 다의 동사의 확장된 개별 의미가 사용자에게 충분히 고착화되지 않은 경우, 맥락에 맞는 의미를 발생시킬 수 있는 동반경험을 생각해낸다면 즉석에서 환유를 통해 확장의미를 도출해 낼 수 있다. 확장의미가 최초로 발생하는 과정이나 언어를 새로 학습하는 과정에서 상향식 모형에 의해 확장의미가 처리될 가능성이 있다.

(C) 상호작용 모형: 하향식 모형(A)을 통해 의미를 해석했다가 정확한 의미의 파악을 위해 다시 상향식 모형(B)을 사용하는 경우나, 상향식 모형(B)을 통해 의미 해석 과정에서 하향식 처리가 촉발되는 경우이다.

처음에 동사의 확장의미는 상향식 과정에 의해 발생하지만, 맥락의미인 목표(T)의 의미가 자주 사용되어 충분히 고착화되면 하향식으로 처리될 수 있다. 또, 확장의미가 환유에 의해 발생했다는 것을 인식하지 못하고 처음부터 개별적인 의미단위로 학습한 경우도 확장의미는 하향식 모형에 의해 처리된다. 하지만, 우리는 원형의미와 확장의미간의 경험적인 관련성을 인식함으로써 확장의미의 정확한 의미를 이해할 수 있을 뿐만 아니라 장기 기억의 부담을 줄일 수 있다. 따라서 하향식에 의해 처리되던 확장의미라 할지라도 정확한 의미의 이해나 확인을 위해 다시 상향식의 처리 과정으로 옮겨갈 수도 있다. 매우 높은 사용 빈도에 의해 고착화된 확장의미는 원형의미와의 환유적 토대가 인식되지 않아도 독립적으로 존재하게 되며(예를 들면, '치다'에서 〈새끼를 낳다〉, 〈구조물을 만들다〉와 같은 확장의미들) 이 때 확장의미는 거의 동음이의어의 지위에 오르게 된다. 하지만, 앞에서 살펴본 바와 같이 대부분의 동사들은 환유적인 토대가 아직 인식될 수 있는 확장의미들로 전체적인 다의구조를 형성하고 있으며 이런 현상은 원형과 확장의미의 동반관계에 대한 인식이 의미망의 구조를 유지시켜주는 끈이 된다는 것을 알려준다. 만약 그렇지 않다면 많은 동사들의 다의적 체계는 환유로 설명될 수 없는 개별의미들로 가득했을 것이다. 따라서 일반적인 경우 확장의미들은 (C)의 상호작용 모형에 의해 처리되는 것으로 설명하는 것이 타당하며, 어떤 확장의미들의 고착화 정도가 심할수록 해석모형은 (A)에 가까워질 것이다. 하지만, 동반경험이 항상성에 가까울수록 고착화된 의미에 의존하지 않고 상향식 모형인 (B)로 처리될 가능성이 높아진다. 앞에서 말한 이동의 경험에 대한 과제 수행, 지속 등의 동반경험, 그리고 상승 이동에 동반되는 어려움, 역행성 등의 동반경험은 거울신경 패턴에 의해 발생한 의미에 대해 항상성에 가까운 동반경험이기 때문에 상향식 과정에 의해 처리되고 은유적 영상을 발생시킬 가능성이 높다. 반면에 동반 경험의 항상성이 낮을수록(비항상성이 높을수록) 확장의미가 즉석에서 환유에 의해 발생할 가능성은 낮아지며, 빈번한 사용에 의해 고착화 되어 있어야 동사의 개별적인 확장의미로 살아남을 수 있게 된다. 이렇게 동반경험의 인식이 약화될수록 그 확장의미는 동음이의 관계에 가까워지게 된다.

지금까지 논의한 바와 같이 시뮬레이션 의미론에 기초한 동사의 의미망은 매우 역동적이며 가변적인 특성을 지닌다. 하나의 확장의미가 늘 같은 과정(상향식 혹은 하향식)에 의해 해석되는 것도 아니고, 한 언어 사용자에게 모든 확장의미들이 동등한 접근 방법과 접근 용이성을 가지지도 않는다. 언어사용자의 연령이나 배경지식에 따라 동사의 의미망의 구조가 달라질 수도 있으며, 한 개인도 경험과 학습의 영향으로 의미망의 구조와 접근 방식이 변화될 수 있다. 갓난아기나 어떤 언어를 처음 배우는 외국인은 확장의미가 0인 상태에서부터 의미망의 점진적인 발달이 시작될 것이다.

그런데 과연 모든 어휘, 모든 동사의 의미 구조를 이 연구에서 제시한 방식의 의미망으로 완전하게 분석할 수 있을까? 만약 동사의 확장의미를 발생시키는 요인이 환유 하나뿐이라면 그렇다고 할 수 있을 것이다. 많은 연구자들이 은유, '가상 이동(fictive motion)'의 해석, 환유 등을 동사의 의미 확장 기제로 보아 왔는데, 우리는 이미 은유나 가상적 해석 등이 환유처럼 동사의 의미를 확장시키는 것은 아니라는 것을 앞에서 논의한 바 있다. 그렇다면, 남은 것은 환유뿐이며 우리는 이 이외에 동사의 의미를 확장시킬 수 있는 다른 요인을 잘 알지 못한다. 따라서 또 다른 요인이 발견되지 않는 한 이 연구에서 제시한 방법에 따라 대부분 동사들의 의미망이 적절하게 분석될 수 있을 것으로 가정할 수 있으며, 이 예상은 5.2에서 이루어진 실제 분석을 통해 확인되었듯이 현재까지는 긍정적인 것으로 평가될 수 있다. 다만, 우리는 동사의 확장의미와 동음이의 관계에 있는 의미를 구분해야 한다는 조건을 내건 바 있다. 그것은 어떤 동사의 원형의미와 관련성을 찾기 어려운 (다시 말해 경험적 동반성이 없는) 의미들은 의미망을 이루는 개별의미에서 배제되어야 하기 때문이다. 한 동사의 확장의미는 하향식(A)과 상향식(B), 그리고 이 둘이 상호작용하는 방식(C) 등을 오가며 가변적으로 해석된다. 만약 어떤 의미가 계속해서 절대적으로 하향식으로만 해석된다면 그것은 그 동사의 확장의미가 아닌 동음어의 의미로 처리되어야 할 것이다.

5.3.2. 확장의미와 구문의 대응 관계

이 연구에서 동사의 의미와 구문의 관계를 심도 있게 다루지는 못할 것이다. 하지만, 동사의 의미와 구문의 대응에 관한 문제는 의미망의 특징과 함께 이 연구에서 포함시켜 다루기에 적절한 주제라 할 수 있다. 1장에서 언급했듯이 동사의 의미와 문장의 구조의 관계는 인지언어학이 널리 알려지기 이전부터 이미 많은 연구자들의 관심을 받아 왔다. 하지만, 변형생성문법이 동사의 의미가 아닌 자율적인 통사 규칙을 중심적인 것으로 다루기 때문에 통사론에 대한 설명을 위해 동사의 의미를 다룬 반면 인지언어학은 자율적인 통사규칙을 인정하지 않고 구문의 구조가 의미에 의해 동기화 된다고 보기 때문에 동사의 의미나 문장의 의미를 중심으로 한 논의 속에서 문장의 구조를 부수적으로 다루는 정반대의 접근 방식을 취하게 된다. 따라서 동사의 의미망, 곧 동사의 다의적 체계에 대한 논의는 구문 구조와의 대응에 관한 논의를 그 하위 주제로 다룰 수 있을 것이다. 인지언어학은 표면적인 형태가 더 기본적이고 심층적인 다른 형태로부터 도출된다는 변형생성문법의 핵심적인 주장을 받아들이지 않는다. '구문문법

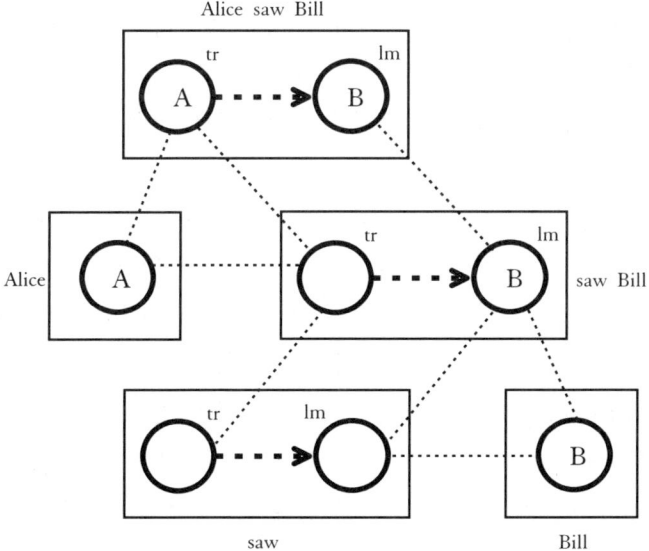

〈그림 113〉 문장 구조의 형성 과정(Langacker 2000: 149)

(Construction Grammar)'은 인지언어학이라는 큰 틀 속에서 변형생성문법에 대한 대안적인 이론으로 주목을 받고 있다. 변형생성문법에는 문장의 의미와 통사적 형태를 연결하는 중간 과정인 통사규칙이 있어야 한다. 만약 의미와 통사적 형태가 직접적인 대응관계를 갖는다면 변형 규칙은 필요하지 않게 되어 변형생성문법은 설 자리를 잃게 된다. 문장의 형태가 인지적인 동기를 포함한 다양한 언어 외적 요인으로 설명 가능하다면 자율적인 통사규칙은 필요 없게 되는데, 이것이 바로 인지언어학자들이 주장하는 문법론이다. 한 예로 Langacker(2000)은 문법 역시 의미와 형태가 결합된 상징의 형태로 존재하며, 전통적인 문법이 말하는 문장의 구조는 상징표현이 복합적으로 조합된 결과 발생하는 것이라고 말한다. 그에 따르면 한 문장의 구조는 〈그림 113〉과 같이 동사의 도식적인 두 참여자가 Bill과 Alice로 정교화 되면서 발생하게 된다.

　Langacker(1987, 2005, 2008)에 의하면 한 문장의 구조는 '머리(head)'인 동사의 의미에 의해 결정되는 것이다. 그것이 맞는다면 머리인 동사의 의미가 달라짐에 따라 동사가 나타내는 사건 참여자들의 관계도 달라지고, 결국 실현되는 구문의 구조도 달라질 수밖에 없다. 앞에서 〈그림 114〉를 통해 설명했듯이 동사의 원형의미는 시뮬레이션의 연합에 의해 다른 과정적 경험과 융합되면서, 원형이 나타내는 움직임에 참여하는 구성물과 그 관계도 변화하게 된다. 확장의미는 원형의미로부터 달라진 의미에 대응하는 문장의 구조를 가지게 된다는 것은 이미 정병철(2007b)를 비롯한 몇 번의 선행 선구에 걸쳐 논의된 바 있다. 〈표 24〉, 〈표 25〉는 동사의 확장의미가 그 의미에 대응하는 문장의 구조를 만든다는 것을 보여준다. 이런 현상은 5.2에서 분석한 다른 모든 동사들의 예에서도 발견할 수 있을 것이다.

　물론 환유는 이처럼 동사의 의미가 잠재적으로 취할 수 있는 논항의 구조를 바꾸어 줄 수 있지만, 최종적인 문장의 구조는 잠재적인 논항에 어떤 윤곽이 부여되느냐에 따라 달라진다. 잠재적인 논항과 실현된 논항의 차이

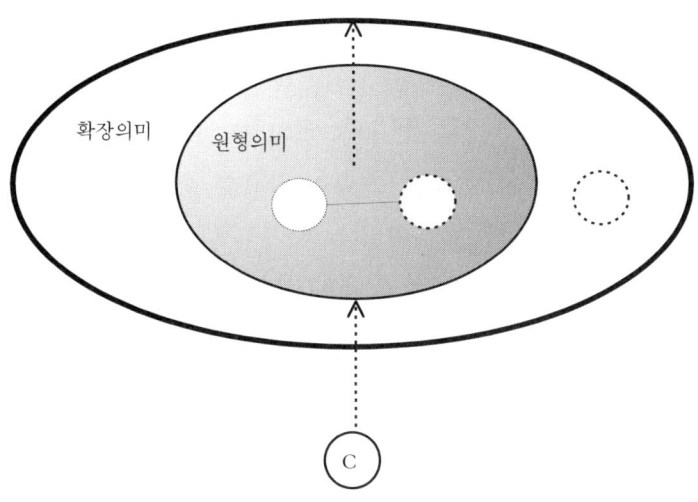

〈그림 114〉 동사의 의미 확장과 구문 변동 과정

'보다'의 개별의미 ❶의 문형	'파악하다'의 문형
땅의 지세**를** 보다.	땅의 지세**를** 파악하다.
맛**을** 보다.	맛**을** 파악하다.
너의 행동**을** 장난**으로** 볼 수 없다.	너의 행동을 장난**으로** 파악할 수 없다.

〈표 24〉 '보다'의 개별의미 ❶과 '파악하다'의 구문 비교(정병철 2007b)

'잡다'의 개별의미 ❼의 문형	'정하다'의 문형
요즘 계획의 초안**을** 잡고 있다.	요즘 계획의 초안**을** 정하고 있다.
이 책들**을** 권당 5,000원**으로** 잡아도 100권이면 50만 원이다.	이 책들**을** 권당 5,000원**으로** 정해도 100권이면 50만 원이다.
우리는 공사 기간**을** 길**게** 잡아 손해를 많이 봤다.	우리는 공사 기간**을** 길**게** 정해 손해를 많이 봤다.

〈표 25〉 '잡다'의 개별의미 ❼과 '정하다'의 구문 비교 (정병철 2007d)

를 보여주는 것들 중 하나가 Langacker(2002)의 행위 사슬이다. 원형적인 행위 사슬은 〈그림 115(a)〉와 같이 나타낼 수 있는데, 이 행위 사슬의 어떤 부분이 윤곽 부여(profile)되느냐에 따라 문장의 실현 양상은 달라진다(Langacker 2002: 217). (88a)는 〈그림 115(b)〉와 같이 행위자와 도구, 행위의 수용체가 모두 윤곽부여 되어 있는 반면 (88c)는 〈그림 115(d)〉와 같이 행위의 수용체에만 윤곽이 부여되어 있다. (여기서 윤곽부여라는 말은 Talmy의 주의 창문화와 비슷한 뜻으로 이해할 수 있다.)

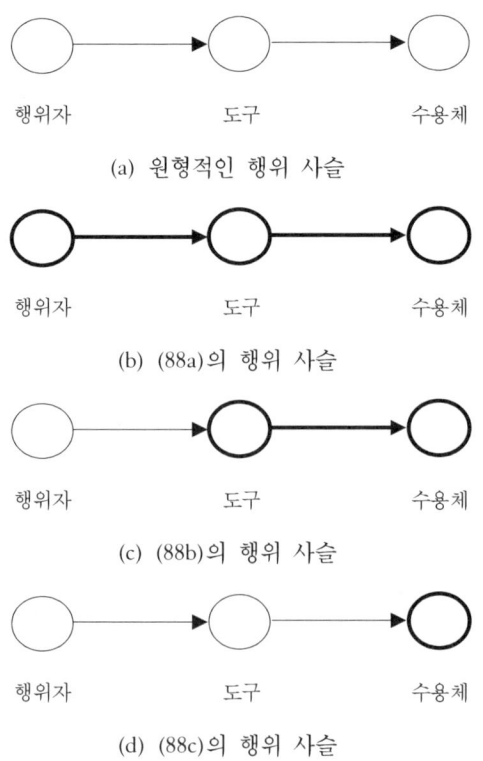

〈그림 115〉 행위 사슬과 윤곽 부여 (Langacker 2002: 217)

(88) a. 철수는 연애편지에 성냥으로 불을 붙였다.
     b. 철수는 연애편지에 불을 붙였다.
     c. 연애편지에 불이 붙었다.

또한 Fillmore(1982)에 의하면, '사다', '팔다', '소비하다', '청구하다', '교환하다' 등의 동사는 '상거래 사건 틀(COMMERCIAL EVENT frame)'에 기대지 않고는 이해할 수 없다. 이 상거래 사건 틀에는 판매자와 구매자, 상품 등 상거래에 개입되는 요소들의 역할과 그들의 상호 작용에 대한 복잡한 배경 지식이 포함되어 있어야 한다. 상거래 틀은 최소한 판매자, 구매자, 돈, 상품으로 구성된다. 이 구성요소들 사이에 이루어지는 변화는 원래 영상적인 속성이 아니지만 영상과 마찬가지로 주의 배분에 따라 문장에 실현되는 요소가 선택될 수 있다. (89a)에는 '사다'의 상거래 틀에서 판매자, 구매자, 돈, 상품에 모두 윤곽이 부여되었다고 볼 수 있지만, (89b)에는 판매자가 제외되었고, (89c)에는 구매자와 상품에만 윤곽이 부여되어 있다.

(89) a. 나는 방문 판매원에게서 현금으로 화장품을 샀다.
     b. 나는 현금으로 화장품을 샀다.
     c. 나는 화장품을 샀다.

이처럼 사건 틀도 영상과 마찬가지로 주의 창문화가 가능한데, 그것은 추상적인 것을 영상화하여 이해하는 은유적 영상과 마찬가지로 추상적인 사건을 공간적인 영상으로 이해하기 때문일 수도 있다. 사건 틀의 경우도 어떤 부분에 주의를 배분하느냐에 따라 실현 양상은 달라지지만 잠재적으로 실현 가능한 틀의 구성 요소가 변하는 것은 아니다.

잠재적인 논항과 논항 실현의 관계에 대한 학자들의 입장이 근본적으로 거의 비슷한 데 반해, '구문(construction)'이나 동사의 의미와 구문의 관계에 대한 견해는 같은 인지언어학자들 내에서도 차이가 있다는 것에 유의할 필요가 있다. 예를 들어 Langacker(2000: 91-120)는 형태와 의미의 결합이 습득되어 정신적으로 표상되는 모든 것을 구문으로 보았지만, Goldberg(1995)의 초기 구문문법(Construction Grammar)에서는 구성하고 있는 요소들로부터 의미를 예측할 수 없는 것만을 구문에 포함시켰다. 또한, Langacker(2000)는 기본적으로 절의 머리(head)를 동사로 보는 입장을 고수하고 있는 반면, Goldberg(1995, 2006)는 동사가 아닌 '구문(construction)' 자체가 절의 머리가 될 수 있다고 본다. 그녀의 주장은 (90)에서 bake가 원래 취할 수 있는 목적어는 cake뿐이기 때문에 bake는 머리가 될 수 없으며, 다른 목적어 him은 누군가에게 무엇을 준다는 의미를 가진 구문 전체가 문장의 머리이기 때문에 존재할 수 있다는 것이다. 마찬가지로 그녀는 (91)에서 'sneeze(제체기 하다)'의 의미가 문장의 구조를 결정하는 것이 아니고 구문 전체가 [~을 ~로 이동하게 한다]라는 의미를 가지고 문장의 구조를 결정하는 머리라고 주장한다.

(89) She baked him a cake. (그녀는 그에게 빵을 구워주었다.)
(90) He sneezed the napkin off the table. (그가 제체기를 해서 냅킨을 테이블 밖으로 날려버렸다.)

이에 대해 Langacker(2005)는 *sneeze*가 윤곽부여 하는 부분을 좀 더 확장시킴으로써 (91)과 같은 '결과 이동 구문(caused motion construction)'의 머리가 될 수 있다고 말한다. 기침을 할 때 분명히 입에서 높은 압력의 공기가 분출되며, 이 공기는 가벼운 물체를 옮길 정도의 힘을 가지고 있다. 하지만, 이런 동반 현상은 일반적으로 윤곽부여 되는 동사의 원형의미에 포함되지 않는다. 따라서 Langacker(2005: 149)는 sneeze의 원래 의미에는 다른 물체를 이동시킨다는 의미가 들어있지 않지만, 〈그림 116〉처럼 약간

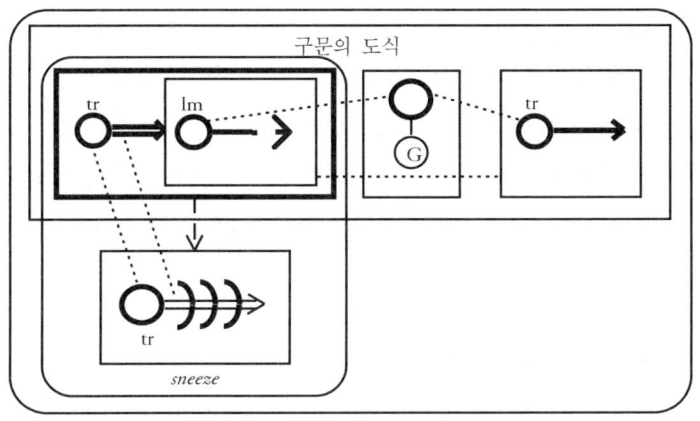

〈그림 116〉[57] 변칙적 결과 구문의 발생 과정(Langacker 2005: 149)

변칙적으로 공기의 흐름에 의해 발생하는 힘에 윤곽을 부여함으로써 (91)의 구문을 구성할 수 있는 동사로 사용된다고 설명한다. 결국 이렇게 해서 Langacker(2005)는 절의 머리는 항상 동사라는 입장을 견지하고 있는 셈인데, 이 연구의 결과도 (특히 한국어의 경우) 절의 머리가 언제나 동사라는 주장을 뒤집을 만한 근거가 없다는 쪽을 향하고 있다.

특히 *sneeze*의 의미가 재채기에 동반되는 바람의 움직임에 윤곽을 부여한다는 것은 이 연구의 관점에서 볼 때 동반경험에 기반한 환유가 발생한 것으로 설명될 수 있다. 더 나아가 이 연구는 이런 현상이 변칙적으로 일어나는 것이 아니라 환유에 의해 동사의 의미가 확장되면서 언제든 발생할 수 있는 일반적인 현상이라는 것을 보여준다. 동사의 의미와 구문의 구조에 관한 좀 더 복잡한 논의가 정병철(2007b)에서도 이루어진 바 있지만, 5.2에 분석된 동사의 의미망과 예문을 다시 살펴보면 동사의 확장의미에

---

[57] 상자의 모서리를 둥글게 그리는 것은 그 용법이 많이 사람들에게 자연스럽게 받아들여지지 않고 충분히 관습화 되어 있지 않다는 것을 나타내기 위해 Langacker가 사용하는 방식이다.

따라 잠재적으로 실현될 수 있는 논항과 구문의 구조가 일정하게 대응된 다는 것을 더욱 폭넓게 확인할 수 있을 것이다. 결국 이 연구의 분석 결과 는 문장의 머리가 항상 동사라는 Langacker(2005)의 주장이 한 노학자의 괜한 고집이 절대 아니라는 것을 확인할 수 있게 해준다. 앞으로 더 많은 동사의 확장의미와 구문의 대응 관계에 대한 고찰을 계속해 나가면 이 문 제에 대한 더 확실한 결론을 얻을 수 있게 될 것이다.

5.3.3. 의미망 분석의 적용 가능성

지금까지 살펴본 시뮬레이션 의미론에 기초한 의미망 분석의 결과는 언 어 교육이나 사전 편찬을 비롯한 다양한 관련 영역에 응용되어 도움을 줄 수 있다. 먼저, 언어 교육적 측면에서 동사의 시뮬레이션 의미론과 그에 따른 의미망 이론을 활용할 수 있는 가능성을 살펴보자. 동사의 의미를 가 르칠 때 다른 단어로 풀어서 가르치는 것이 과연 어느 정도의 효과가 있는 지 회의를 품어 본 경험이 있을 것이다. 예를 들어 '잡다'의 의미를《표준 국어대사전》에서는 [손으로 움키고 놓지 않다]로 풀이하고 있고, 이 뜻풀 이에 사용된 '움키다'는 [손가락을 우그리어 물건을 놓치지 않도록 힘 있 게 잡다]로 풀이하고 있는데, 여기에서 바꿔 쓰기에 의한 설명의 순환성과 부정확성의 한계를 알 수 있다. 잡는 것이 움키는 것이라면 움키는 것은 또 뭐란 말인가? 학습자는 다시 사전에서 '움키다'를 찾아보지만, 사전은 다시 움키는 것은 잡는 것이라는 것만을 말해준다. 결국 학습자는 사전을 통해 '잡다'와 '움키다'는 비슷하다는 것을 알 수 있지만 각각의 단어가 나 타내는 (오직 신체적인 경험을 통해서만 알 수 있는) 직접적인 의미에는 접근하지 못한다. 이렇게 이미 그 언어를 알고 있는 사람만이 이해할 수 있는 설명의 한계를 극복하기 위해 우리는 직접 그 동사가 나타내는 움직 임을 체험하게 하거나 좀 더 간접적으로 그런 체험을 시뮬레이션 할 수 있 는 영상을 제시하는 등의 방안을 생각할 수 있을 것이다. 이 연구에서 사용한 시뮬레이션 영상은 언어 학습자에게 동사의 원형의미와 맥락의미에 대한 시뮬레이션을 경험할 수 있도록 도와주어 신체화된 인지를 통해 직접적으로 동사의 의미에 접근하는 것을 가능하게 해 줄 수 있다.[58] 또한 '선택하다', '판단하다', '인식하다', '비교하다'와 같은 정신적인 활동을 나타내는 동사들의 의미도 그것을 확장의미로 가지고 있는 다른 동사의 영상을 통해서 신체적인 토대 위에서 이해하도록 도와 줄 수 있고, 동사의 은유적인 표현들 역시 시뮬레이션 영상을 통해 학습자에게 도움을 줄 수 있을 것이다.

한편, 정병철(2007d)에서 논의되었듯이 학습자들은 맥락 정보와 세상 지식만으로는 해석될 수 없는 동사의 확장의미들을 학습할 때 어려움을 겪게 되는데, 이 때 확장의미가 발생할 수 있는 동반경험을 다양한 방법으로 제시해 줌으로써 시뮬레이션의 연합을 통해 학습이 자연스럽게 진행될 수 있도록 도와 줄 수 있다. 5.3.1에서 논의한 것과 같이 동사의 확장의미를 처음 접하는 학습자는 그 의미를 원형의미와 구분되는 것으로 저장할 것인지 아니면 원형의미와의 경험적 연관성을 통해 파악할지를 선택해야 한다. 하지만, 이미 논의한 바와 같이 개별적인 의미가 증가할수록 의미망의 부담이 늘어나게 되어 경제적인 언어사용을 방해하게 될 가능성이 있다. 의미망이 (무의식적으로라도) 경험적 연관성이 인식될 수 있는 의미들로 유지되는 경향은 언어 처리의 부담을 줄이기 위한 인지적 전략이 반영된 것이라 할 수 있다. 따라서 우리는 학습자들이 되도록 많은 확장의미들을 상향식 처리를 통해 학습하여 상향적 처리와 하향식 처리의 상호작용이 발생하는 수준이 되도록 도와줄 필요가 있다. 특히 확장의미가 발생한 동

---

[58] 성서 히브리어 교사로 널리 알려진 Dobson(2005)은 그의 교본에서 고대 히브리어의 낯선 동사의 의미를 학습할 때 그림을 그리거나 동사가 지시하는 동작을 몸으로 직접 따라해 보는 활동을 하도록 지도하고 있다. 그가 이런 언어 교육 방식에서 경험한 효과의 원리는 시뮬레이션 의미론에 기초한 이 연구의 언어교육관과 일맥상통한다.

반 경험이 (예를 들면 '새끼를 치다'나 '닭을 잡다'와 같은) 특정한 문화적인 배경과 관련된 것이라면 이런 방법은 더 많은 도움을 줄 수 있으며, 아울러, 시뮬레이션을 통한 동사의 의미 확장에 대한 이해를 통해 동사의 의미에 대한 구문의 대응 양상도 체계적으로 학습할 수 있을 것이다. 제 2 언어 교육 분야의 연구 결과 다의어의 의미를 연관성의 인식을 통해 가르치는 것이 높은 학습 효과를 보인다는 사실은 이미 밝혀진 바 있다(Csábi 2004, Tyler & Evans 2004).

이 연구에서 제시한 의미망 분석 방법은 사전편찬의 실제 과정에서 부딪히는 난제를 푸는 데도 적절하게 적용될 수 있는 가능성이 있다. 만약에 사전의 사용자가 외국인이라면 바로 앞에서 논의한 언어 교육적 측면의 연장선상에서 사전의 구성 방식을 논의할 수 있을 것이고, 일반적인 사전 이용자를 위해서는 사전 이용자들이 효율적으로 단어의 의미와 용법, 그리고 문형 정보에 접근할 수 있는 접촉면을 구성하는 방안을 논의해야 할 것이다. 다의적 체계의 인지적 분석을 사전 편찬에 응용하는 방안은 이미 정병철(2007d)에서 간략하게 논의된 바 있다. 정교한 의미의 '구획(demarcation)'을 통해 만들어진 뜻풀이 항목들은 환유 의미망에 따라 배열함으로써 사전 이용자의 접근성을 향상시킬 수 있다. 예를 들어 '잡다'의 뜻풀이 항목과 예문들은 환유적 의미에 따라 아래와 같이 배열될 수 있다. 각 예문에는 《표준국어대사전》에서 사용된 뜻풀이 항목의 번호가 제시되어 있는데, 이렇게 동사의 의미망 분석을 적용하여 사전의 뜻풀이 항목의 배열과 구성을 개선할 수 있다.

<❸ 도축>
1-3.그는 개를 잡아 개장국을 끓였다. 1-3.할아버지는 돼지를 잡아 잔치를 베푸셨다. 1-3.오늘은 손님이라도 오는지 아침부터 김 영감은 닭을 잡고 있다. 1-21.이제 와서 그 일을 못하겠다니 네가 나를 잡으려고 작정을 했구나.

<❹ 소유권 획득>
4-1.주도권을 잡다 4-2.세력을 잡다 4-3.정권을 잡다 4-4.그는 이 시장의 상권을 꽉 잡고 있다. 5-2.한밑천을 잡다 5-3.앞으로 이태만 더 고생하면 논 몇 마지기는 잡을 수 있을 것 같다. 11-1.장땡을 잡다 11-2.따라지를 잡다

<❺ 포착>
1-6.일의 가닥을 잡다 1-6.일의 실마리를 잡다 1-6.그녀가 무엇 때문에 찾아왔는지 나는 도무지 감을 잡을 수 없었다. 1-8.경찰이 범행 현장을 잡았다. 1-8.그녀는 카메라로 부정 선거의 현장을 잡고 경찰에 신고하였다. 1-8.그는 카메라로 아기의 웃는 모습을 잘 잡았다. 1-9.기회를 잡다 1-14.가락을 잡다 1-14.그는 음을 잘 잡는다. 1-16.나는 무슨 말로 어머니를 위로해야 할지 말머리를 잡지 못했다.

<❼ 정하다>
1-15.요즘 계획의 초안을 잡고 있다. 1-15. 가족 여행의 일정을 10월로 잡았다. 2-2.이 책들을 권당 5,000원으로 잡아도 100권이면 50만원이다. 2-3.집터를 산밑에 잡다.

물론 사전편찬자의 의도나 방침에 따라 구체적인 적용 방식은 달라질 수 있을 것이다. 예를 들어 은유에 의해 적용이 확장된 경우를 어떻게 처리할지에 대한 결정은 편찬자의 방침에 따라 충분히 달라질 수 있다.

만약 동반경험에 기초하여 발생하는 확장의미에 따라 사전을 구성한다면, 사전 이용자들은 같은 동반경험을 활성화시켜 이해해야 하는 뜻풀이 항목과 예문들을 모두 한 자리에서 만날 수 있기 때문에 이용의 효율성이 높아지고, 비슷한 의미가 실현된 용례가 여기저기 흩어진 데서 오는 혼란을 줄일 수 있다. 또 이미 논의한 바와 같이 환유에 의한 확장의미들은 그 의미에 잠재적으로 대응되는 구문의 구조를 가지고 있기 때문에, 의미에 적절히 대응되는 문형 정보를 제공할 수 있다는 장점도 있다. 사용자의 접근성을 더 높여줄 필요가 있다면, 〈표 26〉에 제시된 것과 같이 개별의미별

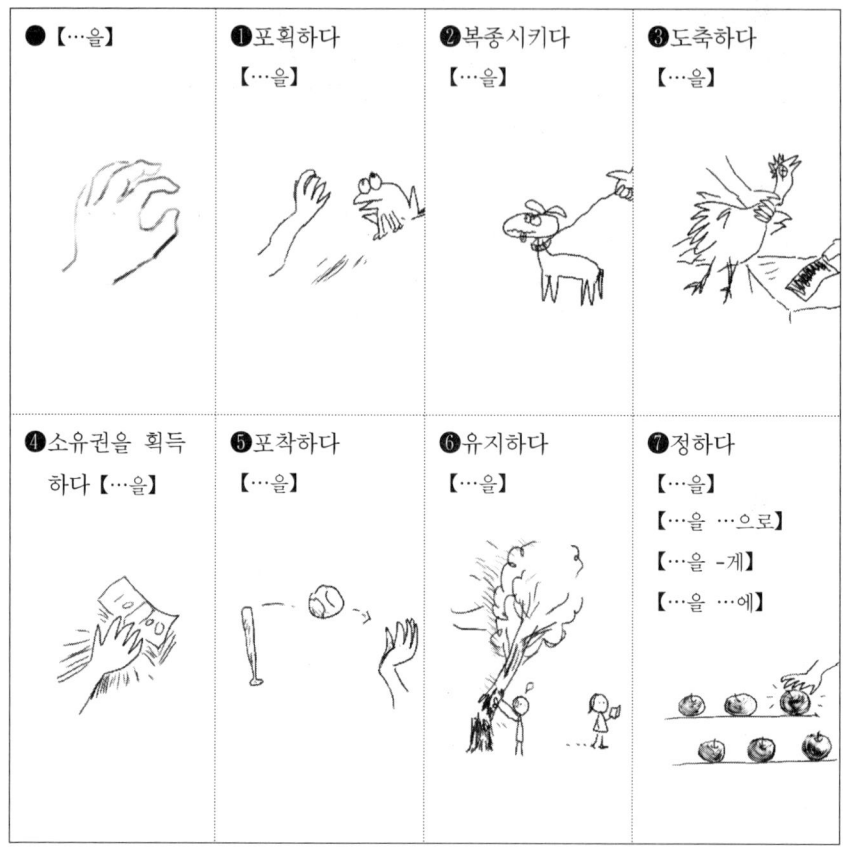

〈표 26〉 '잡다'의 길잡이 그림과 문형 정보 (정병철 2007d: 269)

로 확장의미가 발생할 수 있는 상황을 길잡이 그림으로 제시해주고 그 의미에 대한 문형정보를 같이 표시해주는 방안도 생각해 볼 수 있을 것이다 (정병철 2007d: 269).

5.2에서 제시한 동사들의 의미망도 같은 식으로 사전의 뜻풀이와 항목의 분류와 배열, 문형 정보와 길잡이 그림 등을 구성하는 데 참고할 수 있을 것이다. 앞으로도 더 많은 동사와 다른 문법범주에 속하는 단어들을 대

상으로 이런 연구가 계속될 필요가 있으며 인지언어학적인 연구 결과가 사전 편찬에 적용될 수 있는 더 구체적인 방안에 대한 연구도 계속되어야 할 것이다.

　이 연구의 결과는 의미변화나 문법화와 같은 통시적인 언어 연구에도 유용하게 이용될 수 있을 것이다. 홍사만(2003)에 의하면, 동사 '사랑하다'는 한 때 "思"와 "愛"의 양의를 가지고 있다가 "思"의 의미가 소실되는 과정을 겪어 현재의 의미로 사용되고 있다. 우리는 이와 같은 문헌 조사를 통해 밝혀진 연구 결과가 설명적 타당성이 있는지 환유에 의한 의미 확장 모형을 통해 검증할 수 있다. '사랑하다'의 경우 어떤 이를 생각하는 것은 그를 사랑하는 경험의 특징적인 동반경험이 될 수 있으므로 설명적 타당성이 입증된다. 아울러 한 단어의 의미가 어떤 확장의미를 발생시킬 수 있을지 그 단어의 원형의미를 통해 예측해 볼 수 있으며, 또 문헌에서 발견된 확장의미를 통해 원형의미가 무엇이었을지 추측해 볼 수도 있다. 이 연구에서는 동사의 확장된 의미의 용법이 그 의미와 함께 실현되는 구문의 구조와 대응된다고 했는데, 문법화의 일부는 확장된 의미와 그 의미가 나타난 구문의 사용이 고착화되어 그 동사의 원래의미와 구문에 대한 유연성을 상실하면서 발생할 수 있다. 따라서 어떤 동사가 문법화 되는 현상도 근본적으로 의미 확장에서 비롯된 것일 수 있다. 동사 '보다'는 어떻게 비교를 나타내는 문법적 형태소가 되었을까? 그것은 (92)와 같은 과정 ((a)＞(b)＞(c))을 거친 것으로 짐작된다(정병철 2006).

　　(92) a. 그 꽃(을) 보다(가) 이 꽃을 보니까, 이 꽃이 더 좋다.
　　　　 b. 그 꽃 보다 … 이 꽃을 보니까, 이 꽃이 더 좋다.
　　　　 c. 그 꽃 보다 … 이 꽃이 더 좋다.

　실제로, 중세국어에는 (93)처럼 '보다(가)'에서 '가'가 소실되기 전의 형태인 '-보다가'가 사용되었음을 확인할 수 있다.

    (93) a. 유보다가 가울 ᄒᆞ오셔(比鍮加律) <閑中錄 p.576>
         b. 내여 ᄇᆞ리ᄂᆞ 거시 병든 것 보다가 더욱 긴급ᄒᆞ니 <子恤典則 2>
         c. 범인 보다가 더 쉬오니라 <敬信錄諺解 84>

또한 비교를 나타내는 '보다'의 의미는 비교하는 과정에 비교의 대상을 보는 경험이 동반되어 발생한 확장의미로 볼 수 있을 것이다.

문법화 이론에서는 비교를 나타내는 '보다'를 문법형태로 보며 그 발생 과정을 오인에 의한 '재분석(reanalysis)'이나 '주관화(subjectification)' 등으로 설명하지만, 이것은 한편으로 의미망 이론의 관점에서 볼 때 '보다'의 의미가 확장되면서 특정한 구문의 구조와 대응되는 과정의 결과라고도 볼 수 있다.

한편, 한국어의 보조동사도 문법화 현상으로 많이 논의되고 있지만, 그것은 본질적으로 동반경험을 토대로 발생하는 환유 현상의 하나로 볼 수도 있다(정병철 2007a). 5.1.2에서 논의했던 동사 '보다'의 예를 다시 살펴보자.

    (94) '나는 찾아가서 그녀를 보았다.'에서 해석 가능한 맥락의미
        - 조건(상태): 그녀가 존재했다.
        - 원인(동기): 그녀에 대해서 알고 싶었다.
        - 부속 사건(행동): 그녀에 대한 정보를 모았다.
        - 결과(인지): 그녀에 대해 더 잘 알게 되었다.
        - 결과(결정): 그녀와 더 만나지 않기로 결정했다.

본동사로 사용된 (94)에서 '보다'는 개별의미(눈을 통한 지각 활동)와 맥락의미가 모두 활성화되고 있다. 하지만, '보다'가 보조동사로 사용된 (95)

에서 본동사인 '먹다'는 개별의미만을 나타내고, '먹다'가 지시하는 사건의 맥락의미는 '보다'가 담당하는 것을 관찰할 수 있다. 이 때 자연히 '보다'는 맥락의미만 활성화시키기 때문에 자신만의 목적어의 논항을 필요로 하지 않는다.

(95) '동생이 만든 음식을 먹어 *보았다*'에서 해석 가능한 맥락의미
- 조건(상태): 음식이 존재했다.
- 원인(동기): 음식에 대해서 알고 싶었다.
- 부속 사건(행동): 음식에 대한 정보를 모았다.
- 결과(인지): 음식은 내 입에 잘 안 맞았다.
- 결과(결정): 앞으로는 이 음식을 안 먹기로 했다.

일반적으로 실제로 사용된 동사의 의미는 개별의미(원형의미나 확장의미)와 맥락의미의 합으로 해석된다. 여기서 맥락의미는 개별의미가 지시하

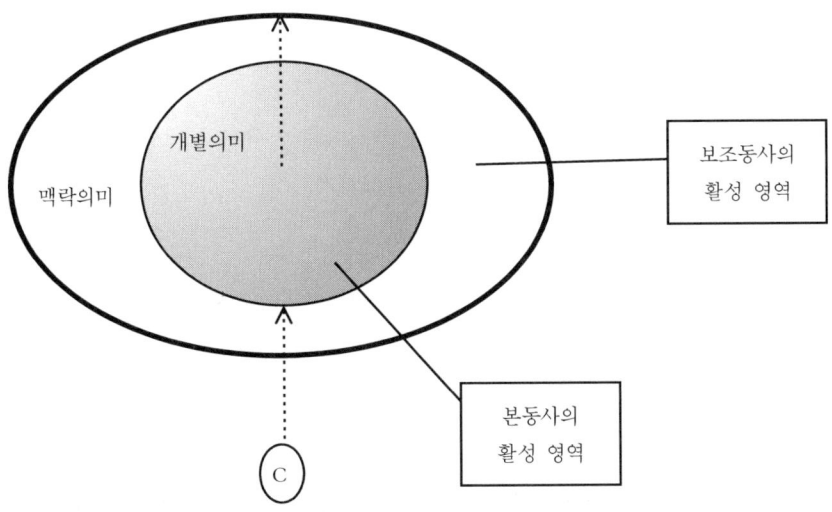

〈그림 117〉 본동사와 보조동사의 활성 영역

는 사건과 동반되는 경험으로 구성되는데, ⟨V1+V2⟩ 구조의 보조동사 구문에서는 V1이 개별의미에 대한 시뮬레이션만을 활성화시키고, V2는 맥락의미(V1이 지시하는 사건에 동반되는 경험)에 대한 시뮬레이션만을 활성화시키는 특징이 있다. 따라서 한편에서 문법화 현상으로 다루어져 온 보조동사는 이제 다른 동사(V1)가 지시하는 사건의 맥락의미로 사용될 수 있는 확장의미를 가진 일반적인 동사의 하나로 다루어질 수 있을 것이다.[59] 앞서 말했듯이 이것은 이 동사들의 맥락의미를 발생시키는 동반경험들이 원형의미를 통해 접근되지 않아도 활성화될 수 있을 정도로 고착화되어 있기 때문에 가능한 것이다.

---

[59] 몇 가지 다른 보조동사들의 의미와 Croft(2001)의 급진적 구문문법(Radical Construction Grammar)을 적용한 보조동사구문의 의미해석규칙에 대한 논의는 정병철(2007a)를 참조.

Chapter 06 결론

　최근 동사의 의미가 시뮬레이션에 의해 처리된다는 것을 입증하는 연구 성과들이 활발하게 보고되고 있는 가운데, 이 연구에서는 동사가 해석되는 전체적인 처리 과정이 시뮬레이션 의미론으로 어떻게 설명할 수 있는지 적절한 모형을 제시해 보고 이를 바탕으로 심리적인 실제성을 보장할 수 있는 동사의 의미망을 분석하는 방안을 제시해보고자 하였다. 적절한 의미망 분석을 위해서는 먼저 시뮬레이션 의미론의 관점에서 타당한 동사의 의미 해석 모형이 필요하기 때문에 이 연구의 상당 부분은 동사의 원형의미가 시뮬레이션을 통해 궁극적인 맥락의미로 해석되는 과정을 다루었다. 의미망의 개별의미는 일반적인 맥락의미와는 달리 원형의미를 통하여 접근되지 않는 독립적인 의미 단위의 지위를 가지고 있어야 한다. 따라서 이 연구의 관건은 일반적인 맥락의미와 구분되는 동사의 확장된 개별의미가 어떤 과정을 통해 발생하는지에 대한 타당한 설명을 제공할 수 있느냐에 달린 것이었다.

단어의 완전한 체계를 '사용에 기반한 모형(usage-based model)'에 포함되는 '망 모형(network model)'을 통해 나타낼 수 있다는 Langacker(1987, 1999, 2002, 2008)의 이론적 관점을 받아들이면서 우리가 떠안게 된 쟁점 중의 하나는 다양한 학자들이 제안한 의미망 분석의 결과가 같은 단어에 대해서도 다르게 나타나는 일이 발생한다는 것이었다. 망 모형의 취지 자체는 매우 적절한 것임에도 불구하고 분석된 결과가 심리적인 실제성을 보장할 수 없다면 인지언어학이 구체적이고 완전한 성과에는 미치지 못했다는 것을 의미하기 때문이다. Tyler & Evans(2003)가 제안한 영어 전치사의 의미망 분석 방법은 이러한 문제점에 대한 대안을 다룬 중요한 연구 중 하나이다. 그들은 화용적 강화나 고착화를 거친 단어의 맥락의미는 원형의미와 따로 독립적으로 접근되는 개별적인 의미 단위가 되며, 이 개별적인 의미야말로 원형의미와 구분되는 새로운 의미망의 마디를 형성하게 된다고 제안했다. Tyler & Evans(2003)에 의하면 Langacker(2008)나 Lakoff(1987), 그리고 대부분의 학자들이 분석한 의미망들은 너무 많은 개별의미를 상정하는 '다의성 오류(polysemy fallacy)'를 범하는 것이다. 특히 Lakoff(1987)의 전치사 over에 대한 분석에서 은유는 의미 확장에 중요한 구실을 하는 것으로 제시되고 있는 반면, Tyler & Evans(2003)는 은유에 의한 의미 확장을 설명하거나 고려하지 않고 있다. Langacker(2000, 2008)의 정의대로 동사와 전치사 모두 '관계(relationship)'의 도식을 나타내는 문법 범주이기 때문에, 동사의 의미가 은유에 의해 확장되는지도 탐구되어야 할 문제 중의 하나였다.

 2.1에 소개된 시뮬레이션 의미론의 연구 성과들은 시뮬레이션이 모든 언어표현을 해석하는 과정에 관여하고 있으며, 궁극적으로 언어의 해석은 시뮬레이션을 통해 신체를 통해 이루어진 정신적인 경험을 재생하면서 이루어진다는 가정을 다양한 방법을 통해 증명하고 있다. 언어 해석에 관여하는 시뮬레이션 과정의 실제성은 간접적인 방식과 직접적인 방식을 통해

증명되어 왔다. 특히 fMRI등의 장비를 통해 뇌의 활성화 영상을 직접 촬영하는 방식은 언어의 해석 과정에서 뇌의 어떤 부분이 활성화되는지를 역동적이고 자세하게 관찰할 수 있어 기술이 발전할수록 그 유용성은 점점 더 커지고 있다. 하지만, 간접적인 방식도 직접적인 방식 못지않게 시뮬레이션 과정에 대한 중요한 지식을 알려주는 경우가 많이 있다. 예를 들면 Matlock(2004)은 간접적인 방식을 통해 "The road runs through the mountain. (그 길은 계곡을 통과하며 달린다.)"와 같은 가상 이동(fictive motion) 문장을 해석하는 과정이 실제의 이동을 해석하는 과정과 동일한 시뮬레이션을 통해 이루어진다는 것과 이동이 이루어지는 (평평한 길이나 울퉁불퉁한 길과 같은) 공간적인 요소들도 시뮬레이션에 의해 정신적으로 구성된다는 것을 증명했다.

가상 이동 문장뿐만 아니라 은유적인 표현에 대한 시뮬레이션 과정도 중요한 연구 주제 중의 하나인데, Rohrer(2001)의 손동작에 대한 은유적 표현의 이해 과정을 fMRI로 검사한 결과, '개념을 잡았다'와 같은 은유적 표현을 이해할 때도 실제로 손을 사용할 때 활성화되는 뇌의 특정 영역이 관여한다는 것을 말해주고 있다. 한편, Wheeler & Bergen(2006)의 연구는 손을 펴는 것이나 쥐는 것 같은 정교한 동작에 대한 언어 표현의 이해도 시뮬레이션에 의해 이루어진다는 것을 밝혔는데, 이와 같은 다양한 방법과 각도에서 연구 성과를 보이고 있는 시뮬레이션 의미론의 최종 가정은 언어의 모든 이해는 시뮬레이션에 의해 이루어지며, 시뮬레이션은 모든 언어 표현의 해석을 담당하고 있다는 것이다.

2.2에서는 기존의 인지언어학, 혹은 인지의미론의 기본적인 관점이 시뮬레이션 의미론과 다르지 않고, 인지언어학에서 말하는 의미가 곧 '개념화(conceptualization)'이며 개념화는 곧 시뮬레이션과 상통한다는 것을 논의했다. 개념화는 신체화된 인지의 주관적인 해석을 반영하므로 같은 개념적 내용이라도 해석하는 방식에 따라 다르게 개념화 될 수 있다. 시뮬레이션

도 신체화된 인지에 의해 이루어지는 과정이기 때문에 어떤 개념적 내용에 대한 주관적인 신체적 경험을 불러일으키게 되는데, 모든 개념적 내용은 해석을 통해서만 개념화 될 수 있으므로 시뮬레이션은 곧 해석이라는 용어와 동의어로 사용될 수도 있다.

  2.3에서는 지금까지 밝혀진 시뮬레이션 의미론의 성과를 정리하여 동사의 의미 해석에 관여하는 시뮬레이션의 과정 모형을 제안했는데, 이를 토대로 동사의 원형의미가 맥락의미로 정교화 되는 과정을 시뮬레이션 과정 모형을 통해 설명할 수 있었다.

  3장에서는 동사의 원형의미의 실체는 무엇이며 시뮬레이션 의미론의 관점에서 그것을 어떻게 이해할 수 있는지 논하고, 한 동사의 원형의미가 정교화 되어 적절한 맥락의미로 해석되는 과정이 시뮬레이션 의미론의 관점에서 어떻게 설명될 수 있는지 살펴보았다. 또한 동사의 원형의미는 도식성을 가지고 있으며, 맥락의미는 맥락 정보와 세상 지식을 동원하여 원형의미를 정교화 했을 때 얻어진다는 것과 이 해석 과정은 동사의 움직임에 참여하는 구성요소들의 특성에 대한 시뮬레이션과 구성요소들이 참여하는 움직임에 대한 시뮬레이션에 의해 이루어진다는 것을 논의하였다. 아울러 이 연구에서는 동사가 '관계(relationship)'의 전개 과정이라는 Langacker(1987, 1999, 2000, 2002)의 정의가 시뮬레이션 의미론의 관점을 충분히 반영하지 못하고 있기 때문에 동사를 자발적인 신체의 움직임과 지각되는 대상의 움직임을 나타내는 것으로 정의하였으며, 이를 통해 신체화된 인지에 의해 시뮬레이션 되는 동사의 의미적 특성을 더 적절히 담아내고자 하였다. 또한, 이와 같은 정의에 입각한 시뮬레이션 영상의 사용은 동사의 의미를 나타내는 영상 자체가 그것을 보는 사람에게서 시뮬레이션을 발생시킬 수 있다는 이점도 가지고 있다.

  4장에서는 동사의 은유적 표현 혹은 은유적 영상이 발생하고 해석되는 과정이 시뮬레이션 의미론으로 어떻게 설명될 수 있는지를 살펴보고, 은유에 의해 발생하는 의미는 동사의 원형의미와 구분되는 독립적 의미가 아니라 원형의미의 정교화로 만들어지는 맥락의미라는 것을 논증했다. 4.1에서는 인지언어학에서 널리 받아들여지고 있는 개념적 은유의 문제점을 짚어보고, 은유는 오히려 유사성을 근거로 발생하며 유사성의 인식을 통해 해석되는 의사소통적 본질을 가진 행위로 적절하게 설명될 수 있다는 것을 밝혔다. 한편, 은유적 영상은 추상적인 개념에 그 개념과 유사한 체험을 줄 수 있는 영상을 부여함으로써 발생하게 되는데, 이렇게 발생한 은유적 영상의 해석은 일반적인 언어표현이 나타내는 영상을 시뮬레이션 할 때와 동일하게 처리되어도 자동적으로 얻을 수 있다. 이러한 은유적 영상은 영상도식과는 달리 정교하고 다양한 모습으로 역동적으로 발생할 수 있는데, 이 영상의 발현 과정과 해석 과정은 혼성 이론에 입각해서 이해하는 것도 가능하다. 기존의 혼성 이론을 통한 분석에 약간의 수정안이 제시되기는 했지만, 혼성 역시 다양한 의미 현상을 설명하는 시뮬레이션 모형의 하나로 볼 수 있다. 꽤 많은 양의 논증 과정이 필요하긴 했지만, 4장의 핵심은 은유와 은유적 영상은 동사의 의미를 확장시키는 것이 아니라 동사의 의미가 적용되는 영역을 확장한다는 것으로 정리될 수 있다.

그러면 과연 동사의 확장의미는 어떤 과정에 의해 발생하는 것일까? 5.1에서는 맥락 정보와 세상 지식만으로 즉석에서 해석되지 않는 개별적인 의미들이 비항상성 동반경험에 기초한 환유에 의해 발생할 수 있다는 것을 제안하고 있다. 환유에 대한 기존의 정의가 환유의 발생조건을 충분히 제약해주지 못했기 때문에 환유의 정의와 발생조건을 다시 논하지 않을 수 없었는데, 우리가 살펴본 바에 의하면 환유는 어떤 경험을 참조점(R)으로 하여 그 경험에 현재 동반되고 있는 경험이나 자주 동반되어 온 경험을 목표(T)로 발생하는 것으로 정의될 수 있다. 비항상성 동반경험을 목표로 발생한 환유는 맥락 정보와 세상 지식만으로 즉석에서 해석되지 않기 때문에 어느 정도의 고착화 과정을 거쳐야 독립적인 의미 단위의 지위에 오를 수 있다. 이런 비항상성 동반경험을 토대로 동사의 의미가 확장되는 과정은 곧 자연스러운 시뮬레이션의 '연합(association)' 과정이기도 하므로, 시뮬레이션 의미론의 가정과도 적절하게 부합된다. 남은 문제는 비항상성 동반관계에서 동사의 확장의미가 정말로 발생하느냐, 더 극단적으로는 비항상성 동반관계에서만 동사의 확장의미가 발생하느냐를 확인하는 것이었다.

5.2에서는 2장에서 이루어진 분류대로 자발적인 신체의 움직임을 나타내는 동사와 지각되는 대상의 움직임을 독립적으로 나타낼 수 있는 동사를 나누어 개별 동사의 다의적 체계를 분석해 보았다. 그 결과 자발적인 신체의 움직임을 나타내는 동사인 '보다', '잡다', '쥐다', '꼬집다', '먹다', '타다', '대다', '사다', '생각하다', '외우다'의 다의적 구조가 비항상성 동반관계에서 발생한 환유의 의미만으로 구성된다는 것을 확인했다. 이 동사들 중 '대다'는 신체의 동작이 윤곽부여 되지 않은 경우이고, '사다'는 사건 틀이 의미의 중심을 이루는 동사임에도 불구하고 역시 환유를 통해 발생한 확장의미로 의미망을 구성하고 있었다. '생각하다', '외우다'와 같이 비가시적인 움직임을 나타내는 동사들 역시 동일한 방식의 의미망 분석이 가능함을 볼 수 있었다. 또, 지각되는 대상의 움직임을 나타내는 동사인 '가다', '나가다', '들어가다', '올라가다', '내려가다'도 비항상성 동반경험을 기반으로 확장의미가 발생하여 의미망을 형성하는 것을 확인했다. 지각되는 대상의 움직임을 나타내는 동사는 거울 신경 패턴의 활성화에 의해 두 개의 원형의미를 발생시키며, 이 두 가지 원형의미들이 환유를 통해 각각의 의미망을 형성하는 특성이 있다.

이 분석의 결과는 동음이의어와 다의어를 타당하게 구분할 수 있다는 전제 하에, 모든 동사의 다의적 체계가 환유를 통해 발생한 의미로 설명될 수 있는 가능성을 보여준다. 언어사용자에게 존재하는 실제 의미망은 어떤 확장의미의 해석 과정이 (상향식으로) 참조점을 통해 목표에 접근하는 순수한 환유적 시뮬레이션을 통해 접근되는지 혹은 (하향식으로) 고착화된 의미로 바로 해석되는지에 따라 역동적인 모습으로 변화하게 된다.

　이 연구에서는 시뮬레이션 의미론의 성과와 기본적인 가정을 도입하여 동사의 전체적인 의미 해석 과정을 심리적 실제성을 보장할 수 있는 모형으로 제시하고자 노력했다. 그렇다면 이 연구의 성과는 단지 동사를 처리할 때 우리의 머릿속에서 어떤 일이 일어나는지 짐작해 보는 것에 지나지 않는가? 물론 그것만으로도 큰 의미가 있다. 우리는 언어 현상을 우리의 목적에 따라 때로는 구조주의적인 방법으로, 때로는 변형생성문법의 관점에서 형식화하고, 분류하고, 쪼개고, 다시 이어 붙이곤 한다. 때로는 언어 학습자들에게 가르치기 위한 목적에서, 때로는 사전을 만들기 위해서, 때로는 인공지능을 구현하기 위해서 우리는 이와 같은 작업을 멈추지 않는다. 언어의 의미를 해석하는 과정이 실제로 어떻게 이루어지고 있는지를 탐구하는 것도 그 자체로 의미가 있지만, 생물학의 연구 성과가 의학이라는 이름으로 응용되어 인간의 삶과 죽음을 갈라놓을 수 있듯이 심리적 실제성을 추구한 이 연구의 성과도 나아가서는 현실적인 목적을 실현하는 도구로 이용될 수 있고 또 이용되어야 할 것이다. 5장에서 살펴보았듯이 시뮬레이션 의미론에 기초한 동사의 의미 해석 모형은 먼저 동사의 다의적 체계를 분석하는 데 도움을 준다. 그리고 이렇게 분석된 다의적 체계는 다시 구문론과 사전 편찬, 언어 교육 등의 관련 분야에 응용될 수 있다. 물론, 이 연구에서 보여줄 수 있는 응용 가능성은 매우 기초적인 수준에 지나지 않는다. 그리고 이 연구에서 제시된 의미망 분석 방법이 단지 동사에만 적용될 수 있는 것은 아니다. 동사 이외의 품사들이나 다양한 구문의 다의적 체계를 분석할 때도 이 연구의 성과를 적용할 수 있다. 또, 한국어 이외의 다른 언어를 분석하거나 그 결과를 한국어와 비교하는 연구로 확장될 수도 있을 것이다.

　이 연구와 기존의 의미망 연구의 중요한 차이는 시뮬레이션 의미론의 관점과 성과를 최대한 반영하여 의미망의 심리적 실제성을 확보하고 자의성을 극복할 수 있는 원리를 제시하여 의미망의 구조를 의미의 동적인 처리 과정의 측면에서 설명했다는 점에 있다. 기존의 동사 의미망 연구들이 '가다', '보다'와 같은 몇몇 특정한 동사들만 주로 다루었던 것에 반해, 이 연구에서는 다양한 인지적 유형에 속하는 15개의 고빈도 동사들의 의미망을 분석함으로써 의미망 분석 원리의 보편적인 적용 가능성을 보여주었다. 또한, 동사의 의미망 발생이 기존의 학설들과 달리 은유가 아닌 환유에 의해 주도됨을 밝혔고 잠재적인 논항구조가 확장의미에 따라 고유하게 대응된다는 원리를 정립했다. 동사의 실제적인 의미 처리 과정에 대한 탐구가 다양한 관련 분야에 실제적으로 적용될 수 있는 구체적인 방법은 앞으로도 더 많은 연구가 필요할 것이다.

참고문헌

국립국어원(1999), 『표준국어대사전』. (http://www.korean.go.kr)
국립국어원(2000), 『《표준국어대사전》 편찬 지침 Ⅰ』.
국립국어원(2000), 『《표준국어대사전》 편찬 지침 Ⅱ』.
고광주(2000), "국어의 능격성 연구," 고려대학교 대학원 박사학위논문.
고창수(1999), "인공지능과 한국어 문법," 『한국어와 인공지능(고창수 편저)』, 서울: 태학사, 159-170.
김광해(2003), 『등급별 국어교육용 어휘』, 서울: 박이정.
김윤신·이정민·강범모·남승호(2000), "한국어 피동동사의 의미 구조와 논항 실현," 『인지과학』 11(1), 한국인지과학회. 25-32.
김성원(2001), "UP의 영상 도식적 분석," 수원대학교 교육대학원 석사학위논문.
김종도(2005), "문법에서의 환유," 『현대영미어문학』 23(3), 현대영미어문학회, 229-253.
김진우(1999), 『인지언어학의 이해』, 서울: 한국문화사.
나익주(2000), "개념적 은유: [사랑]," 『인지언어학(이기동 편저)』, 서울: 한국문화사, 415-444.
남경완(2005), "국어 용언의 의미 분석 연구," 고려대학교 대학원 박사학위논문.
남승호(2003), "한국어 이동 동사의 의미구조와 논항교체," 『어학연구』, 서울대학교 언어교육원.
남승호(2007), 『한국어 술어의 사건 구조와 논항 구조』, 서울: 서울대학교 출판부.

도원영(2002), "교차성 용언의 다의성과 사전처리," 『한국어학』 15, 한국어학회, 25-51.
문금현(2006), "한국어 어휘 교육을 위한 다의어 학습 방안," 『이중언어학』 30, 이중언어학회, 143-177.
박동호(2003), "의미부류 체계의 구축과 적용," 『어학연구』 39(1), 243-268.
박선애(2000), 『영어 over의 의미분석: 인지언어학적 접근』, 홍익대학교 대학원 석사학위논문.
박승빈(1935), 『조선어학』, 조선어학연구회.
박효명(1995), "이동 동사 run, walk, creep의 의미확대 현상에 관한 연구," 전남대학교 대학원 박사학위논문.
서종학·김주필(1999), 『교과서의 어휘 분석 연구』, 문화관광부 보고서.
석주연(2006), "'-도록'의 의미와 문법에 대한 통시적 고찰," 『한국어의미학』 19, 한국어의미학회, 37-63.
성광수(1976), "존재동사 '있다'에 대한 재고," 『국어어문논총』, 강복수 박사 회갑 기념 논문집.
신현숙(1995a), "동사 {앉다/서다/눕다}의 쓰임과 의미 확장," 『한글』 227, 한글학회, 185-214.
신현숙(1995b), "명사 {집}의 형식과 의미 확장," 『말』 20, 연세대학교 한국어학당, 1-32.
양정석(1995), 『국어 동사의 의미 분석과 연결이론』, 서울: 도서출판 박이정.
양정석(2004), "개념의미론의 의미구조 기술과 논항 연결: 이동 동사·움직임 동사 구문을 중심으로," 『언어』 29(3), 한국언어학회, 329-357.
연재훈(1989), "국어 중립동사 구문에 대한 연구," 『한글』 203, 한글학회, 165-188.
오아람(2007), "인지 심리학의 '주의' 개념과 다성 음악 감상 지도 방법 연구," 한국교원대학교 대학원 석사학위논문.
우형식(1998), 『국어 동사 구문의 분석』, 서울: 태학사.
이건환(2002), "동사 '잡다'의 의미확장," 『언어과학연구』 22, 언어과학회, 159-184.

이기동(1984), "다의어와 의미의 일관성," 『인문과학』 52, 연세대학교 인문과학연구소, 17-46.
이기동(1988), "'보다'의 의미," 『애산학보』, 애산학회 6, 121-147.
이기동(2000), "동사 '가다'의 의미," 『한글』 247. 한글학회, 133-158.
이기동(2002), 『인지문법에서 본 영어동사 의미와 교체 현상』, 경진문화사: 서울.
이성재(2006), "환유와 화용적 추론," 『프랑스문화연구』 13, 한국프랑스문화학회, 457-488.
이숭녕(1962), "국어의 Polysemy에 대하여," 『문리대학보』 16, 서울대학교, 15-21.
이익환·이민행(2005), 『심리동사의 의미론: 영어, 한국어와 독일어의 대조 연구』, 도서출판 역락: 서울.
이종열(1998), "'가다'의 다의성에 대한 인지의미론적 연구," 『한국어의미학』 3, 한국어의미학회, 97-118.
이종열(2005), "'먹다'의 다의적 의미와 구문적 확장," 『한국어학』 27, 한국어학회, 247-277.
이정민·강범모·남승호(1998), "한국어 술어의 어휘 의미에 대한 생성적 연구 방법," 『인지과학』 9(3), 한국인지과학회, 27-40.
이희승(1956), "존재사 '있다'에 대하여," 『서울대 논문집』 3, 서울대학교.
임지룡(1996), "다의어의 인지적 의미 특성," 『언어학』 17, 한국언어학회, 229-261.
임지룡(1997), 『인지의미론』, 서울: 탑출판사.
임지룡(2001), "다의어 '사다', '팔다'의 인지의미론적 분석," 『국어국문학』 129, 국어국문학회, 165~190.
임지룡(2006a), "환유 표현의 의미특성," 『인문논총』 55, 서울대학교 인문학연구원, 265-299.
임지룡(2006b), 『말하는 몸』, 서울: 한국문화사.
임지룡(2007), "신체화에 기초한 의미 확장의 특성 연구," 『언어과학』 40, 언어과학회, 1-31.

장미라(2005), "'있다'의 의미 확장과 다의어 체계," 『인문학 연구』 9, 경희대학교 인문학 연구소, 95-120.

정병철(2006), "지각동사 '보다'의 의미망," 『문학과 언어』 28, 문학과언어학회, 23-44.

정병철(2007a), "은유적 보조동사의 구문과 의미," 『국어교육연구』 40, 273-304.

정병철(2007b), "경험적 상관성에 기반한 동사의 의미 확장: 동사의 의미와 구문의 상호작용," 『한국어 의미학』 22, 한국어 의미학회, 209-236.

정병철(2007c), "동반 경험 기반의 환유 작용," 『담화와 인지』 14(1), 담화인지어학회, 173-194.

정병철(2007d), "다의 동사 '잡다'의 인지적 접근에 의한 사전 처리 연구," 『한국어 의미학』 24, 한국어 의미학회, 243-273.

정병철(2007e), "유사성에 기반한 은유와 은유적 이미지," 담화인지언어학회 제 29회 정기학술대회 논문집, 56-66.

정영식(1999), "다의성과 영상도식 변형," 수원대학교 대학원 박사학위논문.

정유경(2000), "원형모형과 의미망 이론에 입각한 동사 play의 다의성에 관한 연구," 상명대학교 대학원 석사학위논문.

정주리(2006), "'-주다' 형식의 구문과 의미," 『한국어 의미학』 19, 한국어의미학회, 181-207.

정철영(1993), "인지문법과 영어 기본 동사의 의미확대 분석," 부산대학교 대학원 박사학위논문.

천시권(1977), "다의어의 의미분석," 『국어교육연구』 9, 국어교육학회, 1-10.

최창렬(1983), 『한국어의 의미구조』, 서울: 한신문화사.

최현배(1937), 『우리말본』, 서울: 정음사.

최호철(1993), "현대 국어 서술어의 의미 연구: 의소 설정을 중심으로," 고려대학교 대학원 박사학위논문.

한상숙(2001), "영어 구동사의 인지의미론적 접근과 교육적 효과에 관한 연구," 한국교원대학교 대학원 석사학위논문.

한송화(2000), 『현대 국어 자동사 연구』, 서울: 한신문화사.

홍사만(2002), 『한-일어 대조분석』, 서울: 도서출판 역락.
홍재성(1987), 『현대 한국어 동사구문의 연구』, 서울: 탑출판사.
홍재성(1997), "이동동사와 기능동사," 『말』 22, 121-140.
홍재성·박만규·임준서(1995), "현대 한국어 동사구문사전 편찬을 위하여," 『말』 20, 81-127.
Bailey, David R.(1997), *When Push Comes to Shove: A Computational Model of the Role of Motor Control in the Acquisition of Action Verbs*. Unpublished UC Berkley Ph.D. Thesis.
Barbey, A.K., Simmons, W.K., Ruppert, J.A., & Barsalou, L.W.(2002), Action and conceptual processing. *Meeting of the Psychonomic Society*, Kansas City, MO, November.
Barcelona, Antonio.(2003), Introduction. In Barcelona, Antonio (eds.), *The cognitive theory of metaphor and metonymy*, 1-28.
Barsalou, Lawrence W.(1999), Language comprehension: archival memory or preparation for situated action? *Discourse Processes*, 28, 61-80.
Barsalou, Lawrence. W.(2003), Situated simulation in the human conceptual system. *Language and cognitive processes* 18:5/6, 513-562.
Barselona, Antonio.(2002), Clarifying and applying the notions of metaphor and metonymy within cognitive linguistics: an update. In René Dirven and Ralf Pöhrings (eds.), *Metaphor and Metonymy in Comparison and Contrast*, 207-277. Berlin/New York: Mouton de Gruyter.
Bergen, Benjamin.(2005), Mental simulation in literal and figurative language understanding. In Seana Coulson, and Barbara Lewandowska Tomaszczyk (eds.), *The Literal and Nonliteral in Language and Thought*, 255-280. Frankfurt: Lang.
Bergen, B., S. Narayan, & J. Feldman.(2003), Embodied verbal semantics: evidence from an image-verb matching task. *Proceedings of the Twenty-Fifth Annual Conference of the Cognitive Science Society*.

Berlin, Brent & Kay, Paul.(1969), *Basic color terms. Their universality and evolution*. Berkeley, CA: University of Los Angeles Press.

Black, Max.(1962), Metaphor. In Max Black (eds.), *Models and metaphors*, 25-47. NY: Cornell University Press.

Black, Max.(1993), More about metaphor. In Andrew Ortony (eds.), *Metaphor and Thought*, 19-43. Cambridge: Cambridge University Press.

Blank, Andreas.(1999), Co-presence and Succession: A Cognitive Typology of Metonymy. In Klause-Uwe Panther (eds.), Metonymy in Language and Thought, 173-184. Amsterdam: John Benjamins Publishing Company.

Bloomfield, Leonard.(1933), *Language*. New York: Holt, Rinehart and Winston.

Boroditsky, L. & Ramscar, M.(2002), The roles of body and mind in abstract thought. *Psychological Science*, 13(2), 15-188.

Bowerman, Melissa., & Soonja, Choi.(2001), Shaping meanings for language: universal and language-specific in the acquisition of spatial semantic categories, In Melissa Bowerman and Stephen C. Levinson (eds.), *Language acquisition and conceptual development*, 475-511. Cambridge: Cambridge University Press.

Brodal, Per.(1998). *The central nervous system: structure and function*. New York: Oxford University Press.

Bréal, Michel.(1897), *Essai de sémantique: Science des significations*, Paris: Hachette.

Brugman, Claudia, & Lakoff, George.(1988). Cognitive topology and lexical networks. In S. Small, G. Cottrell and M. Tannenhaus (eds.), *Lexical Ambiguity Resolution*, 477-507. San Mateo, CA: Morgan Kaufman.

Brugman, Claudia.(1981), *The story of over*. MA thesis, Berkeley: University of California.

Buccino, G., Binkofski, F., Fink, G., Fadiga, L., Fogassi, L., Gallese, V., Seitz, R., Zilles, K., Rizzolatti, G., & Freund, H.(2001), Action observation activates premotor and Parietal areas in a somatotopic manner: an fMRI study. *European Journal of Neuroscience*, 13(2), 400-404.

Carter, Ricahrd.(1988), Compositionality and Polysemy, In B. Levin and C. Tenny (eds.), *On Linking: Papers by Richard Carter*, 167-204. MIT Lexicon Project Working Paper no. 25. Department of Linguistics and Philosophy, MIT, Cambridge, Mass.

Cherry, E. C.(1953), Some experiments on the recognition of speech, with one and with two ears, *Journal of the Acoustical Society of America* 25, 975-979.

Chomsky, Noam.(1986), *Knowledge of Language*, New York: Praeger.

Chomsky, Noam.(1993), A minimalist program for linguistic theory. In Kenneth Hale and Samuel Jay Keyser (eds.), *The view from Building 20*, Cambridge, Mass.:MIT Press, 1-52.

Chomsky, Noam.(1995), *The Minimalist Program*. Cambridge, MA: MIT Press.

Cienki, Alan.(1988), Metaphoric gestures and some of their relations to verbal metaphoric expressions. In Jean Pirre Koenig (eds.), *Discourse and Cognition: Bridging the Gap*, 189-204. Stanford, CA: Center for study of language and Information.

Cienki, Alan.(1997a), Some properties and groupings of image schemas. In Vespoor, M., Dong Lee, K., and E. Sweetser (eds.), Lexical and syntactical constructions and the construction of meaning, 3-15. Philadelphia: John Benjamins Publishing Company.

Clark, Alan.(1997b), *Being There: Putting Brain, Body and World Together Again*. Cambridge: MIT Press.

Craver-Lemley, C. & Arterberry, M.(2001), Imagery-induced interference on a visual detection task. *Spatial Vision, 14*, 101-119.

Croft, William.(1993), The role of domains in the interpretation of metaphors and metonymies. Cognitive Linguistics 4:4, 335-370.

Croft, William.(2001), *Radical construction grammar: syntactic theory in typological perspective*. Oxford: Oxford University Press, 18-28.

Csábi, Sailvia.(2004), A cognitive Linguistic View of Polysemy in English and it Implication for Teaching, In M. Achard and S. Niemeier (eds.), *Cognitive Linguistics, Second Language Acquisition, and Foreign Language Teaching*, 233-256. Mouton de Gruyter: Berlin and Newyork.

Dirven, René.(2001), The Metaphoric in Recent Cognitive Approaches to English Phrasal Verbs, (http://metaphorik.de/Journal/index.htm)

Dobson, John H.(2005), *Learn Biblical Hebrew*. (2nd Edition). Piquant Editons & Baker Academic.

Evans, Vyvyan.(2004), *The Structure of Time: Language, Meaning and Temporal Cognition*. Amsterdam: John Benjamins.

Evans, Vyvyan.(2005), The meaning of time: polysemy, the lexicon and conceptual structure. *Journal of Linguistics* 41:1, 33-75.

Evans, Vyvyan and Green, M.(2006), *Cognitive Linguistics: An Introduction*, Edinburgh: Edinburgh University Press.

Fauconnier, Gilles & Turner, Mark.(1998), Conceptual integration networks, *Cognitive Science* 22-2: 33-187.

Feldman, J. & S. Narayanan.(2004), Embodied meaning in a neural theory of language. *Brain and Language, 89(2)*, 385-392.

Fillmore, Charles.(1975), An alternative to checklist theories of meaning. Proceedings of the 1st Annual Meeting of the Berkeley Linguistics Society. Berkeley: Berkeley Linguistics Society, 123-131.

Fillmore, Charles.(1977), Scenes-and-frames semantics. In Antonio Zampolli (eds.), Linguistic Structures Processing, 55-81. Amsterdam and Philadelphia: John Benjamins Publishing Company.

Fillmore, Charles.(1982), Frame semantics, In Linguistic Society of Korea (eds.), *Linguistics in the Morning Calm*. Seoul: Hanshin Publishing, 111-137.

Fillmore, Charles.(1985), Frames and the semantics of understanding. Quaderni di Semantica 6, 222-254.

Forceville, Charles.(2005), A Course on Pictorial and Multimodal metaphor. (http://www.chass.utoronto.ca/epc/srb/cyber/cforcevilleout.html)

Forceville, Charles.(2006), Non-verbal and multimodal metaphor in a cognitivist framework: Agendas for research, In Gitte Kristiansen, Michel Achard, René Dirven, Francisco J. Ruiz de Mendoza Ilbáñez (eds.), *Cognitive Linguistics: Current Applications and Future Perspectives*, 379-402. Berlin: Mouton de Gruyter.

Gallese, Vittorio.(2005), Embodied simulation: From neurons to phenomenal experience. *Phenomenology and the Cognitive Science* 4, 23-48.

Gallese, V., Fadiga, L., Fogassi, L., Rizzolatti, G.(1996), Action recognition in the premotor cortex. *Brain* 119, 593-609.

Geeraerts, Dirk.(2002), The interaction of metaphor and metonymy in composite expressions. In René Dirven and Ralf Pörings (eds.), *Metaphor and Metaphor and Metonymy in Comparison and Contrast*, 435-465. Berlin/New York: Mouton de Gruyter.

Gevaer, Caroline.(2001), Anger in Old and Middle English: a "hot" topic? *Belgian Essays on Language and Literature*, 89-101.

Gevaer, Caroline.(2005), The anger is heat question: detecting cultural influence on the conceptualization of anger through diachronic corpus analysis. In Nicole Delbecque, Johan van der Auwera (eds.), *Perspectives on Variation*, and Dirk Geeraerts, 195-208. Berlin/New

York: Mouton de Gruyter.

Gibbs, R. W.(2006), *Embodiment and Cognitive Science*, Cambridge University Press: New York.

Gibbs, R. W. & Colston, H. L.(1995), The cognitive psychological reality of image schemas and their transformations. *Cognitive Linguistics* 6-4, 347-378.

Gibbs, R. W. & Perlman, M.(2006), The contested impact of cognitive linguistics research, In Gitte Kristiansen, Michel Achard, René Dirven, Francisco J. Ruiz de Mendoza Ilbáñez (eds.), *Cognitive Linguistics: Current Applications and Future Perspectives*, 211-228. Berlin: Mouton de Gruyter.

Gineste, Marie-Dominique, Bipin Indurkhya., and V ronique Scart.(2000), Emergence of features in metaphor comprehension. *Metaphor and Symbol* 15, 117-135.

Givon, Talmy.(1979), *On Understanding Grammar*, Academic Press: New York, 1979.

Glenberg, Arthur M. & Kaschak, Michael P.(2002), Grounding Language in Action. *Psychonomic Bulletin & Review*, 9(3), 558-565.

Goldberg, Adele E.(1995), *Constructions: A Construction Grammar Approach to Argument Structure*, Chicago: Chicago University Press).

Goldberg, Adele E.(2006), *Constructions at Work: The Nature of Generalization in Language*, Oxford University Press.

Goossens, Louis.(1990), Metaphtonymy: The Interaction of Metaphor and Metonymy in Expressions for Linguistic Action. *Cognitive Linguistics* 1, 191-209.

Grady, Joseph E.(1997), *Foundations of meaning: primary metaphors and primary scenes*, Ph.D Dissertation, Dept. of Linguistics, UC Berkeley.

Grady, Joseph E.(1998), The 'Conduit Metaphor' Revisited: A Reassessment of Metaphors for Communication. In Jean Pierre Koenig &

Christopher Johnson (eds.), *Discourse and Cognition: Bridging the Gap*, 205-218. Stanford: CSLI.

Grady, Joseph E.(1998), The conduit metaphor revisited: A reassessment of metaphors for communication. In Jean Pierre Koenig (eds.), Conceptual Structure, Discourse and Language 2, 205-218. Stanford: CSLI.

Grady, Joseph E.(1999a), A typology of motivation for conceptual metaphor: correlation versus resemblance. In R. Gibbs and G. Steen (eds.), *Metaphor in Cognitive Linguistics*, 79-100. Philadelphia: John Benjamins Publishing Company.

Grady, Joseph E.(1999b), Cross-linguistic regularities, Paper presented at the Annual Meeting of the LSA, January 1999, Los Angeles.

Grice, H. Paul.(1975), Logic and Conversation. In Peter Cole and Jerry Morgan (eds.), Syntax and Semantics (volume 3): Speech Acts, 43-58. New York: Academic Press.

Haser, Verena.(2005), *Metaphor, Metonymy, and Experientialist Philosophy: Challenging Cognitive Semantics*. Berlin and New York: Mouton de Gruyter.

Hauk, O., Johnsrude, I., & Pulvermüller, F.(2004). Somatotopic representation of action words in human motor and premotor cortex. *Neuron, 41(2)*, 301-307.

Herskovits, Annette.(1988), Spatial Expressions and the Plasticity of Meaning. In Rudzka-Ostyn, Brygida (eds.), *Topics in Cognitive Linguistics*, 271-297. Amsterdam: John Benjamins Publishing Company.

Jackendoff, Ray.(1997), *The Archtecture of the Language Faculty*. Cambridge, MA: MIT Press.

Jakobson, Roman.(1971[1956]), Two aspects of language and two types of aphasic disturbances. In Roman Jakobson and Moris Halle (eds.),

Fundamentals of Language. Second edition. The Hague, Paris: Mouton de Gruyter.

Jeong-hwa, Lee.(1998), A Cognitive Semantic Analysis of Manipulative Motion Verbs in Korean with Reference to English, Seoul: Hankuk Publisher.

Johnson, Mark.(1987), *The Body in the Mind: The Bodily Basis of Meaning, Imagination, and Reason*, University of Chicago.

Johnson, Mark.(2005), The philosophical significance of image schemas. In Beate Hampe (eds.), *From Perception to Meaning: Image Schemas in Cognitive Linguistics*, 15-33. Berlin/New York: Mouton de Gruyter.

Katz, Jerrold J., & Jerry A. Fodor.(1963). *The structure of a semantic theory*, Language 39, 170-210.

Kodenko, Igor.(2003), Editorial Cartoon: Bush as Oil Crusader. *Cagle* 2003a, http://cagle.slate.msn.com/news/Kodenko/2.asp

Kosslyn, S., Ganis, G., & Thompson W.(2001), Neural foundations of imagery. *Nature Reviews Neuroscience, 2*, 635-642.

Kourtzi, Z., & Kanwisher, N.(2000), Activation in Human MT/MST by Static Images with Implied Motion. *Journal of cognitive neuroscience*, 12, 48-55.

Kövecses, Zoltán.(2000), *Metaphor and Emotion: Language, Culture, and Body in Human Feeling*, Cambridge: Cambridge University Press

Kövecses, Z. & G. Radden.(1998), Metonymy: Developing a cognitive linguistic view, *Cognitive Linguistics* 9-1, 37-77.

Kreitzer, Arnold.(1997), Multiple levels of schematization: a study in the conceptuaization of space, *Cognitive Linguistics* 8-4, 291-325.

Labov, William.(1973), The boundaries of words and their meaning. In Bailey, C.J. and Shuy (eds.), *New Ways of Analysing Variation in English*, 340-373. Washington, D.C.: Georgetown University Press.

Lakoff, George.(1987), *Women, Fire and Dangerous Things: What Categories*

Reveal about the Mind. Chicago: University of Chicago Press.

Lakoff, George.(1993), The contemporary theory of metaphor. In Andrew Ortony (eds.), *Metaphor and thought*. second edition, 202-251. New York: Cambridge University Press.

Lakoff, George. & Mark Johnson.(1980), Metaphors We Live By. Chicago: The University of Chicago Press.

Lakoff, George. & Mark Johnson.(1999), *Philosophy in the Flesh: The Embodied Mind and Its Challenge to Western Thought*. New York: Basic Books.

Lakoff, George. & Mark Turner.(1989), *More than Cool Reason: A Field Guide to Poetic Metaphor*, Chicago: The University of Chicago Press.

Langacker, Ronald W.(1984), Active zone. In: Ronald W. Langacker, Concept, Image, and Symbol: The Cognitive Basis of Grammar, 189-201. Berlin: Mouton de Gruyter.

Langacker, Ronald W.(1987). *Foundations of Cognitive Grammar*, vol Ⅰ: *Theoretical Prerequisites*, Stanford, California: Stanford University Press, 369-387.

Langacker, Ronald W.(1988), A usage-based model. In Rudzka-Ostyn (eds.), *Topics in Cognitive Linguistics*, 127-161. Amsterdam and Philadelphia: John Benjamins.

Langacker, Ronald W.(1991), Foundations of Cognitive Grammar. Volume Ⅱ: Descriptive Application. Stanford, California: Stanford University Press.

Langacker, Ronald W.(1993), Reference-point constructions. Cognitive Linguistics 4, 1-38.

Langacker, Ronald W.(1995), Cognitive grammar. In: Jan-Ola Östman, Jef Verschueren, Jan Blommaert and Chris Blucaen (eds.), Handbook of Pragmatics, 105-111. Amsterdam: John Benjamins.

Langacker, Ronald W.(2000), *Grammar and Conceptualization*, 91-145,

Mouton de Gruyter: Berlin · New York.

Langacker, Ronald W.(2002) *Concept, Image, Symbol: The Cognitive Basis of Grammar*, second edition. Berlin: Mouton de Gruyter.

Langacker, Ronald W.(2003), Construction grammars: cognitive, radical and less so, *Paper presented at the International Cognitive Linguistics Conference*, Logroño.

Langacker, Ronald W.(2004), Form, meaning, and behavior: The Cognitive Grammar analysis of double subject constructions, In Ellen Contini-Morava, Robert S. Kirsner & Betsy Rodríguez-Bachiller (eds.), *Cognitive and Communicative Approaches to Linguistic Analysis* (eds.), 21-60. Amsterdam and Philadelphia: John Benjamins Publishing Company.

Levin, Beth.(1985), Lexical Semantics in Review: An Introduction, In B. Levin (eds.), *Lexical Semantics in Review*. Lexicon Project Working Papers 1. Cambridge, Mass.: MIT Center for Cognitive Science.

Levin, Beth & T. Rapoport.(1986), Lexical Subordination, *CLS* 24, 275-289.

Levin, Beth & M. Rapoport Hovav.(2005), *Argument Realization*, Cambridge University Press.

Lindsay, S.(2003), *Visual priming of language comprehension*. Unpublished University Sussex Master's Thesis.

Löbner, Sebastian(2002), *Understanding semantics*, London: Arnold.

Lotze, M., Montoya, P., Erb, M, Hülsmann, E., Flor, H., Klose, U., Birbaumer, N. & Grodd, W.(1999), Activation of cortical and cerebellar motor areas during executed and imagined hand movements: *An* fMRI study. *Journal of Cognitive Neuroscience, 11(5)*, 491-501.

Matlock, T., Ramscar, M., & Boroditsky, L.(2005), The experiential link between spatial and temporal language. *Cognitive Science, 29*, 655-664.

Matlock, Teenie.(2001), Fictive motion is real motion. *Seventh Annual International Cognitive Linguistics Conference*. University of California, Santa Barbara. Santa Barbara, California.

Matlock, Teenie.(2004), Fictive motion as cognitive simulation. *Memory & Cognition*, 32(8), 1389-1400, Psychonomic Society Publications.

Minsky, Marvin.(1975), A framework for representing knowledge. In Patrick Henry Winston (eds.), The Psychology of Computer Vision, 211-277. New York: McGraw-Hill.

Narasimhan, B.(1998), *The encoding of complex events in Hindi and English*, Ph.D. dissertation, Boston University.

Narayanan, S.(1997), *KARMA: Knowledge-based Action Representations for Metaphor and Aspect*. Unpublished UC Berkeley Ph.D. Thesis.

Núñez, Rafael., & Eve Sweetser.(2006), With the Future Behind Them: Convergent Evidence From Aymara Language and Gesture in the Crosslinguistic Comparison of Spatial Construals of Time, *Cognitive Science* 30 401 - 450.

Panther, Klaus-Uwe.(2006), Metonymy as a usage event, In Gitte Kristiansen, Michel Achard, René Dirven, Francisco J. Ruiz de Mendoza Ilbáñez (eds.), *Cognitive Linguistics: Current Applications and Future Perspectives*, 147-185. Berlin: Mouton de Gruyter.

Papafragou, A.(1995), Metonymy and Relavance, *UCL Working Papers in Linguistics* 7, 141-175.

Papafragou, A.(1996a), Figurative language and the semantics-pragmatics distinction, *Language and literature* 5, 179-193.

Papafragou, A.(1996b), On metonymy, *Lingua* 99, 169-195.

Peña, M. Sandra.(2003), *Topology and Cognition: What Image-schemas Reveal about the Metaphorical Language of Emotions*, Lincom Europa.

Perky, C. W.(1910), An experimental study of imagination. *American Journal of Psychology*, 21, 422-452.

Pinker, Steven.(1989), *Learnability and Cognition: The Acquisition of Argument Structure*. Cambridge, Mass.: MIT Press.

Porro C. A., Francescato M. P., Cettolo V., Diamond M. E., Baraldi P., Zuiani C., Bazzocchi M., & Prampero P. E.(1996), Primary motor and sensory cortex activation during motor performance and motor imagery: A functional magnetic resonance imaging study. *J. Neurosci.* 16: 7688-7698.

Postal, Paul M.(1969). Underlying and superficial linguistic structure. In David A. Reibel and Sanford A. Schane (eds.), *Modern studies in English: Readings in transformational grammar* 19-37. Englewood Cliffs, NJ: Prentice-Hall.

Pulvermüller, F., Haerle, M. & Hummel, F.(2001), Walking or Talking?: Behavioral and Neurophysiological Correlates of Action Verb Processing. *Brain and Language*, 78, 143-168.

Pustejovsky, J. (1995), *The Generative Lexicon*, Cambridge MA: MIT Press

Radden, Klause-Uwe. & Zoltan Koevecses.(1999), Towards a theory of metonymy. In Klaus-uwe Panther and Günter Radden (eds.), Metonymy in Language and Thought, 17-59. Amsterdam: John Benjamins Publishing Company.

Reddy, M. J.(1979), The conduit metaphor: a case of frame conflict in our language about language. In A. Ortony (Eds.), *Metaphor and thought*, 284-297. Cambridge: Cambridge University Press.

Rhodes, Richard.(1977), Semantics in Relational Grammar. Proceedings of the Thirteenth Annual Meeting of the Chicago Linguistic Society. Chicago: Chicago Linguistic Society.

Richards, I. A.(1936/1965). *The philosophy of rhetoric*. New York: Oxford University Press.

Richardson, D., Spivey, M., Edelman, S. & Naples, A. D.(2001). Language is spatial: Experimental evidence for image schemas of concrete and abstract verbs. Proceedings of the 23rd annual meeting of the cognitive science society, 873-878. Mawhah, NJ: Erlbaum.

Richardson, D., Spivey, M., McRae, K., & Barsalou, L. W.(2003). Spatial representations activated during real-time comprehension of verbs. *Cognitive Science, 27,* 767-780.

Richardson, Daniel. & Matlock, Teenie.(2007), The integration of figurative language and static depictions: An eye movement study of fictive motion. *Cognition* 102, 129-138.

Rizzolatti, G., Luciano, F., Vittorio, G. & Fogassi, L.(1996), Premotor cortex and the recognition of motor actions. *Cognitive Brain Research* 3, 131-141.

Rohrer, Tim.(2001), Understanding through the body: fMRI and of ERP studies of metaphoric and literal language. Paper presented at the *7th International Cognitive Linguistics Association* Conference, July 2001.

Rohrer, Tim.(2004), Race-baiting, Cartooning and Ideology: A conceptual blending analysis of contemporary and WW-Ⅱ war cartoons. In Creschonig, Steffen and Sing, Christine S (eds.), Ideologien zwischen Lüge und Wahrheitsanspruch, 193-216. Wiesbaden, Germany: Deutscher Universitäts-Verlag.

Ruhl, Charles.(1989), *On Monosemy: A Study in Linguistic Semantics.* Albany: State University of New York.

Shank, Roger C. & Robert P. Abelson.(1977), Scripts, Plans, Goals, and Understanding. Hillsdale, N.J.: Lawrence Erlbaum Associates.

Sloboda, J. A.(1985), *The Musical Mind: The Cognitive Psychology of Music,* London: Oxford University Press,

Sperber, D. & Wilson, D.(1986), Relavance: Communication and Cognition. Cambridge: Havard University Press.

Spivey, M. J. & Geng, J. J.(2001), Oculomotor mechanisms activated by imagery and memory: Eye movements to absent objects. *Psychological Research / Psychologische Forschung* 65, 235-241.

Stanfield, R. & Zwaan, R.(2001), The effect of implied orientation derived from verbal context on picture recognition. *Psychological Science*, 12, 153-156.

Talmy, Leonard.(1996), The windowing of attention. In M. Shbatani and S. A. Thompson. (eds.), *Grammatical constructions: Their from and meaning*. Oxford: Oxford University Press.

Taylor, John.(1995), *Linguistic Categorization*, second edition. Oxford: Oxford University Press.

Taylor, John.(2002), *Cognitive Grammar*, Oxford University Press.

Tettamanti M., Buccino G., Saccuman M. C., Gallese V., Danna M., Scifo P., Fazio F., Rizzolatti G., Cappa S. F. & Perani D.(2005), Listening to action-related sentences activates fronto-parietal motor circuits. *Journal of Cognitive Neuroscience* 17(2), 273-281.

Traugott, Elizabeth Closs.(1989), On the rise of epistemic meanings in English: an example of subjectification in semantic change. *Language*, 65(1):31-55.

Traugott, Elizabeth Closs & Richard B. Dasher(2002), *Regularity in Semantic Change*, Cambridge University Press.

Tuggy, David.(1993), Ambiguity, polysemy, and vagueness. *Cognitive Linguistics* 4(3), 273-290.

Tversky, B.(1996). Spatial perspective in descriptions. In P.Bloom, M.A. Peterson, L. Nadel, & M.F. Garrett (eds.), *Language and space*. Cambridge, MA: MIT press. 463-491.

Tversky, B.(2000). Remembering spaces. In Tulving, E. & Craik, F. (eds.), *The Oxford handbook of memory*. New York, NY: Oxford University Press.

Tyler, Andrea, and Vyvyan Evans.(2003), *The Semantics of English*

Prepositions: Spatial Scenes, Embodied Meaning and Cognition, Cambridge University Press.

Tyler, Andrea, and Vyvyan Evans.(2004), Applying Cognitive Linguistics to Pedagogical Grammar: The Case of Over. In M. Achard and S. Niemeier (eds.), *Cognitive Linguistics, Second Language Acquisition, and Foreign Language Teaching*, 233-256. Mouton de Gruyter: Berlin and Newyork.

Ullmann, Stephen.(1962), *Semantics: An Introduction to the Science of Meaning*, Oxford: Blackwell.

Varela, F., Thompson, E. & Rosch, E.(1991), *The embodied Mind*. Cambridge, Mass: MIT Press.

Vervaeke, John, & John Kennedy.(1996), Metaphor in language and thought: Falsification and multiple meanings. *Metaphor and Symbolic Activity* 11: 273-284.

Wertheimer, M.(1923), Untersuchungen zur lehre von der Gestalt. *Psychologische Forschung* 4, 301-350.

Wheeler, K. & Bergen, B.(2006), Meaning in the Palm of Your Hand. In Proceedings of the 7th Conceptual Structure, Discourse, and Language.

Zwaan, R., & Van Oostendorp, H.(1993), Do readers construct spatial representations in naturalistic story comprehension? *Discourse Processes*, 16, 125-143.

Zwaan, R., Stanfield, R. & Yaxley, R.(2002), Do language comprehenders routinely represent the shapes of objects? *Psychological Science*, 13, 168-171.

A Study on the Semantic Network of Verbs Based on Simulation Semantics*

Jeong, Byong Cheol

Department of Korean Language and Literature
Graduate School, Kyungpook National University
Daegu, South Korea
(Supervised by Professor Lim, Ji-Ryong)

(Abstract)

This thesis is aimed to develop a principle of analysing semantic network of verbs in the light of simulation semantics which holds to scientific methods to ensure the psychological reality of hypothetical explanations for the human language. The significance of simulation semantics is that it supports many critical ideas and assumptions of cognitive linguistics with diverse experimental methods in order to envisage what is happening in the darkness of brain where the 'embodied' mind is hiding in.

A lexical item used with any frequency is almost invariably polysemous.

---

* A thesis submitted to the Council of the Graduate School of Kyungpook National University in partial fulfillment of the requirements for the degree of Ph.D. in December 2008.

It has multiple, related meanings that have all been conventionalized to some degree. Among these related senses, some are more central, or prototypical, than others, and some are schemas that are elaborated (or instantiated) by others. To some extent the senses are linked by categorizing relationships to form a network. Although the network model is a proper way to understand and explain the semantic structure of linguistic categories, there remains a pragmatic -but not trivial- problem of that how we can guarantee or can be sure that any concrete example of semantic network analysis is actually functioning that way. If the presumption that network model is a proper way to explain the semantic structures of symbolic units is correct, then, the next step we have to make is to seek a reasonable way to analyse psychologically realistic semantic network. It is suggested that simulation semantics is a valid source of knowledge for achieving this purpose and we are expected to be able to handle this matter by considering the results and insights of simulation semantics researches.

The reason why we have chosen to focus on the meaning of verbs is that the verb is a grammatical category that schematizes an event that is complicated and sequential, so that a simulation process can make the most of itself when it deals with the case of them.

As a prerequisite for valid analysis of semantic networks, we have to understand what the simulation semantics indicates and how the simulation is working on understanding meaning of verbs. In chapter 2, we deal with these matters and thereafter discuss how the way a schematic image(or meaning) of the basic(or prototype) meaning of a verb is consequently construed as contextual meaning through elaboration can be explained by the simulation processes known to us. From the perspective of Cognitive Linguistics(or Cognitive Grammar), meaning is equal to conceptualization and conceptualization is always to be organized by the construal of embodied cognition. For simulation is a process of embodied cognition, we cannot conceptualize or simulate a conceptual content without somehow situating ourselves(embodied cognition) in virtual space(which is well known to us as mental space). Thus, radical suggestion of simulation semantics is that without simulation there is no conceptualization, nor language. According to the results of simulation semantics researches, the simulation process of verbs consists of two sub-processes, first simulating the participants of the event, and then simulating the event evolving the participant.

Before looking into the matter of extended meaning of verbs, it needs to be discussed whether the metaphor should be regarded as a mechanism working on meaning extension of verbs. The most common sources of current Cognitive Linguistics literatures seems to construe that meaning of verbs extends through metaphor, but we have several reasons to criticize their theory of conceptual metaphor (which is known also as CMT in abbreviation). A point at issue is whether metaphor extends a meaning of verbs to be transformed into another schematic structure or only extends the domain(or realm) the contextual meaning of verbs can be applied to. In chapter 4, we discuss and investigate this issue, and reach the conclusion that metaphor extends the applicable area for the meaning of verbs, not the meaning itself. In 4.1, Max Black's(1979/1993) interaction theory will be presented as an alternative framework to CMT. It is shown that notions such as 'domain' and 'separate domains' of CMT are unreliable because they are cover terms for heterogeneous concepts and conceptual relations, but Max Black's notions such as 'implicative complex' and 'associated implication' as the source of emergent representation of metaphor are supported by Panther's(2006) model of metaphoric relation. Furthermore, it is argued that the idea of Image Schema, which is not rich, concrete images or mental pictures, cannot handle emergent images that are created by imagination based on subjective embodied perception(or gestalt) of target. On the contrary, any mental image or rich image can be metaphoric one, if it is considered as a good model that can give you the same experience that I expect you to have. The simulation semantics, which is supported by neurosciences, is presented as the adequate model of interpreting metaphoric images. The creation process of metaphoric image is completed when the imagined character of the target concept is accepted as to make the same experience of that moment, and interpretation process will be performed by just simulating the created images assigned to abstract concepts. We also attempted to account for the simulation precess of metaphoric images with Blending Theory, because it supposes the same dynamic nature of metaphoric image's emergence as this study assumes. Thus we could end with our issue concluding that metaphor is not involved in meaning extension of verbs, but extend the realm the contextual meaning of verbs can be applied to. It is also argued that to understand metaphoric expressions(including metaphoric images), it is needed to activate at least two simulations that are situated respectively in the matrix of target and source of the metaphor.

In Chapter 5, It is argued that one specific kind of metonymy is a critical factor that give rise to extended meaning of verbs, which is distinct from other contextual meanings that are easily accessed in on-line process through elaborating the schematic meaning of verbs. This kind of metonymy makes shifted meaning that is not accessible by elaborating the schema of basic(or prototype) meaning of verbs. The first part of chapter 5(5.1) is concerned with how metonymy producing vehicle-target relationship takes pace. The notion of 'contiguity' or 'ICM' has always been at the core of most definitions of metonymy, but it is examined that these approaches do not properly account for characteristic phenomenon of metonymy. As an alternative model, I have suggested that vehicle-target relationship occurs on the foundation of experiential-accompaniment relationship, which arise from recognition of salience or recurrent pattern of two accompanied experiences. This model hypothesizes that only experiential accompaniment can make candidate vehicle & target of metonymy, and (if motivated by relevance factor) any possible accompanied experiences can potentially give rise to metonymy. It is also examined that our EAR(Experiential Accompaniment Relationship) model provides us with key understanding of why metonymy producing relationships are not reversible in most cases and why only constrained parts of ICM get involved in producing metonymy. In 5.1.2, It is examined that every types of vehicle-target relationships found in actual usages of metonymy are sorted by the types of experiential accompaniment relationships. One important factor that decides the type of experiential accompaniment relationship is whether the relationship is stable or occurs only in constrained situations. The latter kind of accompaniment relationship brings about a shifted meaning that is hardly accessed if the listener does not have specific background knowledge related to that, so this kind of metonymic meaning of verbs can hardly be used unless it is entrenched enough to be used as a linguistic unit. In 5.2. we have examined 15 korean verbs covering the verb types that are based on the characterized simulation pattern to ascertain whether sematic networks of verbs are properly analysed as consisting of distinct meanings that are the outcomes of the metonymy based on inconstant accompaniment relationship. The result was quite reassuring, that we could conclude that our method of analysing semantic network of verbs can be guaranteed both psychological realty and explanatory adequacy. The point is that metonymic meaning shift also belong to simulation process, and psychological reality of our method is as solid as simulation semantics itself. In 5.3, we probe some characteristics of our network model of verbs and try to find a way to apply our network model to related fields like language education and lexicography. One important facet of our meaning network based on simulation semantics is that it is dynamic and changeable depending on the cultural experiences and structure of knowledge of language users, so there are three possible ways of getting the ultimate construal from the suggested meaning network of verbs: bottom-up, top-down, and interaction of them.

The meaning of verbs had began to be touched by researchers of transformational grammar's background as a subsidiary topic for its significant relationship with syntactic structure. But, within the cognitive linguistics frameworks, the meaning of verb is assumed to play a central role in determining overall structure of arguments and grammatical constructions. Goldberg(1995, 2006) suggests that construction itself has the role of head, which is determinant of argument structure, and it is readily accepted that there occur interactions between verb and construction, But, Langacker(2000, 2002, 2005)'s suggestion that verbs are always the head of sentences turns out to be more affirmative according to our research data. In 5.3.2, we have examined metonymic meaning extension of verbs based on experiential accompaniment is the formulation factor of syntactic frame, because metonymic meaning extension mechanism is distinct from metaphorical one in that it adds new participants and relationships of accompanied experience to original schematic meaning of the verbs. Consequently, it is possible to provide more cognitively motivated theory of grammatical constructions.

In 5.3.3, we discuss applying our semantic network analysis to lexicography. Our Metonymic Model of Meaning Extension(MMME) suggests that, in principle, every polysemous verbs have systematic network of distinct meanings that can be verified by Langacker's Usage Based Model. Therefore, organizing the interface of an entry word according to MMME can minimize arbitrariness and compensate the layout of demarcation which is the outcome of lexicographer's intuition to some extent. For the goal of making learner's dictionary interface more human-accessible, it is worth to refer to cognitive linguistics' approach which assumes embodied-experience as the main source of conceptualization. Having applied MMME to dictionary making, we could get more cognitively-accessible interface with guidance pictures helping users to understand the experiential basis and syntactic pattern in correspondence to the meaning.

In conclusion, our principle and method for analysing the semantic network of verbs based on simulation semantics is guaranteeing psychological reality in theoretical measure and also applicable to related areas like language education and lexicography in pragmatic measure.

찾아보기

가상 이동(fictive motion) 45, 63, 256
가상 이동 문장 31, 45, 46, 275
가상 체험 36
가상적 사례 102
가상적인 관찰점 96
가역성 183
가장 좋은 본보기(best example) 91
가족 유사성 90
간섭 효과 30, 37, 40
간접적인 방식 36
감각적인 개념 42
개념 주도(concept-driven) 125
개념적 48
개념적 내용(conceptual content) 47, 56
개념적 원소(conceptual primitive) 49
개념적 은유 19, 120, 131, 147
개념적 은유론(conceptual metaphor theory) 121
개념적 전형 136

개념적 전형(conceptual archetypes) 54
개념적 존재론(conceptual ontology) 59
개념화(conceptualization) 4, 7, 47, 52, 60, 275
개념화의 영향권(D) 197
개별 동사 5
개별 의미(distinct sense) 20, 84
개별의미 32, 83, 206, 214, 271, 273
객관적인 관점 98
객관주의(objectivist) 7
거울 신경 패턴 235, 236, 238, 242, 246
거울 신경(mirror neurons) 43
거울 활동(mirror activity) 43, 68
거울 활동 패턴 97
게슈탈트 11, 139
게슈탈트 의존도 126
결과 193, 194
결과 이동 구문 262
결속 197
결속성 223

찾아보기 **309**

결합적 정보 29
경로 17
경제성의 원리 86
경험과학 2
경험적 동반성 130
경험적 상관성(experiential correlation) 22, 23, 120, 129, 130
계열적 정보 29
계획 232
고빈도 동사 170
고착화(entrenchment) 13, 15, 18, 31, 84, 86, 167, 207, 255, 269
골격 조직 50
골상학자 41
공간 135
공간적 관계 176, 178
공현성(co-presence) 177
과정 52
과정적 경험 258
관계 범주 11
관계(relationship) 3, 10, 24, 53, 116, 136, 139, 274, 276
관계성 10
관련성 190
관련성 이론 189
관용적 구문 211
관찰점(vantage point) 39, 62
관할(dominate) 8
구문(construction) 3, 203, 210, 243, 256, 261, 262
구문문법(Construction Grammar) 258, 262
구분된 의미(distinct meaning) 95
구성(constituency) 8
구성원 91
구조주의 28, 88, 279
구획(demarcation) 266
궤적 77
귀납적인 일반화 178
균형(balance) 101, 102
그릇도식 145
근원(source) 119, 138
근원 영역(source domain) 121, 125
근원-경로-목표 50
기능성 자기공명영상 38
기능적 의미 22
기본 영역(basic domain) 57, 171
기본 의미 20
기초적 은유(Primary Metaphor) 129, 252
긴장(tension) 118
길잡이 그림 268

내재적 논리(internal logic) 144
논리학 7
논항 165, 206, 207, 207, 210, 218
논항 선택 208
논항 실현 261

논항의 구조 29, 258
논항의 참여자 208
뇌선(connectome) 46
뇌신경 6, 231
능동적인 체험 144

다의성 24
다의성 분석 95
다의성 오류(polysemy fallacy) 20, 98, 108, 169, 274
다의어(polysemy) 19, 27, 28
다의적 구조 252
다의적 체계 26, 257, 278
단어(words) 177
단의(單義) 27
단의성(monosemy) 28
단의적(monosemous) 접근 15
단일 관계(simple relations) 80
단일한(simplex) 관계 65
담화 상황 210
대뇌 피질 43
대상(theme) 204, 213, 213, 218
도관 은유 120
도구 260
도상적 관계(iconic relation) 127
도식(schema) 9, 15, 84
도식성 53, 77

도식적 영상 99
도식적인 원형 91
도식화 12, 13
독립성 210
독립적 의미 277
독립적인 의미 단위 86, 273
동기 258
동반 경험(accompanied experience) 176, 185, 207, 218, 223, 236, 241, 242, 247, 249, 263
동반 경험 모형 187
동반 관계의 비대칭성 186, 187, 192
동반경험의 빈도 209
동반경험의 영상 228
동발성(experiential co-occurrence) 120, 130
동사 80
동사의 의미 확장 210
동사의 의미망 4
동음이의어 19, 28, 167, 255
동작(action) 73
두정엽 141
두정엽(parietal cortex) 43
뜻풀이 항목 266

루빈의 컵 61

ㅁ

마디(node) 2
마음 132
망(network) 1, 27
망 모형(network model) 15, 274
매개변인 75
매체(vehicle) 118, 191
매체 선택 원리 182
매체-목표 관계 189
매체-목표 관계의 비가역성 187
매체의 선택 원리 189
맥락 113
맥락의미 2, 31, 32, 33, 83, 84, 98,
  111, 117, 170, 206, 217, 265, 271,
  272
맥락정보 83, 111, 265, 277
머리(head) 4, 258, 262, 263
명제적인 방법 50
모체(matrix) 56
모체 영역 131
모호성(vagueness) 19, 84
모호한 가장자리 현상(fuzzy edge
  phenomenon) 89
목적어(object) 8, 106, 199
목적지 145
목표(T: Target) 119, 138, 139, 173,
  191, 197, 198, 207, 212
목표 영역(target domain) 121, 125
문맥 20

문법범주 6, 10
문법적 269
문법적 관계 8
문법적 형태 238
문법화 6, 211, 269
문장 4
문형 224
문형정보 267, 268
문화적인 배경 266
문화적인 지식 59
물상화 12
물상화(reification) 10, 139, 158
미각 50

ㅂ

바탕 60, 128, 202
반복 52
반의어 244
발현구조 162
발화 행위 190
방사상 구조 214
방사상 망(radial network) 19
방향적 은유 252
배경 11, 61, 62, 173, 191
배경지식 56, 255
백과사전적 관점 172
백과사전적인 배경지식 229
범주 86, 91

범주 경계 207
범주화(categorization) 12, 14, 38, 86, 90
변종 개념 152
변칙적 결과 구문 263
변형 19
변형생성문법 27, 28, 29, 49, 257
변형적 사상(transformative mapping) 153
변화 66, 79
보조동사 270
보조동사 구문 272
보조형용사 211
보편문법 7, 8
복합 관계(complex relations) 11, 65, 80
복합적(complex) 56
복합적인 구조 182
본동사 270
본보기 90
부 운동피질 42
부각 11
부담 265
부분-전체 53
부속 사건 193, 194, 198
분열 52
불변화사 22
불분명한 경계 90
비가시적인 움직임 232
비가역성 182, 184, 193
비과정적 단일 관계 11

비교 270
비기본적 영역(nonbasic domain) 57
비대칭성 174
비대칭적인 동반 관계 210
비영상적인 영역 230
비침습적인 방법 41
비항상성 176
비항상성 동반경험 200, 277
비항상성 동반관계 33, 173, 176, 187, 189, 190, 191, 231, 278, 278

ㅅ

사건(E) 196, 197, 258
사건 구조 은유(event structure metaphor) 146
사건 틀 229
사례 102
사물(thing) 9, 10, 50, 65, 77, 96, 139, 196, 197
사물화 9
사상(mapping) 119, 134
사용 빈도 14, 254
사용 사건(usage event) 13
사용에 기반한 모형(usage based model) 1, 5, 24, 274
사용자의 접근성 267
사전 267
사전 편찬 6, 252, 266

상(aspect) 211
상-하 도식 137
상거래 사건 틀 106, 261
상대적 현저성 182
상대적 현저성의 비대칭성 186
상상력 112, 145, 167
상위 도식 136
상태 69
상향식 모형 254, 255
상향적 처리 265
상호 정합성 135
상호작용 265
상호작용 모형 254, 255
상호작용 이론 122
상황의존적인 결속관계 196
상황적 틀(frame) 106
상황적 지식 59
색채 용어(colour terms) 88
색채어 88
생각의 언어 49
생물학 30, 279
생성 어휘부 이론 29
생성문법 3
생성어휘론 204
생성어휘부 이론 208
선개념적(preconceptual) 50
선개념(先槪念)적 구조 134
선택 제약 규칙(selectional restriction rules) 28
선택적 주의 60
설명력 3

성서 148
세상 지식 83, 111, 113, 265, 277
소뇌(cerebellum) 42
소유 구문(possessor construction) 174
속성 9
수동적인 체험 144
수동형 199
수사적 기교 121
수용체(patient) 204, 260
수형도 8
순차적 주사(sequential scanning) 65
순환 52
시각 관련 영역 112
시각적 영상 154
시각적 혼성 157
시간적 관계 176, 178
시나리오 58, 177, 181
시뮬레이션 2, 67, 273, 275
시뮬레이션 모형 160
시뮬레이션 시간 37
시뮬레이션 연합 170, 196, 197, 278
시뮬레이션 영상 76, 77, 109, 161, 235, 235, 265
시뮬레이션 의미론 1, 239, 273
시뮬레이션의 관찰점 97
신경 4
신경 구조(neural structure) 37
신경 신호 202
신경의 거울 활동 103
신체부위 대응조직 43
신체부위대응 42

신체화 2, 7, 30, 35, 36, 202, 235
신체화된 인지 45, 141, 265
실례 225
실례화(instantiate) 14
실용주의적 관점 252
실재(entity) 10, 53, 56, 136
실행도식 75, 76
심리동사 231
심리적 실제성 1, 3, 252, 273, 279
심리학적 타당성 2, 252

아리스토텔레스(Aristotle) 87
아이마라(Aymara)어 140
양전자 38
어휘기능문법 4
언어 교육 6, 264
언어 변화 6
언어 습득 6, 184
언어 외적 요인 258
언어 외적 지식 178
언어 자료 4
언어 표현 5
언어교육 252
여과장치(filter) 124
역동적 의미망(dynamic semantic network) 170
역동적인 모형 5

역동적인 처리 과정 5, 55
역동적인(dynamic) 과정 81
역투사(backward projection) 154
연결선 199
연상 시간 88
연속성(succession) 177
연쇄적인 관계 221
연합(association) 12, 14, 24, 176, 215
영상 도식 134
영상(image) 50
영상도식 19, 49, 52, 54, 99, 100, 102, 133, 150
영상도식의 조합(combination) 50, 99
영상적인 시뮬레이션 165
영어 전치사 18
영역 56, 58, 59, 177
영역 모체(domain matrix) 56, 129, 171, 173,
영향권 236
예상 232
완성(completion) 154
외현화 122
요나서 148
용기 53
용기-내용물 50
용례 267
용법 1, 252
운동 감각 36, 50, 68, 70
운동 피질 42
움직임 3, 71, 79, 199
원근화법(perspective) 39, 62

찾아보기 **315**

원인 193, 194
원초적 은유(primary metaphor) 119
원형(prototype) 9, 14, 86, 91
원형 도식 102, 239
원형 이론(Prototype Theory) 88
원형 장면 21
원형의미 2, 31, 86, 94, 166, 210, 215, 265, 265, 277
원형의미와의 거리 210
원형이론 90, 207
위상적(topological) 22
위치 9
유사성 168, 277
유연성(類緣性) 27, 29
윤곽 10, 11, 60, 191, 202, 258
윤곽 부여(profile) 260
윤곽 부여된 관계(profiled relation) 171
융합(fusion) 151, 258
은유 22, 23, 45, 118, 256
은유 만능주의 22
은유적 사상(metaphorical projection) 19, 50
은유적 영상 33, 114, 138, 147, 160, 165, 212, 226, 230, 235, 276
은유적 표현 114, 276
은유적 해석 154, 158
은유적인 사고 233
은유적인 영상 218
은유적인 표현 167, 231, 265, 275
의미 구조 1

의미 단위 14, 102
의미 마디 15
의미 해석 모형 6
의미 확장론 22
의미망 1, 15, 98, 214
의미망 구조 214
의미망 모형 95
의미망 분석 27, 32
의미망 이론 23
의미망의 발생 원리 169
의미변화 269
의미역 3
의미적 거리 86
의미적 유연성(semantic flexibility) 29, 171
의사소통적 관점 167
의사소통적 본질 277
의소(義素, sememe) 27
의학 279
이름 붙이기 75
이성적인 사고 과정 232
이중 환유 217
2차 운동 피질 42
2차 주제(subsidiary subject) 124
인공지능 279
인접성(contiguity) 177, 178
인지(cognition) 87
인지과학 119
인지 능력(cognitive ability) 8, 12, 55
인지 문법(Cognitive Grammar) 4, 53
인지 영역 186

인지언어학 1
인지적 유형 280
인지적 전략 265
인지적인 노력 190
일반성(generality) 9
일반화 185
일방향성 182
일차적 의미 20
입력공간 151, 157
잉여성의 문제 187

자기 공명 38
자동사 106, 199
자동화 12, 13, 215
자발적인 신체의 움직임 76, 276
자연언어 30
자연적인 범주 86, 91
자율적 언어관 49
자율적 통사 규칙 7, 30, 257
자의성 23, 280
자질(feature) 28
자타동 양용동사 106
잠재적인 논항 258, 261
장면 177
장벽제거 52
재분석(reanalysis) 270
적용 영역의 확장 252

적응(accommodation) 170, 171
전경(figure) 62
전두엽 141
전산언어학 208
전운동(pre-motor) 영역 43
전운동 피질(premotor cortex) 141
전치사 80
절 262, 263
점검표 모형(check-list model) 87
점화 효과 37
점화(priming) 현상 37
정교화(elaborate) 14, 15, 86, 117, 164, 236, 258
정교화 마디 17, 95, 98
정교화 시뮬레이션 98
정신 공간 55, 150
정신 공간(mental spaces) 이론 55
정신적 경험의 재생 195
정신적 과정 174
정신적 영상(mental image) 36, 135
정신적 주사(mental scanning) 47, 64, 64
정신적인 경험 4
정신적인 수행 231, 235
정신적인 주사(mental scanning) 173, 175
정신적인 표상(mental representation) 49
정적인 모형 5
정적인(stative) 과정 81
제 2영향권(D_2) 203

제약 222
조건 194
조사 242
조종동사 25
존재론적 은유(ontological metaphor)
    139, 158
종결형 211
주 운동피질 42
주관적 이동 26
주관화(subjectification) 63, 270
주사(scanning) 31, 65
주어(subject) 8
주의 202
주의 창문화 260
주의 초점 60, 236
중심 의미 19
중심구 141
중심성 173
중의성(ambiguity) 19, 84
중의적 해석 84
즉흥적인 영상 144
지각(perception) 36, 87
지각 감각 70
지각되는 대상의 움직임 76, 276
지각적 영상 68
지향(orientation)의 129
직유(simile) 118
직접적인 방식 36
진리조건 7

참여자 207, 210, 229, 258
참조점 173, 174, 197
참조점 관계 174
참조점 현상(reference point
    phenomenon) 173, 175
참조점(R: Reference Point) 173, 181,
    184, 204, 207, 212, 215
참조점(R)과 목표(T)의 비가역성 195
창조적 혼성 195
처리 과정(processing) 4
철학 7
첫 영향권(D1) 203
초기 언어 습득 129
초기 영향권 198
초음파 137
초점 124, 202
초점 색상(focal hue) 88
초점 색채(focal colours) 88
초점(focus) 123
최소 개념(minimal concepts) 54, 136
최소이론 30
최종 해석 214
추리 232
추상적 개념 139, 164
추상적 의미 28
추상적인 도식 92
추상적인 영상 78
추정 이론(Invited Inferencing Theory)

18
추측 112
취지(tenor) 118

타동사 106, 199
탄도체 97
토대(ground) 118
통사 구조 3
통사론 49, 257
통사적 구조 4, 208
통사적 기준 28
통사적인 자질 28
통시적인 언어 연구 269
통제망(control network) 73
틀(frame) 26, 58, 123, 154, 177, 181, 182, 187, 200

ㅍ

표면적인 형태 257
표상 28
품사 9
풍부한 영상(rich image) 134, 135, 148
플라톤 7
필요충분조건모형(NSC model) 87

하위 도식 136
하향식 모형 254
하향식 처리 265
학습 모형 73
학습자 265
함축체계(implication-system) 124
합성 원리 49
합성(composition) 154
합성적인 은유(Compound Metaphor) 129
항상성 189, 210
항상성 동반 관계 176, 187, 189
해석 47, 49, 56, 60, 78, 275
해석 규칙 8
해석모형 255
행위 사슬 260
행위자 260
현상학 4
협력의 원리 180
형상 개념(configurational concepts) 54, 136
형식적 표상 8
형식주의 29
형식주의 의미론 7
형식주의적인 기술 방법 208
형태소 269
호환 효과 30, 37, 39, 75
혼성 150

혼성공간 157, 158
혼성이론(Blending Theory) 55, 150, 159, 160
화살선 202, 217
화용적 강화(pragmatic strengthening) 169
화용적인 추론 180
확장(extension) 14
확장의미 32, 33, 170, 200, 210, 249, 252
환영(幻影) 122
환유 23, 45, 129, 170, 173, 174, 178, 189, 195, 198, 210, 211, 252, 253, 256, 277
환유 발생의 상황 의존성 195
환유 해석의 맥락 의존성 185
환유 현상 180
환유적 사상 182
환유적 의미 214
활동(행동) 9
활성역 현상(active zone phenomenon) 170, 173
활성화 214
효과기(effector) 42, 43, 44, 104
효율성 214
후각 50

b ~ v

bake 262
Barsalou 86
Brugman 19
cake 262
Chomsky 7
fMRI 31, 37
Grice(1975) 180
Huffman 15
ICM(이상화된 인지 모형; Idealized Cognitive Model) 58, 59, 178, 181, 182
Katz & Fodor(1963) 28
Labov(1973) 89
Lakoff 19
lm(지표: landmark) 20, 61
NP(명사구) 8
over 19, 274
PET 37
Pustejovsky(1995) 204, 208
Reddy(1979) 120
Richards(1935/1963) 122
Ruhl 15
S 8
sneeze 262
tr(탄도체: trajector) 20, 61
Traugott & Dasher 18
Tyler & Evans(2003) 18, 108
V1 272
V2 272
VP(동사구) 8